RELATION DE LA MONSTRE

DU

MYSTÈRE

DES

SS. ACTES DES APOSTRES

ET

FAITS DIVERS.

RELATION

DE L'ORDRE DE LA TRIOMPHANTE ET MAGNIFIQUE MONSTRE

DU

MYSTÈRE

DES

SS. ACTES DES APOSTRES

Par Arnoul et Simon Greban,

OUVRAGE INÉDIT DE JACQUES THIBOUST, SIEUR DE QUANTILLY, SECRÉTAIRE
DU ROI, ÉLU EN BERRY;

SUIVIE

1° De l'Inventaire de la Sainte-Chapelle de Bourges;
2° D'un Recueil de Faits historiques sur la ville de Bourges et les départements formés de l'ancien Berry, dont plusieurs sont inédits;
3° Du Plan visuel de la ville de Bourges;
4° De Gravures représentant l'ancienne Sainte-Chapelle, la Grosse-Tour, le château de Mehun, les Dyptiques et autres objets;

LE TOUT RECUEILLI PAR Me LABOUVRIE, NOTAIRE HONORAIRE.

BOURGES,

IMPRIMERIE EN CARACTÈRES ET LITHOGRAPHIE DE MANCERON,
RUE JACQUES-CŒUR, N. 7.

1836.

Préface.

Le Cabinet de Lecture, journal littéraire et politique, contient, dans son numéro du 22 mars 1835, un article relatif aux annonces de spectacles dans le 16ᵉ siècle. « Il n'en était pas à cette époque, y est-il dit, comme à présent; on n'affichait pas, le matin à onze heures, dans tous les carrefours, le *Mystère de Sainte-Barbe*, le *Mystère des Actes des Apostres*, et autres; l'annonce de ces spectacles se faisait d'une manière plus pompeuse et plus imposante. »

La représentation d'une pièce était dans ce temps-là un événement rare, et non quotidien comme à présent; on entourait donc l'annonce de cette solennité d'une magnificence officielle qui nous étonnerait aujourd'hui.

Le journal cité donne pour exemple de ces annonces dramatiques celle qui se fit à Paris, le jeudi 16 décembre 1540, pour la représentation du Mystère des Actes des Apôtres.

Ce Mystère des Actes était alors une pièce d'un immense succès ; sa vogue dura pendant un siècle. Cent ans de représentations n'épuisèrent pas la curiosité publique et l'admiration de nos ancêtres : cent ans de vogue ! quelle comparaison avec cent jours de représentation des pièces de nos jours les plus courues !

Le Mystère des Apôtres fut composé par les deux frères Arnoul et Simon Gréban, docteurs en théologie, vers l'an 1450.

Il fut représenté à Paris en 1541, à la suite du cri et proclamation dont nous avons parlé plus haut.

Cette pièce avait déjà obtenu d'éclatans et glorieux succès au Mans, à Angers, à Bourges et dans plusieurs autres villes.

Elle fut remarquable dans cette dernière ville par tant de dépense, tant de luxe de mise en scène, que les historiens du temps n'en parlent qu'avec le langage de la plus vive admiration.

C'est d'après l'article du *Cabinet de Lecture* dont je viens de faire l'analyse, que j'ai conçu le projet de rendre publique, par la voie de l'impression, la *Relation de l'ordre de la triomphante et magnifique Monstre du Mystère des Saints Actes des Apostres*, faite à Bourges, le dimanche dernier jour d'avril 1536.

Cette Relation a été dressée par Jacques Thiboust, sieur de Quantilly, secrétaire du roi. Voyez les *Annales typographiques* de Catherinot.

J'ouvre donc les Opuscules de Catherinot, et je trouve dans ses Annales typographiques ce qui suit :

« 1535. — L'ordre de la représentation des Actes
» des Apostres à Bourges; c'est une relation faite
» par Jacques Thiboust, sieur de Quantilly, secré-
» taire du roy. »

Je lis plus bas :

« 1537. — Les Actes des Apostres, en quelques huit
» cent mille vers, traduits par les frères Gréban,
» imprimés aux dépens de Guillaume Alabat, et re-
» présentés à Bourges en 1536, et à Tours en 1541. »

Comment se fait-il que la Relation de la montre de ce Mystère, qui n'a eu lieu que le dernier jour d'avril 1536, ait été imprimée en 1535? Il y a évidemment erreur, ou plutôt cette Relation n'a jamais été imprimée. Si elle l'eût été, on n'aurait certainement pas manqué d'en joindre un exemplaire à la suite de l'ouvrage des frères Gréban, qui existe à la Bibliothèque publique de cette ville, au lieu d'une copie manuscrite d'une écriture cursive et moderne qui y était jointe.

Ce qui prouverait encore que cette Relation n'a pas été imprimée, c'est ce qui en est dit dans la Bibliothèque du Théâtre-Français, imprimée en trois volumes, en 1768.

Le Mystère des Actes des Apôtres des frères Gréban y est énoncé comme imprimé en 1537, en deux volumes in-folio, à Paris, chez Nicolas Couteau.

L'ordre de la triomphante et magnifique Monstre de ce Mystère y est également mentionné, mais comme manuscrit in-folio.

Si cette pièce eût été imprimée, je présume que les historiens du Théâtre-Français, les frères Parfait, Beauchamps et La Vallière, en auraient eu connaissance.

J'ai vu, il y a plus de quarante ans, à la suite de l'ouvrage des Gréban, la copie en lettres cursives et d'une écriture moderne de cette Relation. C'est sur cette copie que j'ai transcrit celle que j'ai en ma possession depuis cette époque.

J'ai appris que la copie qui était jointe au Mystère des frères Gréban était adhirée ; je me féliciterais d'autant plus dans ce cas, que j'aurais, au moyen de celle que j'en ai faite, conservé un monument précieux, surtout pour la ville de Bourges.

La représentation de ce Mystère a eu lieu à l'amphithéâtre des Arènes, par les notables bourgeois et marchands de la ville de Bourges, pendant l'espace de quarante jours.

Voyez les Coutumes générales du Berry, par Labbe, art. 20, intitulé : *Deffenses de porter immondices aux fossés de la ville.*

« Et esdites villes de Bourges, etc., l'on ne peut
» et ne doit-on, sur peine d'amende arbitraire, ap-
» porter aucunes ordures, immondices, etc., qui
» puissent remplir lesdits fossés ou partie d'iceux,
» ni pareillement en la fosse des Arènes de ladite
» ville de Bourges et ès entours et murs d'icelle. »

Nota. *En la fosse des Arènes.*

C'était anciennement un amphithéâtre, lequel a été oublié par Lipsius, en son livre des Amphithéâtres qui se trouvent hors de la ville de Rome ; auquel lieu furent représentés les Actes des Apôtres, par plusieurs notables bourgeois et marchands de ladite ville de Bourges, en l'an 1536, par l'espace de quarante jours.

Lisez ce qu'en écrit Chaumeau, en son Histoire du Berry, liv. 6, ch. 7, relatif aux amphithéâtres.

Comme les exemplaires de cette Histoire du Berry, par Chaumeau, commencent à devenir très-rares, je vais rapporter ce qu'il dit à cet égard :

« Plusieurs tels amphithéâtres ont été construits
» et bâtis de notre temps, dont l'un fut fait à Bour-
» ges, en l'an 1536, sur le circuit de l'ancien amphi-
» théâtre ou fousse des Arênes, par noble homme
» Claude Genton, prévost de l'hôtel du roy, natif
» de l'Isle-de-France, à présent maire de laditte
» ville; Pierre Joubert, grenetier; Benoist Berthier,
» Jean Girard, seigneur des Bergeries; Julien Le-
» troing, Maximilien Saultereau, Jean Seneton, et
» autres cytoyens et bourgeois de la ville jusqu'au
» nombre de douze, pour jouer les Actes des Apos-
» tres qui durèrent quarante jours, lesquels jeux ne
» furent moins laborieux, pour n'avoir auparavant
» été réduits par actes et scènes, que bien et ex-
» cellemment joués par hommes graves qui sa-
» voient si bien feindre, par signes et gestes, les
» personnages qu'ils représentoient, que la plus-

» part des assistants jugeoient la chose être vraie
» et non feinte. Ledit amphithéâtre étoit à deux
» étages, surpassant la sommité des degrés, cou-
» vert et voilé par dessus, pour garder les specta-
» teurs de l'intempérie et ardeur du soleil, tout
» bien et excellemment peint d'or, argent, azur,
» et autres riches couleurs, que impossible est le
» savoir réciter; l'autre fut fait à Issoudun, l'année
» précédente, pour le Mystère de la Passion. »

Les arênes et l'amphithéâtre ont été bâtis l'an 150 avant Jésus-Christ, rasés en 850 pour bâtir la grosse tour de Bourges, et comblés en 1619 pour faire la place Bourbon ou du Marché au Blé.

C'est, je crois, le cas de relever la contradiction entre ce que Chaumeau dit que les amphithéâtres ont été rasés en 850, pour bâtir la grosse tour de Bourges, et ce que le père Labbe, dans son Eloge historique de la ville de Bourges, imprimé à Paris en 1647, page 51, avance que Philippe-Auguste fit faire, en l'an 1191, des fossés à fond de cuve et fortifier de tourelles et bastions les dehors de la grosse tour, que l'on tient avoir été bâtie vers le temps d'Attila, environ l'an 450; ce qui fait une différence de quatre cents ans entre les deux époques, l'une assignée par Chaumeau, et l'autre par le père Labbe.

Avant de terminer cette préface, je crois devoir donner la biographie des frères Gréban.

Gréban, Arnoul, natif de Compiègne et chanoine du Mans, a vécu dans le 15ᵉ siècle, vers l'an 1450; il traduisit les Actes des Apôtres en vers français.

Simon, son frère, qu'on nomme Simon de Compiègne, travailla à cet ouvrage. Ce dernier était secrétaire de Charles d'Anjou, comte du Maine; il composa d'autres pièces, et, entre autres, il fit la traduction d'un livre intitulé le Cœur de la Philosophie, qui avait été composé autrefois par ordre du roi Philippe-le-Bel, et imprimé à Paris en 1520. (*La Croix du Mayne, Bibliothèque française.*) On a regardé les deux frères comme deux des meilleurs poëtes qui aient écrit avant François I. Marot a fait leur éloge en plus d'un endroit de ses œuvres :

« Les deux Grébans au bien résonnant style. »

L'ouvrage des frères Gréban (Mystère des Actes des Apostres) passa long-temps pour si rare, que le père Souciet, jésuite, dit au sieur Gougnon, qui en possédait un exemplaire, qu'on lui en donnerait à Paris quarante pistoles. C'était en 1730 [1].

Quelle que soit la rareté de l'ouvrage des frères Greban, l'exemplaire qui en existe à la bibliothèque de Bourges n'est, bien certainement, pas unique; ce que l'on ne peut pas dire de la Relation de la Monstre de ce Mystère, qui n'a jamais été imprimée, et ne se trouve peut-être qu'entre mes mains.

L'impression ne doit donc pas en être différée, sans courir le risque de perdre la seule copie qui en reste. Ce serait alors une perte irréparable et qui nous priverait, probablement à jamais, de la connaissance des choses extraordinaires et curieuses qui ont eu lieu à cette époque.

On voit, par le dixain qui précède la Relation, que l'auteur n'a rien exagéré dans ses descriptions et qu'elles sont même au-dessous de la stricte vérité.

La description et la connaissance d'une quantité prodigieuse de costumes les plus brillans, en étoffes d'or, d'argent, et couverts de pierreries, ne peuvent manquer d'exciter l'admiration du lecteur.

---

[1] Voyez Moreri sous le mot GRÉBAN.

S'il venait à l'idée de nos descendans de remettre ces pièces sur la scène, je doute qu'ils pussent jamais imiter nos ancêtres dans les dépenses inouïes qu'ils ont faites pour donner à ces pièces tout l'éclat qui les environnait au 16e siècle.

Le Mystère

DES

Actes des Apostres.

Ne pensez pas, amyables lecteurs,
Que de la Monstre ici après déduite
Soit une fable, ou que les directeurs
Ayent voulu que vérité escrite.
Il est certain qu'elle a été réduite
De point en point, selon la veue d'oeil,
Et voudrois bien que selon le mien veuil
Dieu tout-puissant la voir vous eust permis;
Lors vous diriez : L'auteur de ce Recueil
A plus laissé que davantage mys.

L'ORDRE

DE LA TRIOMPHANTE ET MAGNIFIQUE MONSTRE

DU

##

DES

SAINTS ACTES DES APOSTRES,

FAITE A BOURGES

Le dimanche dernier jour d'avril 1536.

Environ six heures du matin, les maire et échevins de laditte ville, accompagnés des officiers d'icelle, en nombre de trente-six, vestus de leurs robes rouges et vertes; savoir : lesdits maire et échevins sur leurs mules avec housses, et lesdits officiers à pied, ayant chacun un baston blanc en leurs mains, pour donner ordre et garder la foule du peuple, se sont transportés en l'abbaye et monastère de Saint-Sulpice de Bourges, en laquelle estoit jà[1] la plus

---

[1] Déjà.

grande partie des cytoyens qui devoient représenter les personnages dudit Mystère; tous lesquels, après avoir ouï la messe, se sont, lesdits cytoyens, retirés particulièrement ès¹ chambres et autres lieux qui leur estoient préparés, pour eux vestir² et habiller, où, par les religieux d'icelui monastère, chacun en son égard, furent honorablement et de bon vouloir reçus, offrant à tous vivres et vin à largesse.

Puis, environ les neuf heures, sont semblablement venus en ladite abbaye messieurs de la justice, pour donner aïde et support aux entrepreneurs dudit Mystère et veoir l'ordre qui seroit donné en ladite monstre, et à cette fin ont fait sonner les trompettes, tabours³ et fifres, qui estoient le signe donné à chacun personnage, à fin de soi⁴ représenter, pour être mis en son ordre. A quoi chacun d'iceux fit son devoir de venir incontinent⁵ au lieu ordonné, qui estoit une grande place close de murailles, où y avoit trois grandes portes, par l'une desquelles, du costé de l'église, entrèrent tous lesdits personnages, et à l'autre desdittes portes, tirant sur la partie et jardins de ladite abbaye, clos et environnés de fossés pleins d'eau, en sorte que nully⁶ ni pouvoit entrer, si n'estoit⁷ par ladite porte, étoit ung⁸ à ce député, monté en lieu assez haut, tenant en ses mains l'ordre d'icelle monstre, le nombre, noms et surnoms des personnages d'i-

---

¹ Dans les. ² Se vêtir. ³ Tambours. ⁴ Se. ⁵ Sur-le-champ. ⁶ Qui que ce soit, personne. ⁷ Si ce n'était. ⁸ Un.

celle, qu'il appeloit à tour de papier¹, à qui mesdits sieurs de la justice, maire et échevins donnoient conduite, et les faisoient passer jusques à l'autre tierce² porte de laditte place, à l'entour d'un étang qui est dedans laditte prairie et jardins, tant que l'on pouvoit aisément veoir tout ledit ordre, sauf les chevaux et cars³ triomphans, paradis et enfer qui estoient demeurés en la grande cour de devant, laquelle regarde le faubourg de ladite ville, appellé Saint-Sulpice, dont les portes furent à plein ouvertes. De fait, sur les onze heures, l'on commença à sortir de la ditte abbaye en l'ordre qui ensuit :

Premièrement, monsieur le procureur du roy et de la reine de Navarre estoit sur sa mule, tenant en sa main un baston blanc, et avec lui marchoient douze sergents avec autres bastons blancs en leurs mains, qui faisoient faire place et donner voie au peuple qui estoit assemblé dedans ledit faubourg en si grand nombre que l'on ne pouvoit que à toutes peines faire retirer et ranger pour donner le passage, lequel estoit assez estroit.

Commencèrent à marcher cinq trompettes et un clairon avec quatre tabours de Souysse⁴, et deux fifres, suivis par deux furies infernales, qui estoient gens nuds ayant en plusieurs endroits de leurs corps longues barbes, longs cheveux et sourcils jusques au menton, et le reste en forme de plaies et gueules desquelles sembloit que sortoit du feu.

---

¹ De rôle. ² Troisième. ³ Chars. ⁴ Suisse.

Après venoient en assez fière marche quatre petits diables vestus de draps d'estranges couleurs, avec garguettes, tymbres dorés et aelles[1] mouvants incessamment.

Et les suivoient en merveilleuse fierté six autres diables, les quatre premiers vestus d'habits de couleurs estranges, tous semés de paillettes, les unes dorées, les autres argentées; les autres deux vestus de veloux cramoisy violet et de veloux jaune orange, tout couverts de petits serpents, lézards, couleuvres et autres bestes faites de broderie et bien enrichies; ayant tous grandes aelles tenant des bras jusques au bas de la jambe, autres derrière qui dressoient et baissoient quant bon leur sembloit; avoient aussi leurs garguettes et tymbres dorés et argentés, jettant feu par les narines et oreilles, et tenoient en leurs mains quenouilles à feu, faites en forme de serpents, qui leur estoient changés d'heure en autre par gens à ce faire commis, tant qu'ils n'estoient point sans jetter feu d'icelles ou par autres parties de leurs corps.

Marchoit après un grand dragon de longueur environ de douze pieds, mouvant sans cesse la teste, les yeux, la queue, et tirant la langue d'où issoit[2] du feu assez souvent. Entre les aelles duquel, qui se mouvoient par fois, étoit assis Sathan vestu d'un

---

[1] Ailes. [2] Sortoit.

veloux cramoisy, damassé et à long poil, ceint d'un serpent assez long qui mouvoit sans cesse la teste et queue; et en plusieurs autres parties de son corps y avoit autres petits serpents et dragons mouvants. Ses aelles estoient faites à myrouërs que semblablement il dressoit souvent. Son tymbre n'estoit que demi qui lui couvroit seulement la teste; il estoit doré et enrichi de plusieurs petits serpents et lézards élevés, qui jettoient feu par la gueule; il tenoit dans sa main un sceptre duquel il sortoit feu sifflant par quatre endroits, qui lui estoit affusté par un autre diable commis tant pour ce faire, que pour la conduite dudit dragon.

Conséquemment marchoit Bélial, procureur d'enfer, vestu de veloux tanné, enrichi de plusieurs espèces de bestes, faites de broderie; il portoit à son col une grande tortuë vive, attachée à une grosse chaisne d'or de valeur de deux ou trois cents écus; il portoit un chaperon à borlet; ses aelles estoient de taffetas changeant enrichi de brodures; son tymbre et garguette estoient argentés; il jettoit feu par le nez, tenoit en sa main une quenouille de feu, fier en son marcher autant que nul des autres.

Après marchoit Cerberus, portier d'enfer, vestu d'un habit rouge de poil assez long, semé de petites gueules dorées. Il avoit aelles de même, et sur son tymbre y avoit trois testes dorées qui jettoient feu assez souvent; portoit en ses mains les clefs d'enfer qui sembloient ne faire que sortir de la fournaise, tant étincelloient; et estoient tous les dessusdits diables argotés, par les mains et pieds, de sorte que, en marchant, leurs pattes se ouvroient et resserroient ainsi comme celles d'un paon.

Venoit après Proserpine, vestue d'une peau de ourse, ayant longues mamelles, desquelles dégoutoit incessamment du sang, et parfois jettoit feu sifflant; elle avoit un tymbre argenté.

Après laquelle diablerie estoit conduit ung enfer de quatorze pieds de long et huit de large, fait en façon d'un roc sur lequel estoit assise une tour toujours brûlante et faisant flamme, en laquelle estoit Lucifer qui apparoissoit du corps et teste seulement. Il estoit vestu d'une peau d'ours, où à chacun poil pendoit une papillotte; il avoit un tymbre à deux museaux, estoffé de diverses couleurs; il vomissoit sans cesse flammes de feu, tenoit en ses mains quelques espèces de serpens ou vipères qui se mouvoient et jettoient feu. Aux quatre coins dudit roc estoient quatre petites tours dedans lesquelles apparoissoient des âmes en diverses espèces de tormens. Et sur le devant d'icelui roc, sortoit un gros serpent sifflant et jettant feu par la gueule, narines et oreilles; et par tous les endroits dudit roc, gravissoient et montoient toutes espèces de serpents et gros crapauds. Il estoit conduit et mené par certain nombre de personnes, estant dedans, qui faisoient mouvoir les tormens ès lieux, ainsi que leur estoit ordonné.

Peu de distance après ledit enfer, alloit un démoniacle vestu de satin verd, semé de pommes d'or, avec un collet de taffetas jaune changeant, et estoit coëffé d'un bonnet fait d'étrange façon, garni de quelques pierreries, conduit et mené par son père qui le tenoit attaché d'une assez longue chaisne dorée, et estoit ledit père vestu de satin jaune avec collet à la mode judaïque.

Les deux estoient suivis par un aveugle et son varlet, vestus de satin gris et rouge. Ledit aveugle avoit une vielle dont il savoit jouer; faisant, chacun selon sa qualité, bonne mine.

Après estoit porté ung paralytique sur son grabat, estant dedans ung bare peint de verd, fait en forme de porphyre, enrichi de fleurons dorés, couvert d'ung drap de laine de plusieurs et diverses couleurs, avec une chemise de satin jaune orange, et coëffé d'ung linge à la mode dessusditte.

Marchoit après ung autre paralytique porté par deux hommes, chacun, à son égard, vestu et habillé de taffetas changeant à ladite mode.

En suivant alloient les ungs après les autres, aucuns malades, comme aveugles, boiteux, demoniacles, fiebvreux et belistres, tous vestus de drap de soye trop mieux que à leur état n'appartenoit, qui estoient en nombre de dix-huit à vingt personnages.

Consécutivement sonnoient deux tabourins et ung fifre devant un Ordre de juifs et juives, comme arriens, saducéens, pharisiens, payens, satrapes et porte-faix, en nombre de cinquante, ou environ, qui estoient gens persécuteurs et poursuivant la mort des apostres ès-lieux où ils preschoient et puplioient la foy; tous lesquels estoient honnestement vestus et habillés selon la mode antique, tant de veloux, satin, damas, que taffetas de plusieurs et diverses couleurs, avec leurs chapeaux, le tout enrichi de broderies et pierreries. Entre laquelle compagnie estoient trois tribuns à cheval, vestus de satin et damas, ayant collets renversés, faits à pointes, à chacune desquelles pendoit une houppe de soye ou perles, et la coëffure selon l'habit, enrichie de chaisnes d'or ou broderies, et caparassons à leurs chevaux, de satin ou taffetas, frangés et garnis de houppes de toutes couleurs.

Marchoit une autre espèce de juifs et hostes qui recevoient et logeoient les apostres, en nombre de huit, vestus de veloux, satin et damas de toutes couleurs, bandés au travers de rubans d'or et soye à la mode de Turquie, fort bien convenables auxdits personnages, avec leurs chapeaux, de mesme leurs habits, les aucuns garnis de chaisnes et bagues; entre lesquels estoient trois veuves nommées Thabita, Noëmy et Thamar, vestues, chacune d'une cotte de veloux, avec manteaux de satin et damas, et sur leurs testes des voiles de fine toile de crespe pourfilée tout autour d'un cordon d'or.

L'Ordre des Apostres.

Saint Pierre, vestu d'une robe de satin cramoisy, broché d'or, enrichie de diamans et grosses perles, et manteau en écharpe de drap d'or frisé.

Saint André, vestu d'une robe de drap d'or ras sur champ rouge, à franges par le bas, et manteau de taffetas armoisyn, cramoisy violet, brodé à l'entour de perles enchassées en or, et sur l'épaule attaché d'une bague de quatre diamans en pointe et quatre perles pendants et une autre sur le devant.

Saint Jacques Majeur, vestu d'une robe de taffetas armoisyn changeant, brodée à l'entour de fil d'argent, à figure d'antique, et le manteau de satin cramoisy en broderie de coquilles d'or, entrelacées de lacs.

Saint Jehan, vestu d'une robe de veloux bleu, semée de perles, brodée et frangée de pourfil d'or, autant plein que vuide, avec un manteau de taffetas d'or, frangé de mesme.

Saint Jacques le Mineur, vestu d'une robe de damas violet, environnée par le bas de franges de fil d'or, brodée à l'entour de broderie en lacs d'amour; enrichie, par le haut du collet, de plusieurs chaisnes, joyaux et perles, et manteau de satin blanc, doublé de taffetas rouge, enrichi aussi de bagues et chaisnes d'or entre lesquelles y avoit une escharpe estimée quatre cent cinquante escus d'or.

Saint Thomas, vestu d'une robe de satin tanné, brodée de drap d'or et toile d'argent en figures, et manteau de veloux violet, semé de sphères et lettres d'argent.

Saint Matthieu, vestu d'une robe de veloux violet en broderie de satin blanc et pourfilé d'or, avec une ceinture en façon de cordellière toute d'or, estimée plus de cinq cents escus pesant, et le manteau de damas blanc frangé de fil d'or.

Saint Philippe, vestu d'une robe de veloux cramoisy violet, frangée de fil d'or, avec un manteau de satin broché verd fort riche.

Saint Bartholemy, vestu d'une robe de damas cramoisy, enrichie de broderie d'or, et le manteau de satin cramoisy violet.

Saint Jude, vestu d'une robe de satin cramoisy, brodée à l'entour de fil d'or sur veloux verd, et le manteau de veloux pers[1], à broderie de fil d'or, enrichi de pierreries de grosse estimation.

Saint Simon, vestu d'une robe de veloux verd figuré, bandée de drap d'or frisé, et le manteau de drap d'or attaché à grosses patenostres d'or.

Saint Mathias, vestu de damas cramoisy pourfilé de fil d'argent, et le manteau de taffetas jaune.

Après lesdits Apostres alloit la vierge Marie, ves-

---

[1] Verd bleuâtre.

tue d'une cotte de satin blanc, et le manteau traisnant jusqu'à terre de veloux cramoisy violet, marchant en grande humilité.

Marie Jacobi, vestue d'une cotte de damas bleu, et manteau de toile d'or sur champ rouge, et sur sa teste une riche et excellente coëffe d'or faite à l'aiguille, et pardessus un voile de crespe de soye enrichi de fil d'or.

Et la suivoit Marie Salomé, vestue d'une cotte de drap d'or sur champ rouge, et le manteau de satin violet, coëffée de semblable parement[1] de teste et voile beau par excellence.

Marie-Magdeleine alloit après, vestue d'une cotte de drap d'or frisé, avec un manteau de veloux cramoisy, et sur la teste une coëffe belle et riche avec un bourrelet, portant un voile pardessus, de crespe de soie, enrichi de franges d'or, tenant en sa main une boëte de cristalin sur un pied d'or et garnie de cercles et ouvertures d'or. Chacune desquelles Marie avoit pantouffles de veloux blanc.

Puis la suivoit Veronne[2], vestue d'une cotte de veloux pers, avec un manteau de damas bleu, et sur sa teste avoit une coëffe de fil d'or moult[3] riche, avec un bourrelet enrichi de pierres et perles, et pardessus un voile de crespe de soie entrelacé de pourfil d'or.

Lesquelles Marie et Veronne estoient accompa-

---

[1] Parure. [2] Véronique. [3] Très.

gnées de trois vierges habillées, savoir est : les deux premières, de deux robes de damas blanc, à manches pendantes, enrichies de broderies de cordon d'or, et les manches de leurs cottes estoient de toile d'or, découpées, doublées de satin blanc; et sur leurs testes deux coëffes d'or faites à l'aiguille, belles et riches par singularité; et l'autre desdittes vierges estoit vestue de robe de damas gris de même façon, et les manches de sa cotte de toile d'or, découpées sous satin bleu, avec une coëffe d'or fort belle.

Et à la suite estoient les trois parens Nostre-Dame Ezay, Joseph le Juste et Amadour, habillés à la mode judaïque, de veloux bleu, damas blanc, jaune et violet, avec franges par le bas de fil d'or, et hauts chapeaux de mesme; leurs habits couverts de patenostres et chaisnes d'or, et à chacun chapeau par le haut une houppe pendant.

Après marchoient les sept Diacres, élus par les Apostres pour ministrer aux tables du peuple converti et réduit en la foy, vestus, sçavoir : Saint Estienne, qui estoit le premier, d'un drap de soye fait en l'œuvre¹ de Turquie, de plusieurs et diverses couleurs, avec un petit collet de satin verd frangé; et les autres six estoient vestus de semblable façon d'habits de damas cramoisy, veloux et satin de couleur.

¹ A la mode.

Et en l'Ordre suivant venoient saint Barnabé, saint Luc, saint Marc, Lyne[1], Clete[2] et Clément, pape, avec la mère dudit saint Marc et sa chambrière, vestus, c'est à savoir: ledit saint Clément d'une robe de damas cramoisy, frangée d'or, et un bonnet haut de veloux cramoisy violet, semé de perles, rubys et diamans; et les autres, de damas tanné, bleu et jaune, enrichi de bordures faites de broderie.

Et suivoient les susdits, l'un après l'autre, en l'estat de simplicité, soixante et deux disciples vestus de robes de veloux, satin cramoisy, damas et taffetas, faites d'estranges et différentes façons, les unes de broderie, et autres bandées de rubans d'or et de soye; le tout approchant de la mode ancienne : et estoient en cette compagnie Ananias et Saphire, sa femme, honnestement habillés.

Et en leur compagnie estoient Aquila, Drusianne et Plantilla, femmes, vestues de veloux et satin cramoisy, enrichis de toile d'argent, avec force bagues et chaisnes d'or, dont ils faisoient bordures; fort bien accoustrées, selon laditte mode ancienne.

Les Docteurs, en nombre de dix, avec les premier et second Presbstres[3] de Hierusalem, estoient sur mules, qui tenoient très-bien leur ordre et suite, vestus de robes longues de veloux, satin et damas cramoisy, avec chaperons d'autres couleurs, de

---

[1] Lin. [2] Clet. [3] Prêtre.

draps de soye, faits d'estrange façon, avec bonnets à rebras fourrés d'hermine et garnis de chaisnes d'or, pierreries et autres bagues.

Les Philosophes d'Athènes, au nombre desquels estoit saint Denis, marchoient après, gardant très-bien leur ordre, vestus de robes longues de satin, damas et taffetas armoysin cramoisy, avec chaperons fourrés et bonnets faits en forme de mortier, frangés et garnis de houppes, et tenoient en leurs mains chacun une sphère.

Après marchoient Simon Magus et Marcel, son disciple, suivis de six autres enchanteurs, vestus de robes de veloux, satin et damas d'estranges couleurs, barrés en divers lieux de franges, rubans et broderies. Les aucuns d'eux avoient manteaux de veloux et taffetas armoysin changeant, faits à longues pointes, à chacune desquelles y avoit une houppe, avec chapeaux faits à fleurons, enrichis de bagues et chaisnes d'or.

Le Patron et deux Matelots de l'isle de Malthe marchoient de front : ledit Patron vestu d'une robe courte de veloux tanné, qui avoit un grand collet qui lui couvroit partie du corps et des bras, doublée de taffetas cramoisy; il avoit des chausses à la marine de veloux pers, avec un grand baston blanc à sa main; et les deux Matelots vestus de haubergeons[1] et chausses à la marine, de drap damassé, l'un

---

[1] Cottes d'arme.

jaune et l'autre gris, et portoient chacun sur son épaule un aviron, et avoient devant eux deux tabourins de Souysse et un fifre.

Le Prince de laditte isle de Malthe estoit après, porté en une litière découverte, comme malade, vestu d'une chemise de satin jaune pasle, et sa teste accoustrée d'un couvrechief[1] à la mode turque. Il estoit couvert d'un long et grand tapis de Turquie, fait de soye de diverses couleurs, et les chevaux qui portoient laditte litière estoient couverts de semblables tapis, et leurs harnois de veloux pers, semés de dauphins faits de broderies. Il avoit deux conducteurs de ladite litière, habillés de ses livrées.

Et le suivoient Publius, son fils, monté sur un roussin caparassonné de satin rouge, vestu d'une saye[2] à manches, de veloux tanné, jonchée de pourfil d'or, et le chapeau de mesme; accompagné de deux Barbarins de laditte isle, vestus de taffetas rouge.

Ordre de la Synagogue.

Josephus et Abiacar, pontifes, accompagnés d'autres princes de la loi, estoient sur mules houssées

---

[1] Turban. [2] Habit militaire.

et enharnachées de veloux, vestus de longues robes de veloux, satin et damas, avec chaperons de mesme, leurs robes brodées de drap d'or, et de bonnets fourrés, faits selon la mode judaïque; et avoit, ledit Abiacar, une forme de mitre en sa teste, et des gands rouges.

Marchoit à pied Astepane, messagier, tenant en sa main un petit dard. Il estoit vestu d'un pourpoint en forme de palletoc[1], de veloux bleu, bonnet, chausses et souliers de mesme, le tout pourfilé d'or et découpé à grandes tailles, par lesquelles apparoissoit et floquetoit la doublure, qui estoit de satin blanc, esguilleté[2] partout de cordons d'or et de soye, ferrés de fers d'or, et force boutons tant audit pourpoint, chausses que bonnet.

Venoient après, sur mules, le consul de Listre, Abibon, maistre de la synagogue, Calcas, presbstre de Jupiter, et avec eux huit autres Juifs bien et convenablement habillés, tant de veloux, satin que damas, le tout selon laditte mode judaïque.

Sur autres mules, les suivoient les quatre presbstres du temple, vestus de robes assez longues, de toile d'or, satin et taffetas armoysin changeant, et pardessus avoient une forme de rochets à longues pointes garnies de franges et houppes.

Les suivoient après huit autres Juifs, entre lesquels estoient Belzezay et Alexandre, grands mais-

[1] C'est paletot ou pallot, habit de gens de guerre. [2] Garni d'éguillettes d'or et de soie.

tres de la synagogue, très-bien et proprement vestus, selon laditte mode, spécialement lesdits Belzezay et Alexandre, qui estoient montés sur deux grands roussins couverts de riches caparassons semés de broderies, et leurs robes de drap d'or, et pardessus des collets à longues pointes, qui estoient de satin cramoisy, et cappe de veloux pers pourfilé d'or, et leurs chapeaux, de fort antique façon, merveilleusement enrichis de pierreries, perles et chaisnes d'or.

Alloit après les dessusdits, Trottemenu, messagier d'Anne, vestu de veloux pers, pourpoint, chausses et souliers, tous doublés de toile d'or, découpés à grandes tailles, par lesquelles floquetoit ladite toile d'or, avec un poignard fort riche, duquel pendoit une grosse houppe d'or et de soye, et sur sa teste une coëffe d'or, faite à l'aiguille, très-belle.

A costé de lui estoit Briffaut, geoslier dudit Anne, vestu d'un habillement de veloux découpé, trèsbien approprié selon l'état de geoslier.

Et de front alloient après, Agrippart, Griffon et Maubué, tyrants dudit Anne, tous habillés de veloux et satin cramoisy, pourfilés d'or depuis la teste jusqu'aux pieds, et grandes manches larges, découpées à longues tailles, par lesquelles apparoissoit la doublure, tant des chausses que du pourpoint, qui estoit de toile d'or.

Chacun avoit en escharpe une grosse chaisne d'or, avec bagues qui leur pendoient devant l'estomac, et avoient poignards d'argent doré, garnis de houppes, et sur leurs testes, savoir est : Agrippart, une coëffe fort riche et garnie de bagues, et les deux autres, avec petits bonnets de veloux de mesme, semés en grand nombre de boutons et fers d'or, et plumars de leurs couleurs, et portoient tous trois chacun épées à deux mains, desquelles les poignées estoient garnies de drap d'or frisé.

Anne, le pontife, alloit après, sur une mule houssée et enharnachée de veloux semé de gros cloux d'or, faits d'ouvrage antique. Il estoit vestu d'une robe longue, de veloux cramoisy, et pardessus une chappe de satin, faite en forme de recteur, fourrée d'une panne d'hermine.

Venoit après, sur un jeune cheval d'Espagne, caparassonné de satin blanc, et le harnois de mesme, le tout semé de pourfil d'or et autres broderies, Saulus, vestu d'une casaque de satin cramoisy, pourfilée d'or d'antique ouvrage; avoit les manches de laditte casaque de toile d'or traict sur champ jaune, blanc et noir, qui estoient attachées sur le derrière de sa ceinture. Ses bras estoient vestus d'un veloux cramoisy, pourfilé de semblable ouvrage que laditte casaque, découpé en travers, par où apparoissoit la doublure, qui estoit de mesme. Il avoit en escharpe une grosse chaisne d'or, et estoit ceint d'une autre chaisne d'or, à laquelle pendoit, sur trois autres, ung braquemart[1] qui avoit le fourreau de veloux blanc, semé de feux faits de broderie, et la poignée dudit bracquemart estoit d'un jaspe verd,

---

[1] Braquemart, épée.

enrichi de petits cercles d'or. Son chapeau estoit de veloux blanc, fait en pointe crochue, à laquelle pendoit une houppe de perles, et le surplus estoit pourfilé d'or d'ouvrage antique, et le rebras¹ estoit enrichi de force bagues; ses boutines estoient de veloux jaune doré, fendues sur le devant et attachées de petits cordons de soye, ferrées de fers d'or; les estriers et esperons dorés.

Marchoient avec lui, de front, Jéconias et Ephesin, juifs, sur deux autres chevaux légers, caparassonnés de taffetas de couleur estrange; ils estoient vestus de damas en forme de casaques; chapeaux et boutines de mesme, enrichis de fers, chaisnes et boutons d'or; estoient ceints de braquemarts qui avoient les fourreaux de veloux.

Après les dessusdittes, marchoit à pied Tastevin, messager de Caïphe, vestu de satin blanc, chausses blanches; le tout pourfilé de feuillage d'or, découpé assez menu, par où apparoissoit la doublure qui estoit de toile d'argent. Il avoit sur sa teste une coëffe d'argent faite à l'aiguille, un poignard d'argent, et la houppe de même, et en sa main tenoit un dard.

Après ledit messagier, marchoient de front Songemal, Malchus et Rifflard, tirants dudit Caïphe, vestus depuis la teste jusqu'aux pieds, l'un de veloux cramoisy, l'autre de satin cramoisy, et l'autre de veloux violet cramoisy, découpés à grandes tailles, au long desquelles étoit assis un ouvrage de pourfil

¹ Rebras, bourrelet.

d'or, et par icelles apparoissoit la doublure de leurs pourpoints et chausses qui estoit de toile d'or et d'argent. Ils avoient sur leurs testes, les uns, coëffes d'or fort riches, et les autres, petits bonnets de veloux de mesme. Leurs habits semés de petits boutons d'or, estoient esguilletés de cordons de soye, ferrés de petits fers d'or. Chacun d'eux avoit un poignard d'argent doré d'ouvrage antique, où pendoit à chacune une houppe d'or et de soye, et en leurs mains chacun une épée à deux mains, desquelles ils se savoient très-bien aider. Et sur une grande mule houssée d'un veloux cramoisy à long poil, et le harnois de même semé de grosses boucles et boutons d'or, estoit monté Caïphe, vestu d'une longue robe de satin cramoisy, et pardessus d'un long rochet d'une fine toile, fort enrichi de franges d'or et pourfilé à jour ; il avoit un camail de veloux noir pourfilé et frangé d'or, doublé de satin violet cramoisy. Il avoit une mitre d'un satin cramoisy, cerclée de long et travers de perles orientales en grand nombre ; elle estoit semée de plusieurs espèces de pierreries, comme rubis, diamants, balais, toupazes, chrysolites, saphirs, émeraudes, camayeux et autres pierres précieuses. Sur les deux pointes d'icelle, pendoient deux grosses houppes de perles. Il y avoit par-devant un croissant d'argent mis pour aucune cause, duquel pendoit par-derrière un voile en double, tissu de soye de plusieurs couleurs. Il avoit ès mains des gants rouges ; tenoit bonne gravité, par représentation d'une si très-assurée contenance, que l'on eût pu juger estre encore celui qui poursuivoit la mort de Jésus-Christ.

Il estoit accompagné de quatre docteurs de la loy, savoir est : Gamaliel, vestu d'une robe longue de satin cramoisy, très-bien en ordre du reste ; et les trois autres, vestus d'autres robes longues, de satin et damas, avec accoustrement de teste selon la mode judaïque ; tous montés sur mules houssées de taffetas frangé de soye.

Après estoient sur mules six évesques avec Annanyas, grand-presbstre de la loy, tous vestus de robes d'écarlate, et pardessus rochets, les uns de taffetas blanc, les autres de fine toile, qui estoient frangés par le bas et milieu de franges de soye et d'or ; et sur leurs testes mitres de satin rouge, semées de perles, et houppes pendant aux pointes d'icelles.

Les deux veneurs de Virinus, proconsul, marchoient à pied après les dessusdits, vestus de taffetas gris et violet, ayant cors en escharpe et espieux, et menoient quantité de chiens en laisse.

Venoient après, à cheval, le fils dudit Virinus et deux chevaliers, vestus de casaques de veloux noir, à petit collet de satin gris ; les manches de leur pourpoint de veloux gris découpées.

Ledit Virinus, proconsul de Thessalonie[1], estoit sur ung grand cheval couvert d'ung caparasson semé de lettres de broderie, ensemble le harnois dudit cheval. Il estoit vestu de veloux cramoisy semé de lettres d'or ; et le suivoit Paulus, consul, vestu

---

[1] Thessalonique.

d'une robe de damas cramoisy, et ses habits de teste de mesme.

Migdoce, femme dudit Virinus, estoit montée sur une haquenée couverte d'une housse de taffetas armoysin violet, ensemble le harnois garni d'une petite frange de soye blanche ; elle estoit vestue d'une robe de damas blanc sur une cotte de satin cramoisy, ourlée d'une bordure d'or. Elle avoit ung collier garni de riches pierreries, où pendoit une bague faite en rose, remplie de diamans, avec une chaisne en son col et une autre en ceinture, où pendoit une pomme d'or assez grosse qu'elle tenoit en sa main. Et son accoustrement de teste estoit à l'Italienne, d'une crespine enrichie de perles et hyacinthes. Elle avoit deux damoiselles qui la suivoient sur haquenées blanches, honnestement habillées.

Estoient accompagnées les susdites, de huit personnages à cheval, vestus de casaques de damas ; et devant ladite dame estoient deux laquais vestus de ses couleurs.

Le potestat des Tyroys[1] venoit sur ung cheval caparassonné de satin gris, frangé et garni de houppes blanches ; il estoit vestu d'une saye à manches, moitié de drap d'or et satin cramoisy, sur laquelle estoient semés des entrelacements de broderie richement ouvrés.

[1] Tyriens.

Il estoit accompagné de sept chevaliers tyroys, bien montés, vestus de casaques sur lesquelles y avoit quelques broderies.

Le prévost de Damas[1] venoit sur ung cheval caparassonné de taffetas rouge; il estoit vestu d'ung damas pers, à bandes de veloux, et marchoient à pied, devant lui, ses deux geosliers.

Le prévost de Myrmydoine estoit sur ung autre grand cheval couvert d'ung caparasson de taffetas changeant, semé de petites mouches blanches, ensemble le harnois dudit cheval; il estoit vestu de je ne sçais quel drap de soye dont il se monstroit très-honnestement paré, car sa robe estoit faite d'une façon assez estrange et non vue[2]. Elle avoit un petit collet bleu, qui donnoit grâce et hardiesse au personnage, ayant toujours la main sur sa dague. Son chapeau estoit à la moderne, enrichi de grosses patenostres dorées et quelques bagues, comme de cornalines et autres belles pierreries.

Les deux prévosts estoient accompagnés de quatorze citadins desdits pays, très-bien montés, et vestus de casaques de soye.

Le prévost de Hiérapolis venoit après, monté sur ung grand dromadaire fort bien fait, qui mouvoit la teste, ouvroit la bouche et tiroit la langue; il estoit conduit par ledit prévost avec une petite bride de soye, à laquelle pendoient de riches houppes d'or.

---

[1] Ville. [2] Qu'on n'avait pas encore vue.

Il avoit ung siège sur le dos, richement étoffé, auquel estoit assis ledit prévost, vestu d'une saye de drap d'argent frisé et de veloux cramoisy violet fort riche, et dessus une robe de drap d'or frisé, belle par excellence. Il avoit grosse quantité de chaisnes et bagues de grand prix. Son chapeau estoit d'ung veloux cramoisy, semé, tant dessus qu'autour du rebras, de gros boutons de perles, et autour y avoit ung bien gros chapeau d'autres perles orientales, garni de saphirs et rubis, autour duquel estoit entrelacé un voile de crespe, tissu de soye et d'or, qui pendoit sur son dos.

Il avoit deux laquais qui marchoient devant lui, habillés de ses livrées, semées de sonnettes d'or faites de broderies.

Il estoit accompagné de deux filles de saint Philippe-le-Diacre, montées sur haquenées couvertes de housses de taffetas blanc, et vestues de robes de taffetas armoysin changeant, pourfilées de fil d'argent, sur cottes de damas violet.

Et suivoient ledit prévost et filles deux Galiléens, l'hoste et l'hostesse de Hiérapolis, bien vestus de robes de soye, faites à la Judaïque.

Obeth, prince de Philippis, venoit après, monté sur ung cheval bay. Il estoit vestu d'une saye de veloux cramoisy, sous une robe de taffetas armoysin; il estoit accompagné de Simon, consul, qui estoit vestu d'une robe de damas verd. Et devant eux alloient, à pied, le geoslier dudit prince et son varlet.

Marchoit après une fille pithonisse, vestue d'une robe de taffetas changeant, bien proprement faite, ensemble la coëffure. Elle estoit conduite par deux gardes du temple de Philippis, vestus de taffetas rouge.

Waradach, duc de Babylonne, estoit après, monté sur ung grand cheval couvert d'ung caparasson de satin jaune-orange, frangé de soye blanche, tout semé de petites houppes. Il estoit vestu d'une robe de satin bleu, fort enrichie de pourfil d'or fait à petits fleurons; il avait ung collet renversé d'ung drap d'argent frisé, et par-dessous une saye de veloux jaune-orange, toute jonchée de pourfil d'argent, à rinceaux d'antique; il avoit ung pourpoint de drap d'or frisé très-beau et riche, et une chemise sur laquelle estoit assis un collet de broderie en semence de perles fines; et en escharpe portoit une grosse cordelière d'or, émaillée de noir, du poids de trois à quatre cents écus. Il estoit ceint d'une autre grosse chaisne d'or plate, à laquelle pendoient autres trois moindres chaisnes, auxquelles estoit attaché ung malchus[1] qui avoit ung fourreau de veloux verd et ses garnitures d'or. Il portoit ung chapeau de satin bleu, qui avoit le rebras de drap d'or frisé, bien garni de houppes de perles, et d'ung chapeau ducal, rempli de diamants, rubis et émeraudes. Il avoit, de ses gens qui le suivoient, deux chevaliers montés sur chevaux couverts de caparassons de taffetas bleu, et estoient vestus de casaques de veloux verd.

---

[1] Épée ou sabre.

Ung évesque et presbstres des temples, vestus de robes de soye, et rochets de toile pardessus, frangés en plusieurs endroits.

Deux Conseillers, vestus de robes longues de damas, coëffés de chapeaux faits à la turque, devant lesquels marchoit, à pied, le geoslier dudit duc, vestu de taffetas barré.

Estoit après, monté sur ung grand cheval, Polémius, roy d'Arménie; ledit cheval estoit couvert d'ung caparasson garni de houppes et franges de soye. Il estoit vestu d'une robe moitié drap d'or frisé, et autre moitié veloux cramoisy, toute brodée d'or, de demi-pied de large, et par-dessous une saye sans manches, de veloux cramoisy violet, toute jonchée de pourfil d'or. Son pourpoint estoit de satin cramoisy broché d'or, sous lequel il avoit une chemise sur laquelle estoit assis ung collet tout couvert de fines perles, œuvré subtilement, et en escharpe une grosse chaisne d'or; et à sa ceinture pendoit ung poignard qui avoit le manche d'or fait à ouvrage antique, le fourreau de veloux, garni de cercles d'or. Son chapeau royal estoit de veloux cramoisy violet, semé de perles, et pardessus une couronne d'or dont les fleurons estoient de grosses perles orientales fort riches, et par le milieu quantité de pierres précieuses, rubis, diamants et émeraudes. Ses boutines estoient de drap d'argent frisé, dont les découpures estoient attachées de petits cordons ferrés de fers d'or. Et marchoient devant lui quatre trompettes, deux tabourins de Souysse, avec ung fifre et deux laquais, vestus de satin gris et violet, chausses et pourpoint bien découpés sur une doublure de taffetas d'autre couleur.

Il estoit accompagné d'ung évesque et grand presbstre de la loy d'Arménie, et deux chevaliers, vestus de casaques, au milieu desquels estoit la fille dudit Polémius, qui estoit lunatique, vestue d'une cotte de toile d'or sous une cotte de taffetas armoysin bleu, enrichie de quelques broderies. Elle estoit coëffée d'une crespine doublée dudit taffetas, et autour de la teste, ung chapeau de perles, auquel pendoient trois grosses bagues de rubis. Elle avoit au col une chaisne et ung carcan, où semblablement pendoit une autre bague de diamants.

Gondoforus, roy de Ynde-la-Majeure, estoit après, monté sur ung grand cheval couvert d'ung caparasson de satin changeant, frangé de riches franges. Il estoit vestu d'une robe de satin cramoisy, faite à la Turquesse, toute pourfilée d'antique ouvrage d'or, le pourpoint de mesmes drap et façon; il avoit ung chapeau de veloux cramoisy violet, fait à pointes, à chacune desquelles pendoit une grosse houppe d'or, sous boutons de perles. Il estoit pourfilé d'or et semé de diverses espèces de pierreries, et, par le rebras, enrichi de chaisnes d'or et autres, qu'il portoit à son col, et sur le chapeau une couronne d'or.

Il estoit accompagné de son frère, nommé Agat, et d'Abanes, son prévost, montés sur chevaux caparassonnés de taffetas changeant frangé, avec quantité de houppes, (ils estoient vestus de veloux cramoisy, et coëffés de chapeaux enrichis de plusieurs chaisnes d'or et bagues), et suivi d'autres escuyers de sa maison.

Le roy Dampdeomopolys venoit après, monté sur ung grand cheval couvert de caparasson de veloux noir bandé, d'ung costé, de satin cramoisy, pourfilé de broderie, et de l'autre costé, de satin gris, lequel étoit semblablement pourfilé de broderies, et pendoient houppes à chacune des pointes. Il estoit vestu d'une robe de drap d'or sur champ bleu, à collet fait en pointes, à chacune desquelles pendoit une houppe d'or, et pendoit à sa ceinture, qui estoit d'une grosse chaisne, ung malchus qui avoit le fourreau de veloux bleu, garni de petits cercles d'or. Son chapeau estoit assez haut; il estoit de veloux incarnat, enrichi de chaisnes et bagues, et au faît[1] une grosse houppe de perles pendante, et par le bas ung gros bourrelet de même. Le drap d'or de la robe estoit enveloppé d'ung clair voile tissu d'or et de soye, qui lui pendoit par le derrière jusques à la ceinture; et par dessus ledit bourrelet, une couronne d'or bien riche de pierreries et de perles. Il avoit une perruque fort longue, approchant de la mode judaïque, et aux costés de lui marchoient deux laquais vestus de satin violet, gris et noir.

La royne Dampdeomopolys estoit sur une haquenée couverte d'une housse de veloux noir, avec son harnois frangé d'or, et estoit vestue d'une cotte de drap d'or, sous une robe de damas cramoisy, bordée

---

[1] Au faite, au sommet.

de chaisnes d'or, et à la pièce de devant une riche bordure de pierres précieuses, rubys et diamans, de la valeur de plus de deux mille escus, et à son col ung carcan d'autres pierreries fort riches. Elle estoit ceinte d'une chaisne plate, à laquelle pendoit une grosse pomme d'or pleine de senteurs, et une martre qui avoit la teste et les pattes d'or. Elle estoit coëffée d'une coëffe de soye faite à boutons d'or, garnie de bordures semées de diverses pierreries, et pardessus un bonnet de veloux noir enrichi de fers et boutons d'or, et d'une plume blanche ; et au front, une grosse perle orientale qui pendoit à un petit fil de soye noire, et aux pieds, des souliers de veloux noir sur une planchette de même. Elle avoit deux laquais qui marchoient aux costés d'elle, vestus de pourpoints de damas violet et de chausses de satin violet, découpées et doublées de taffetas incarnat.

Pélagie, sa fille, estoit après, montée sur une haquenée blanche couverte d'une housse de satin violet, frangée de franges de soye blanche, et toute semée de papillottes dorées. Elle estoit vestue d'une cotte de drap d'or et pourfil assis sur veloux violet, sous une robe de drap d'or et de satin blanc, autant dessus que dessous ; et estoit le satin découpé, par où apparoissoit le drap d'or aussi découpé, par où apparoissoit le satin, et les manches estoient de mesme. Et à son col avoit ung riche carcan de pierreries, émaillé de noir, où pendoit une riche bague de rubis et la pierre de devant laditte robe bordée de chaisnes ; et par dessus, ung autre gros carcan fait de coquilles d'or, et ceinte d'une chaisne d'or. Elle estoit coëffée d'une coëffe d'or, tissue de boutons d'or, et autour de la teste ung gros chapeau de perles, semé de diamans et saphirs, avec une passe d'or enrichie de bagues et d'autres pierreries ; et sur son front, une perle orientale pendant aux petits filets d'or. Et la conduisoient deux laquais vestus de pourpoints de satin violet et de chausses violettes découpées sur taffetas gris, et sur leurs testes ung petit bonnet de satin violet, semé de boutons et esguillettes ferrées d'or, et la plume grise.

Sur une autre haquenée, alloit après Sabine, sa damoiselle, vestue d'une robe de taffetas tanné, sur une cotte de veloux jaune, coëffée d'une coëffe d'or faite à l'esguille, avec brodures d'or et chaisnes à son col.

Ensuivant après venoit la pucelle Hébrée[1], montée sur une haquenée blanche, couverte de housse noire frangée d'autres couleurs ; elle avoit une cotte de damas cramoisy avec fleurs, et par-dessus une robe d'un satin blanc, à la mode hébraïque. La fente de devant estoit bordée de chaisnes d'or, et le dessous d'ung pourfil d'or en façon de chaisne. Les découpures estoient attachées de rubans de soye, ferrés de petits fers d'or. Elle portoit à son col ung carcan de pierreries fort riches, et une bague de diamants enchâssés, où pendoient trois ou quatre

---

[1] Hébraïque.

grosses perles. Elle estoit coëffée d'une coëffe de fil d'or faite à l'esguille, couverte de crespe d'Espagne, bien fine, sur le devant de laquelle y avoit une autre riche bague, et pardessus ung bonnet de veloux noir, garni de boutons et fers d'or, et autres riches pierreries.

Après marchoit ung chevalier nommé Denis, époux de ladite Pélagie, monté sur une haquenée noire, couverte d'un caparasson de satin blanc, frangé de soye violette et semé de papillottes dorées. Il estoit vestu d'une saye à manches, de satin cramoisy pourfilé d'or, autant plein que vuide, et par-dessus une robe de veloux violet cramoisy, bordée tout à l'entour d'autre pourfil d'or à l'antique, de quatre doigts de large. Les manches estoient faites à longues pointes, et le collet semblable; le tout doublé de drap d'or damassé. Il avoit une grosse chaisne d'or en escharpe, et son chapeau estoit de veloux blanc, jonché de fil d'or, avec une houppe de perles.

Les susdits estoient accompagnés de huit personnages de l'hostel dudit roy, comme chevaliers, escuyers, sommeliers et eschansons, chacun d'eux bien monté et vestu honnestement, les uns de casaques de veloux, les autres de cappes et robes faites expressément.

En cet ordre marchoient quatre trompettes et ung clairon, avec deux tabourins de Souysse et ung fifre.

Après marchoit Cornélius, centurion, sur ung roussin bardé de drap d'or et d'argent frisé, semé de gerbes faites d'or : le surplus du harnois singulièrement bel et riche. Il estoit vestu d'une saye à manches du mesme drap d'or et d'argent, bordé tout à l'entour d'entrelacs faits de broderie d'ung pied de large, et semé de semblables gerbes que la barde; entre lesquels y en avoit plusieurs de même broderie, et pardessus une cappe de veloux noir, doublée de satin blanc pourfilé d'or, autant plein que vuide. Il avoit ung pourpoint de veloux cramoisy et le haut-de-chausses de mesme, aussi pourfilé d'or et découpé assez menu. Son chapeau estoit de satin cramoisy, bien garni de chaisnes d'or jonchées en façon de lettres romaines, et sur le rebras ung chapeau de grosses perles fines, et au faît une houppe d'autres perles. Le rebras estoit de satin blanc, bordé d'une petite chaisne d'or plate, et le dessous garni de plusieurs espèces de pierreries en œuvre, comme diamants, rubis, hyacinthes, tableaux, images d'or de plusieurs devises; et aux quatre coins dudit chapeau pendoient quatre grosses houppes d'or et de perles.

Marchoient à costé de lui quatre laquais, vestus de pourpoints de veloux gris pourfilé d'or, et le haut-de-chausses de mesme, découpés à longues tailles, par lesquelles flottoit satin gris; et les découpures esguilletées de fers d'or.

Il estoit accompagné de sept chevaliers de sa maison, tous bien montés, et vestus de casaques de veloux, et leurs chapeaux garnis de chaisnes et bagues.

Astrages, roy de l'Ynde, marchoit après, monté sur une haquenée noire, qui avoit ung caparasson bleu frangé de blanc, et estoit vestu d'une robe de satin changeant, pourfilé de fil d'argent, dont le collet estoit à pointes, à chacune desquelles pendoit une houppe de soye blanche. Son chapeau estoit de veloux blanc, pourfilé d'or et garni de chaisnes d'or, avec quelque semence de perles. Au costé de lui marchoient deux laquais vestus de ses couleurs.

Il estoit accompagné de deux escuyers honnestement montés et vestus, et de deux Légats de l'Ynde, montés sur mules et vestus de robes faites d'estrange façon, avec collet grand et large, semé de petites houppes.

Après lesquels marchoit ung Evesque de laditte loy de l'Ynde, monté sur une mule houssée de drap d'or, ensemble le harnois.

Il estoit vestu d'une longue robe escarlate doublée de veloux noir, et par-dessus ung rochet d'une toile tissue à bandes d'or et soye blanche, fort beau. Il avoit pardessus ung capuchon de satin verd, dont le collet et tout l'entour estoit bordé de pierreries et frangé de franges d'or.

Il portoit une mitre de satin cramoisy, doublée de satin blanc; elle estoit semée de pierreries et perles en grand nombre. Il avoit en ses doigts des anneaux d'or, où estoient enchâssées diverses sortes de pierreries de grosse valeur. A costé marchoient deux laquais habillés de ses couleurs.

Marchoit après Félix, prévost de Césarée, monté sur ung cheval bardé de satin blanc. Il estoit vestu d'une robe de veloux noir, bordée de deux cordons d'or. Sa saye estoit de veloux tanné, frangée de soye noire, et le pourpoint de damas cramoisy. Il avoit au col une chaisne d'or du poids de deux cents escus, à laquelle pendoit une bague de diamants en façon de croix; en avoit une autre en escharpe, faite à grandes boucles rondes, du poids de six cents escus. Son chapeau estoit de veloux cramoisy, et le rebras de drap d'or frisé, fait à cinq fleurons, à chacun desquels pendoient bagues, rubis et diamants; et le dessus en pointe crochue, où pendoit une houppe d'or et de perles, et cinq autres bagues d'émeraudes. Il estoit tout semé de gros boutons d'or. Il avoit ung cercle d'or esmaillé de blanc. Sous ledit chapeau portoit ung bonnet de veloux, enrichi d'ung grand nombre de boutons et chaisnes d'or, et jusques à ses boutines qui en estoient garnies.

Il avoit deux pages vestus de ses livrées.

Drusilla, sa femme, le suivoit, montée sur une haquenée couverte d'une housse de taffetas violet, vestue d'une cotte de veloux cramoisy sous une robe de veloux tanné; elle estoit coëffée d'une coëffe d'or; elle portoit sur elle plusieurs bagues et chaisnes d'or.

Après venoit Portius Festus, monté sur ung grison couvert d'ung caparasson de satin pers, ès pointes duquel pendoient grosses houppes de soye. Il estoit vestu d'une casaque de veloux pers, dont tout l'entour estoit pourfilé d'or d'ouvrage antique, et les manches de drap d'or assez longues, qu'il portoit attachées à la ceinture. Son pourpoint estoit de satin cramoisy pourfilé semblablement et découpé entre les pourfileures. Son chapeau estoit de satin violet, enrichi de plusieurs chaisnes d'or, bagues, diamants, rubis et autres pierres précieuses. Il avoit deux laquais vestus de ses couleurs.

Les susdits estoient accompagnés de deux escuyers, du scribe et presbstre du temple de Césarée, montés et vestus honnestement.

Hérode-Antipas venoit après, devant lequel marchoient à pied, deux à deux, douze pharétrans[1] et ung capitaine qui les précédoit. Ils estoient vestus des couleurs dudit Hérode-Antipas, qui estoient de blanc et de bleu; et avoient depuis le genou en sus chausses de taffetas bleu à la marine, et collet de bröderie autour du col; et devant l'estomac et derrière portoient des tablettes d'azur attachées de ceintures de soye bleue èsquelles estoit en lettres d'or :

Satis est si hoc habemus, ne quis nobis malefacere possit[2].

Leur capitaine avoit une couronne d'or sur sa teste et ung dard en sa main; les autres portoient couronnes de lauriers et dards en leurs mains, et sur le bas de leurs jambes, qui estoient nues, une petite broderie d'argent, à fleurons d'or, attachée par le derrière.

---

[1] Archers. [2] Si nous sommes à couvert de tout maléfice, nous n'en voulons pas davantage.

Marchoient après ung nombre de petits enfans, vestus et habillés comme les susdits, dont les uns portoient harpes, luths, rebecs et cornemuses, dont ils savoient fort bien jouer; les autres chantoient de musique. Et sur ung char triomphant, estoffé d'or et d'azur, semé de plusieurs devises dudit Antipas, estoit ung siège à façon de fleurons, sur lequel estoient assis deux petits enfants vestus de casaques de taffetas bleu, les bras et les pieds nuds, la teste nue, et dessus ung chapeau de laurier; devant lesquels estoit, sur ledit char approprié, une petite table sur laquelle estoit une espinette dont ils jouoient très-bien, chacun d'une main seulement, et les autres tenoient ung chapeau de triomphe, au milieu duquel estoient attachées, de rubans de soye bleue, deux tollettes blanches où, en lettres d'or, estoit escrit en l'une :

Dignitas in plures diffusa valescit.

Et en l'autre :

Honores non dignitati, sed meritis tribuendum est.

Ledit char estoit conduit et poussé par autres quatre pharétrans vestus comme dessus.

Ledit Hérode-Antipas estoit après, monté sur un grand cheval d'Espagne, couvert d'ung caparasson de veloux, aux pointes duquel pendoient houppes de soye; il estoit vestu d'une saye de drap d'or frisé fort riche, et par-dessus une cappe d'autre drap d'or ras sur champ rouge. Il avoit ung chapeau de façon antique, tout semé et enrichi de bagues et chaisnes d'or dessus et dessous, en tel nombre que le récit en seroit trop long et ennuyeux. A ses costés marchoient laquais habillés desdites couleurs blanc et bleu.

Marchoit avec ledit Antipas, sa femme, montée sur une grosse haquenée blanche, dont le harnois et la housse estoient de veloux noir frangé d'or. Elle estoit vestue d'une cotte de veloux cramoisy violet, à manches, toute pourfilée de fil d'or d'ouvrage antique, somptueux à merveille, dont les manches estoient découpées assez menu entre le pourfil, par où apparoissoit la doublure qui estoit de drap d'or; et chacune desdites découpures bordée de petites chaisnes d'or et attachée de boutons. Elle avoit par-dessus ung manteau de satin cramoisy doublé de toile d'argent, et par le dessus tout semé de devises élevées de broderies d'or entremeslées de petites étincelles d'argent. Elle avoit ung riche collier d'or au col, garni de plusieurs espèces de pierreries et gros nombre de grosses perles pendant, entre lesquelles pendoit une bague de quatre diamants et ung rubis de grande valeur. La chaisne dont elle estoit ceinte pesoit plus de trois cents escus, à laquelle pendoient de petites gentillesses; et estoit coëffée à l'Italienne d'une coëffe d'or, toute semée de perles et bordée de pierreries; et estoit par-dessus sa coëffe ung bonnet de veloux noir, au rebras duquel estoit une image d'ung Cupido toute de perles, et le reste garni de fers et boutons d'or. Ses patins estoient d'ung veloux noir, à la pointe desquels avoit ung saphir monté en or. Elle tenoit ung plumail en sa main, où pendoient petites perles, et la poignée environnée de chaisnes d'or. Elle avoit quatre laquais vestus de satin blanc et bleu, qui estoient à l'entour d'elle. Luy pendoit sur le front une autre riche bague où estoit ung diamant, rubis et émeraudes, avec trois perles.

Ladite Hérodias, femme d'Hérode, avoit de sa suite deux damoiselles montées sur haquenées blanches, houssées de taffetas tanné frangé de blanc. L'une estoit vestue d'une robe de satin cramoisy sur une cotte de damas blanc, coëffe d'or et bonnet de veloux noir; l'autre, vestue d'une robe de damas gris sur une cotte de camelot de soye bleue, coëffée d'une coëffe d'or sous ung autre bonnet de veloux noir. Et toutes les deux très-bien pourvues de chaisnes et bagues, et plumes blanches à leurs dits bonnets.

Marchoit après Hérode-Agrippe, sur une haquenée blanche couverte d'ung caparasson de satin changeant, garni de houppes de soye blanche. Il estoit vestu d'une robe de veloux jaune orange à deux pourfils d'argent, faite à la mode judaïque, dont le parement et le collet, qui estoit fait à pointes, estoient de veloux verd, où pendoient grosses houppes d'or, et pourfilé par-dessus d'ouvrage antique de fil d'argent. Il avoit une saye de veloux noir entrelacé de broderie, autant plein que vuide. Son pourpoint estoit de veloux verd, découpé entre les pourfilemens, qui estoient attachés de petits cordons d'or ferrés de petits fers d'or esmaillés de noir, et une grosse chaisne en escharpe. Son chapeau estoit de soye bleue à long poil, semé de perles, rubis, diamants, saphirs, fort enrichi de chaisnes d'or. Il avoit deux laquais habillés de taffetas de ses couleurs, et devant lui Ravissant, son messagier, très-bien et gorgiasement[1] habillé.

En sa compagnie estoit cy-après sa femme, montée sur une haquenée noire, dont le harnois et la housse estoient de drap d'or frangé d'argent. Elle estoit vestue d'une robe de veloux cramoisy, doublée de drap d'or frisé fait à l'espagnolette, et dessous une cotte d'autre drap d'or frisé. Elle avoit sur sa teste une riche coëffe d'or, doublée de satin cramoisy, bordée de grosses perles; et par-dessus ung bonnet de veloux noir et une petite plume blanche, tout semé de perles, fers et boutons d'or; sur lequel estoit assise une couronne d'or bien garnie de pierres et grosses perles. Les cheveux estoient richement tressés à petits lacs d'or traict, qui environnoient sa teste, au bout desquels pendoit une riche houppe de perles. Sa ceinture estoit d'une grosse chaisne d'or de plus de mille escus, à laquelle pendoient des patenostres de hyacinthes taillées à faces. Avoit à son col une autre grosse chaisne et un riche collier de perles, où pendoient une bague

[1] Galamment.

et quatre diamants en pointe, et sur son estomac avoit une dorure qui portoit un chien d'or, au col duquel pendoit ung gros rubis et à sa queue une grosse perle; avoit ladite dame quatre laquais vestus de satin de diverses couleurs.

Ces deux damoiselles estoient montées sur deux haquenées avec housses noires; l'une vestue de robe de veloux cramoisy violet et d'une cotte de veloux gris; l'autre, d'une robe de veloux verd et une cotte de drap d'or; chacune desquelles estoit richement coëffée à l'Italienne de coëffe d'or et bordée de veloux, bien garnie de pierreries, carquan et chaisnes d'or.

Les susdits Hérode, femme et filles, avoient à leur suite sept chevaliers, avec Sylla, prévost, tous bien montés et vestus de casaques de veloux et de damas, et leurs chapeaux garnis de chaisnes et bagues.

Hirtacus, roy de Perside, alloit après, monté sur ung grand cheval couvert d'ung caparasson de satin changeant, frangé de franges et tout semé de sonnettes d'or, faites de broderie. Il avoit une saye chamarrée, à grandes manches de satin blanc, pourfilée de fil d'or tout à l'entour, et dessus un manteau de veloux cramoisy violet, semblablement pourfilé, avec ung collet fait d'entrelacs dudit pourfil. Son chapeau estoit de veloux, enrichi de plusieurs chaisnes et d'une couronne de perles. Il avoit deux laquais habillés de ses couleurs.

Les suivoient deux damoiselles de Perside, montées sur haquenées houssées de taffetas, vestues de damas sur cottes de veloux, coëffées de coëffes d'or garnies de perles, avec chaisnes et bagues à suffisance.

De sa maison, le suivoient le maistre d'hostel, son médecin, l'évesque et presbstre de Perside, tous bien montés et habillés selon leur estat.

Marchoit après, Éphigénie, montée sur une haquenée avec housse de taffetas, vestue d'une robe de damas violet cramoisy, et une cotte de veloux; coëffée d'un haut voile assez bas sur le visage pour démontrer la simplicité dont elle vivoit. Elle avoit de sa compagnie deux pucelles montées sur haquenées houssées de noir, vestues de cottes de veloux, et par-dessus robes de taffetas gris ou changeant; coëffées aussi de voiles.

En cet endroit marchoient quatre trompettes et deux tabourins de Souysse avec un fifre.

Égippus, roy d'Éthiope, alloit après, monté sur ung cheval noir à longs crins tressés de rubans verds, et la queue semblablement. Il n'avoit sur le dos qu'ung tapis de Turquie velu, sans autre selle; ses estriers estoient à la Turque, et ses esperons estoient sans mollette. Il estoit maure, et vestu d'une saye de veloux noir fort bien pourfilée d'or, et par-dessus ung manteau à la turque, de satin blanc aussi pourfilé d'or tout à l'entour, et par-dessus ung collet de veloux violet à pointes, où pendoient houppes de perles et fil d'or, et estoit tout semé de boutons d'or. Il avoit les bras et les jambes nuds, environnés de chaisnes d'or. Il tenoit ung sceptre d'argent en sa main. Ses cheveux estoient liés de rubans blancs et bleus, et par-dessus une garniture de perles sur laquelle estoit une couronne d'or. Il estoit très-bien habillé, selon la mode d'Éthiope.

Candace, sa femme, royne d'Ethiope, alloit après, montée sur ung riche carre triomphant, estoffé d'or et d'azur, de ses armes et devises, et semé de diverses espèces d'animaux et petits enfants nuds sur feuillages d'antique, élevés bien vivement. Il estoit mené par quatre Éthiopiens maures, nuds de bras et jambes, et vestus sur leurs corps d'ung taffetas changeant qui voltigeoit au plaisir du vent. Ils avoient les testes nues, couronnées de laurier entrelacé de petits voiles de crespe tissus d'or et de soye. Ladite dame estoit assise en ung riche siège tout doré, qui lui estoit préparé sur ledit carre. Elle estoit vestue d'une cotte de drap d'or frisé, et par-dessus une robe à demi-manches, d'ung damas blanc à menues figures, tout mesparti[1] d'entrelacs et longues découpures de veloux cramoisy pourfilé de fil d'or, semblablement faites. Le corps de ladite robe estoit bordé d'une grosse chaisne d'or, auquel les manches estoient attachées d'esguillettes de soye ferrées d'or : tout au long de la fente, depuis le haut jusques au bas, y avoit tout plein de camayeux, agathes, onix et autres pierres d'azur. Ses manches estoient d'une fine toile, estoffées de gros cloux et boutons d'or émaillés. A son

---

[1] Mélangé.

col portoit une chaisne où pendoit une potence[1] de trois rubis et ung diamant, sur ung petit collet d'or et de soye blanche enrichi d'une bordure de perles. Elle estoit ceinte d'une autre chaisne d'or à doubles boucles rondes, longue d'une aulne et demie, à laquelle pendoit une grosse pomme d'or. Son chief estoit aorné d'ung gros bourrelet de perles èt d'une riche crespine d'or, semé de plusieurs espèces de pierreries, et par-dessus une couronne à fleurons d'or remplis de diamants et rubis, où pendoient vingt autres bagues de diverses sortes d'autres pierreries. Son voile estoit d'ung fin crespe à petites bandes et franges d'or, qui tomboit jusques sur le derrière de son siège, toujours voltigeant. Ses souliers estoient de veloux cramoisy découpé bien menu sur une doublure de satin blanc.

En sa main portoit un houppeau[2] de roses blanches et vermeilles rendant souefve[3] odeur. Bref, tout son accoustrement estoit riche et pompeux outre mesure.

Aux costés dudit carre estoient six laquais, tous vestus de livrée jaune et rouge d'habits faits à la Mauresque.

Avec ladite dame marchoit son fils, sur une petite haquenée, vestu d'une cappe de veloux cra-

---

[1] Bijou fait en forme de chevron brisé. [2] Bouquet. [3] Agréable.

moisy toute bordée de grosses perles, pourpoint et chausses blanches bien découpées, avec ung bien riche collet de chemise ouvré de fil d'or et perles; il portoit ung bonnet de veloux noir très-bien garni de chaisnes et bagues.

De sa compagnie estoient trois damoiselles, montées sur haquenées très-bien en ordre de housses et harnois, et toutes vestues de robes de veloux, cottes de satin et damas de couleurs correspondant à leurs maistresses.

Venoit après l'Eunucque de ladite royne d'Éthiope, sur ung autre carre ou charriot, peint en forme de porphire rouge et verd, et à grands rinceaux et feuillages d'or de forme antique, figurant divers oiselets volant en l'air, et ses armes. Ledit carre estoit poussé par quatre Éthiopiens, nuds de bras et jambes et testes. Leurs corps estoient revestus de satin blanc, et chausses à la marine de taffetas de mesme couleur, et sur leurs testes chapeaux de laurier en forme de couronne.

Avoit la conduite dudit carre ung nommé Coridon, qui marchoit devant très-bien en ordre de son accoustrement. Ledit Eunucque estoit assis sur siège fait à ouvrage de fleurons dorés, couvert d'ung drap de soye. Il estoit vestu d'une saye de drap d'or et d'argent, et par-dessus une robe de veloux cramoisy, doublée de satin cramoisy, toute pourfilée d'or par singulier ouvrage. Son pourpoint estoit de drap d'argent frisé; il avoit ung chapeau de veloux pers à la mode d'Éthiope, où pendoient quantité de houppes de perles. Il estoit enrichi de chaisnes et bagues en gros nombre et de grande valeur et estimation. Devant lui estoit planté ung pupitre, supporté de deux longs rinceaux d'antique dorés, sur lequel estoit ung livre ouvert dont la couverture estoit d'argent doré ouvré à grands personnages (ce qui pouvoit poiser[1] de cinq à six marcs), où lisoit ledit Eunucque, tournant et virant les feuillets assez souvent.

En cet ordre marchoient trois trompettes, ung clairon, deux tabourins de Souysse et un fifre.

Migdeus, roy d'Ynde-la-Majeure, marchoit après, monté sur ung jeune cheval d'Espagne, dont les harnois et caparasson estoient de satin blanc et bleu frangé de soye blanche avec quantité de grosses houppes. Il estoit vestu d'une robe de drap d'or figuré sur champ bleu, dont le collet estoit à longues pointes, où pendoient houppes d'or et perles. Ladite robe estoit close devant, approchant de la mode judaïque. A sa ceinture pendoit un grand malchus qui avoit le fourreau de veloux noir, cerclé d'argent doré. Son chapeau estoit de veloux violet cramoisy, fait en façon de degrés, et par-dessus une pointe ; il estoit tout pourfilé de fil d'or et à l'entour une couronne. Le rebras, fait à oreilles, estoit tout semé de perles, et enrichi de chaisnes et bagues jusques à la pointe de dessus, où pendoit une grosse houppe d'or ; et devant lui marchoient deux tirants vestus de cueuvre[2].

---

[1] Peser. [2] Cuivre.

Migdoyne, sa femme, alloit après, montée sur une haquenée dont les harnois et housses estoient de veloux noir frangé de soye noire. Elle estoit vestue d'une robe de veloux cramoisy à demi-manches, faite à la mode de Turquie, toute pourfilée d'or, et ployée en menu en forme d'une gauffre. Sa ceinture estoit d'une grosse chaisne d'or, et à son col une autre chaisne avec ung carquan garni de pierreries. Elle avoit sur sa teste, en forme de coëffure, ung haut bonnet couvert d'un voile d'or et de soye crespue, et sortoit par-dessus ung gros bourrelet redoublé, assez haut élevé, selon ladite mode turque, garni et enrichi de bagues et chaisnes.

La suivoit une damoiselle, montée sur une haquenée houssée de taffetas blanc, vestue d'une robe de veloux noir, et sur sa teste une riche coëffe bordée de perles, et quelques chaisnes d'or au col.

Caricius, frère dudit Migdeus, avec deux chevaliers, marchoient après, bien montés, et vestus de robes et casaques de veloux et de damas; et sur leurs testes chapeaux de diverses façons, bordés de chaisnes d'or et enrichis de bagues et houppes.

Le mareschal dudit Migdeus, avec son varlet, marchoient devant, vestus de taffetas, portant des barres de fer et marteaux sur leurs cols.

En cet ordre marchoient deux trompettes, trois tabourins de Souysse et ung fifre.

Egée, roy de Macédoine, suivoit après, monté sur ung jeune cheval caparassonné de satin blanc frangé de soye jaune, et vestu d'une robe à longues manches de veloux jaune paille, à collet de satin cramoisy, pourfilé tout à l'entour de fil d'argent; aux pointes dudit collet pendoient houppes blanches de soye. Son chapeau estoit de veloux blanc, à pointe crochue, où pendoit une houppe jaune, et estoit pourfilé d'or et enrichi de chaisnes et bagues.

Maximilla, sa femme, marchoit après, sur une haquenée blanche, vestue d'une cotte de drap d'or sous une robe de satin cramoisy, et sur sa teste une crespine semée de plusieurs bagues et bordée de perles. Elle avoit à son col ung riche carcan d'or et une assez grosse chaisne émaillée de blanc.

Sa damoiselle la suivoit, sur une autre haquenée houssée de noir, vestue d'une cotte de damas bleu, et par-dessus une robe de taffetas jaune orange à deux petits pourfils d'argent; elle estoit coëffée d'ung couvre-chief de crespe de soye jaune.

Ils estoient suivis par deux chevaliers et ung escuyer de leur maison, bien montés et vestus de casaques de veloux, et bonnets de veloux noir avec une plume blanche.

En cet ordre marchoient quatre trompettes, deux tabourins et ung fifre.

Théophile, prince d'Antioche, alloit monté sur ung grand et beau cheval, duquel les harnois et caparasson estoient de satin blanc frangé de soye rouge, à grosses houppes pendant; et tout moucheté par-dessus d'autres petites houppes de soye jaune et rouge, semées d'ung grand nombre de papillotes dorées. Il estoit vestu d'une saye à manches de satin cramoisy, toute pourfilée d'or et découpée entre la pourfileure, par où apparoissoit et floquetoit la doublure, qui estoit de toile d'argent; et à chacune manche une esguillette de soye rouge, ferrée de fers d'or et émaillés de noir. Sa robe estoit d'un drap d'or frisé à demi-manches doublées de toile d'argent, à collet renversé de mesme. Il portoit une grosse chaisne d'or en escharpe. Son chapeau estoit de veloux blanc à rebras renversé sur le devant et par-dessus en pointe crochue, où pendoit une riche houppe d'or et de perles. Il estoit tout pourfilé d'or et brodé de chaisnes, semé de bagues et diverses sortes de pierreries.

Marchoient devant lui deux petits laquais, vestus de veloux incarnat, chausses et pourpoint tout découpé, par où floquetoit la doublure, qui estoit de satin blanc, et au long des découpures pourfilée de fil d'or; portoient sur leurs testes petits bonnets de veloux, découpés et garnis de force boutons et fers d'or, avec plumes blanches et incarnates, souliers de mesme; tenant chacun un petit dard en leurs mains.

Le fils dudit prince marchoit après, sur ung autre fort beau cheval, dont les harnois et caparasson estoient de satin bleu frangé de soye blanche; il estoit vestu d'une saye chamarrée, à larges manches de drap d'or ras et veloux cramoisy, et par-dessus une grosse chaisne en escharpe. Il portoit un gros bonnet de veloux cramoisy, entrelacé d'un voile d'or et de soye qui lui pendoit sur le derrière, et au haut une grosse houppe de perles, fort enrichi de chaisnes et bagues.

Ils estoient accompagnés de trois centeniers, bien montés et en point d'accoustrement et harnois, et de quatre chevaliers, aussi bien montés et vestus, et quatre conseillers sur mules houssées, et vestus de longues robes de damas cramoisy : devant lesquels centeniers marchoit, à pied, le geoslier dudit prince.

En cet ordre estoient deux tabourins de Souysse et un fifre.

Marchoit après Tibère, empereur de Rome, sur ung grand cheval dont les harnois et caparasson estoient d'ung satin cramoisy frangé de soye blanche, à grosses houppes pendantes. Il estoit vestu d'une robe de drap d'or damassé sur un champ rouge, qui avoit ung grand collet renversé à longues pointes, et les manches semblables, à chacune desquelles pendoit une grosse houppe d'or et de perles. La ceinture estoit d'une grosse chaisne, où pendoit, ung long braquemart couvert de veloux, dont les garnitures estoient d'or. Son chapeau estoit d'ung satin cramoisy, tout bordé de grosses perles par le rebras et jusques au fait, où pendoit une autre grosse houppe de perles; et avoit une couronne impériale d'or, sur la pointe de laquelle estoit en œuvre ung escarboucle reflamboyant, et du long des branches autres espèces de pierreries, comme diamants, rubis et émeraudes. Il avoit deux laquais habillés de veloux rouge découpé sur taffetas rouge.

Il avoit de sa compagnie Drusus et Tibère-le-Jeune, ses enfants; Gayus, son neveu; Claudian et autres chevaliers jusques au nombre de dix, tous bien montés de chevaux et accoustrés de vestemens, les uns de drap d'or, autres de veloux pourfilé, satin et damas, en robes longues et casaques expressément faites, avec quantité de chaisnes et bagues en leurs chapeaux.

Estoient encore en cette compagnie quatre Romains, montés sur mules et vestus de robes longues de damas verd.

Après marchoit seul en cet ordre Marc-Antoine, cytoyen romain, monté sur ung grand cheval couvert d'ung caparasson de taffetas, vestu d'une robe de soye jaune faite à l'esguille, avec pourfil; son chapeau de mesme, bien enrichi de chaisnes et bagues; ses boutines d'un drap damassé bien découpées; et portoit longue barbe et ung malchus pendu à sa ceinture.

L'ordre et compagnie de l'empereur Néron, au-devant de laquelle marchoient six trompettes, quatre tabourins et ung fifre.

Agrippe, grand prévost de Rome, alloit sur ung grand cheval dont les harnois et caparasson estoient de satin violet frangé de soye blanche. Il estoit vestu d'une robe à collet de veloux incarnat, à longues manches faites en pointes, à chacune desquelles pendoit une grosse houppe de soye : elle estoit fourrée d'hermines bien mouchetées, et les bords de ladite robe pourfilés de fil d'argent. Il estoit ceint d'une grosse chaisne où pendoit un malchus couvert de veloux, et à son col autres chaisnes en escharpe. Son chapeau estoit de mesme veloux, garni de houppes par les pointes et sur le faît, bordé et enrichi de chaisnes d'or, bagues et perles.

Devant lui marchoit Maubué, son messagier, vestu de veloux noir, chausses, pourpoint et bonnet tous découpés, par où apparoissoit et floquetoit la doublure, qui estoit de satin cramoisy, et par-dessus robe à manches de taffetas armoysin blanc, pourfilé de fil d'or par les fentes et bords, découpée et attachée de petits cordons de soye. A son col portoit carquan, chaisnes et autres bagues. Sa coëffure estoit de crespine d'or bordée de perles et semée d'autres bagues, et par-dessus bonnet de veloux noir garni de fers et boutons d'or et plumes blanches.

Marchoient après quatre chevaliers, bien montés sur grands chevaux qui avoient leurs harnois et caparassons de taffetas incarnat frangés de blanc. Ils estoient vestus, les uns de robes de soye à manches de veloux cramoisy violet, pourfilées d'or; les autres de casaques aussi de veloux; leurs chapeaux de mesme, garnis de chaisnes, fers et boutons d'or.

Suivoit après le porte-enseigne dudit Néron, monté sur ung grand cheval bardé de satin blanc, tout semé d'aigles volants, estoffés de broderie sur une toile d'or traict, élevés bien au vif. Il estoit armé de toutes pièces, et par-dessus une cotte d'armes à demi-manches de veloux incarnat, gris et blanc, de mesme broderie que la barde : portant au bout d'ung long bois ung grand estendard de taffetas de mesmes couleurs et semé d'aigles.

Marchoient après, par couples, quatre Maures, la teste, bras et jambes nuds, armés d'ung halcret[1] argenté, fait à fleurons d'antique dorés, duquel, tant autour des bras que par le bas, pendoient escailles de veloux desdites couleurs jusques à moitié des cuisses. Ils avoient des chapeaux de laurier, et portoient sur leurs espaules grosses masses d'argent doré, ouvrées d'antique, par personnages bien élevés et de grande façon.

En semblable ordre marchoient autres douze Maures, aussi nuds, vestus d'habits faits à la Mauresque de taffetas desdites couleurs, frangés par le bas; et sur leurs testes chapeaux de laurier. Portaient en leurs mains, haut élevées, chacun ung vase, les uns d'or et les autres d'argent bien riches, spécialement de façon, qu'ils tenoient par le pied avec des voiles de soye barrée selon la mode de Turquie.

En pareil ordre marchoient autres six Maures blancs, bras et jambes nuds, vestus par le corps de satin desdites couleurs incarnat, blanc et gris, en habits troussés à manches pendantes fort longues, et chapeaux de laurier, tortillés de petits voiles bar-

[1] Cotte de maille.

rés qui leur pendoient par-derrière. Chacun d'eux portoit une corne d'antique, de laquelle yssoient branches et fleurs de lys flories artificiellement faites.

Autres six Maures blancs, en pareil ordre de marcher, vestus d'habits desdites couleurs et chapeaux de laurier; par-dessus armés de halecrets, ayant bras et grèves argentés à figures d'ouvrage antique à fleurons dorés, qui portoient en leurs mains, haut eslevées, chapeaux de triomphe, au milieu desquels estoient les armes de l'empire attachées de lacs de soye à gros nœuds, entrelacés à l'entour desdits chapeaux.

Peu après marchoit ung cheval bardé jusques à terre de veloux desdites couleurs, tout brodé d'entrelaceures d'or entremeslées des devises dudit Néron, qui portoit un coussin de drap d'or et de soye à l'œuvre de Turquie, sur lequel estoient trois couronnes, dont l'une estoit toute d'or sans autres enrichissements; l'autre estoit toute de perles, et l'autre entièrement de toutes espèces de pierres précieuses, qui estoit belle et riche à merveilles; et faisoient les trois le chapeau impérial. Deux laquais, vestus de veloux desdites couleurs, avoient la conduite et garde dudit cheval qu'ils tenoient par la bride.

Après marchoit ung autre cheval dont les harnois et caparasson estoient de satin bleu frangé d'or, aux pointes duquel pendoient jusques à terre trois grosses houppes des couleurs susdites. Il estoit tout semé d'étoiles faites de broderies sur toile d'or en

champ violet. Il estoit conduit par le frein de deux
laquais tous vestus de veloux cramoisy violet pourfilé d'or et découpé à grandes tailles, par où apparoissoit et floquetoit la doublure, qui estoit de satin
blanc. Ils estoient teste nue. Celluy estoit le cheval
dudit Néron.

Marchoient après six joueurs de hautbois avec
deux sagetteurs[1], vestus de taffetas desdites livrées.

Néron estoit après sur ung haut tribunal de largeur de huit pieds et dix de long, tout couvert jusques à terre d'ung drap d'or semé de grands aigles
faits de broderie, autant pris du vif qu'il est possible, et dessus avoit une chaire eslevée toute couverte d'autre drap d'or frisé, sur laquelle il estoit
assis, vestu d'une saye de veloux bleu toute pourfilée
d'or à grands rinceaux d'antique, et découpée à
taille ouverte, par où apparoissoit et floquetoit à gros
bouillons la doublure qui estoit d'une autre toile
d'or sur champ violet. Sa robe estoit d'ung satin cramoisy, pourfilée semblablement d'ung autre ouvrage
de fleurons et entrelacs de fils d'or; elle estoit doublée de veloux cramoisy à collet de mesme, fait à
pointes renversées entremeslées l'une dans l'autre
et semées par grande prodigalité de grosses perles,
auxquelles pointes pendoient grosses houppes d'autres perles. Son chapeau estoit de veloux pers,
d'une façon tyrannique, bordé de chaisnes d'or et

---

[1] Archers.

semé d'ung gros nombre de bagues. Sa couronne d'or à trois branches estoit remplie de tant de sortes de pierreries, par si grande excellence, qu'il est impossible de le spécifier, et à son col n'en estoit moins garni. Ses boutines estoient de veloux pers découpé bien menu, entrelacées de chaisnes d'or et quelques bagues pendant à sa jarretière. Il portoit l'ung de ses pieds sur ung escrin couvert de drap d'argent et semé de quelque nombre de pierreries, dedans lequel estoit le sceau de l'empire, démonstrant qu'il tenoit le pouvoir impérial sous sa puissance, et que tout estoit soumis à son obéissance. Portoit en sa main une hache d'armes bien dorée. Son port estoit hautain et son maintien très-magnifique. Sondit tribunal, et lui dessus, estoit porté par huit roys captifs qui estoient dedans, desquels l'on ne voyoit seulement que les testes couronnées de couronnes d'or, et le suivoit ung autre nombre de trompettes, clairons, tambourins et fifres.

Après lui marchoit, sur ung cheval, Sporus, habillé en femme à la mode grecque, qui fut jadis ung beau jouvenceau dont Néron estoit si amoureux qu'il l'épousa en habit de femme, ainsi que récitent Bocace, *des nobles malheureux*, et Suétone, *des douze Césars*.

Il avoit de sa suite vingt-quatre personnages, tant capitaines, chevaliers, escuyers, eschansons, que autres, tous bien montés et vestus, les ungs de la livrée susdite, les autres, à leur plaisir, de robes ou casaques de veloux, ou satin pour le moins.

Après marchoient, en charriots, son bagage et vivanderie, en nombre de vingt-cinq à trente personnages, hommes et femmes, et de dix-huit à vingt chevaux couverts de couvertures des livrées susdites.

Le suivoit ung nommé Apolifagus, homme sauvage, jadis amené des déserts d'Égypte, qui vivoit de chair crue; et, par cruauté, ledit Néron lui faisoit manger les hommes vifs.

Marchoit après Moyse, tenant une verge en sa main, vestu d'une longue robe de satin, et pardessus ung manteau de taffetas. Il estoit teste nue, où estoient plantées deux petites cornes.

Marchoient suivamment saint Michel, Gabriel, Uriel, Raphaël, Chérubin et Séraphin, portant aelles mouvantes incessamment.

Après lesquels estoit conduit et mené ung paradis de huit pieds de large et douze de long; il estoit tout à l'entour circuit de throsnes ouverts, peints en formes de nuées passantes, et par dehors et dedans petits anges, comme chérubins, séraphins, *potestats* et dominations, élevés en bosse, les mains jointes, et toujours mouvans. Au milieu estoit ung siège fait en façon d'arc-en-ciel, sur lequel estoit assise la Divinité, Père, Fils et Saint-Esprit, et par-derrière deux soleils d'or, au milieu d'ung throsne, qui tournoient sans cesser, l'ung au contraire de l'autre. Aux quatre angles avoit des sièges auxquels estoient les quatre Vertus, Justice, Paix, Vérité et Miséricorde, richement habillées, et aux costés de ladite Divinité avoit deux autres petits anges chantant hymnes et cantiques, qui s'accordoient avec des joueurs de flustes, harpes, luths, rebecs et violes, qui marchoient à l'entour du paradis.

L'Ordre susdit fut conduit par mesdits sieurs de la justice, maire et eschevins, et partie des entrepreneurs, tous montés sur mules houssées de drap noir, et bastons blancs en leurs mains, chacun en droit-soi faisant devoir de faire garder ledit Ordre selon la délibération et avis qui avoient esté conclus en ladite abbaye; à quoi n'y eut défaut de chose quelconque, voire en tel et si grand silence qu'il seroit difficile à croire, attendu le gros nombre de peuple forain estant lors espandu par les rues, qu'il sembloit estre chose miraculeuse; et crois que Dieu le créateur a conduit l'affaire jusques ici, cognoissant au vrai l'intention de ceux qui en ont fait l'entreprise, à laquelle, moyennant son aide, donneront fin à l'honneur et gloire de lui et de ses saints, et augmentation de nostre sainte foy. Amen.

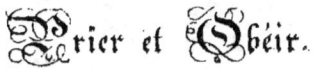

VERS

Qui furent mis au-dessus de l'entrée du théâtre de la fosse des Arènes.

1536.

Hæc scæna augusti et moles operosa theatri,
 Spectator votis ædificata piis,
Munera funestæ tibi non promittit arenæ,
 Nec locus et vestris, Flora, Venusque, jocis;
Sed nostræ fuerit quæ religionis origo,
 Quid pietas edit, quid sit et undè salus.
Specta igitur, non ut visu oblecteris inani,
 Verùm ut quod facias, quodque sequare habeas.

JACQUES JOBERT.

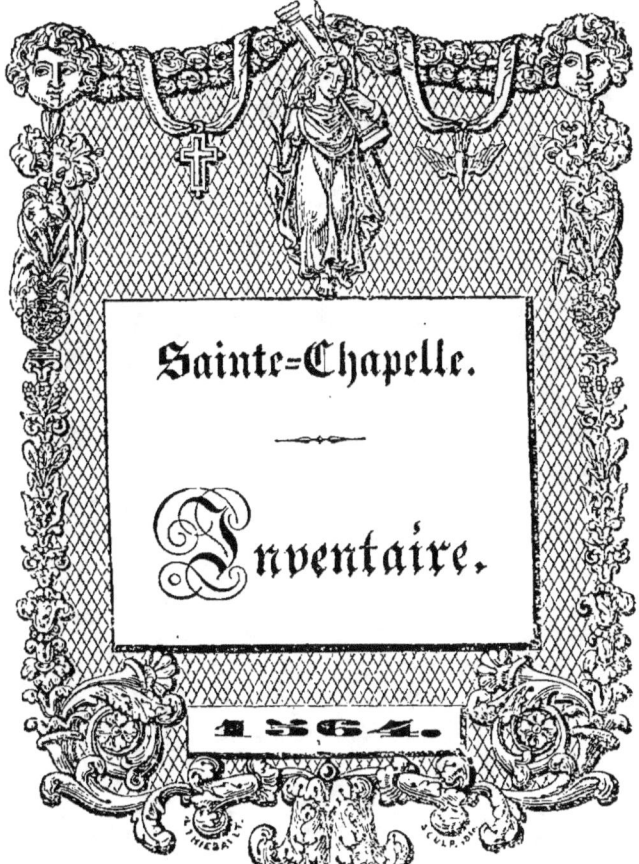

INVENTAIRE

FAIT EN L'AN 1564 EN LA

SAINTE-CHAPELLE

de Bourges,

**APRÈS LA RETRAITE DES ENNEMIS
DE L'ÉGLISE CATHOLIQUE,**

TANT DES

Reliques, Reliquaires, Chappes, Chasubles,
Linges, Livres,

QUI ONT ESTÉ TROUVÉS DE RESTE APRÈS LA PILLERIE
FAITE PAR LES ENNEMIS,

Contenus par chapitres chacun en son endroit comme en yceux est contenu.

ARTICLE PREMIER.

UNE grande croix du fust de la vraie croix, couverte à ouvrage d'argent doré garni de pierreries, tant émeraudes, saphirs, que perles et grands camayeux; aux quatre bouts, tant d'une part que d'autre, est un camayeu à deux testes, qui est une chose singulière, le tout d'agathe ; et d'un costé de ladite croix, au milieu, est un petit crucifix d'or, et de l'autre est garni de fleurs de lys, aussi au milieu un camayeu : ladite croix de grandeur et haulteur de deux pieds et demi. Est aussi au-dessous, pour le soutennement et pied de ladite croix, ung grand pied de cuivre doré à pans, et au pied de ladite croix y a faulte d'une pierre. D'un costé huit fleurs de lys, et audit costé, en bas, y a un grand camayeu d'agathe où est pourtraicte l'effigie d'Alexandre-le-Grand, et de l'autre costé, en bas du crucifix, une effigie de femme ; et est ledit article le premier article de l'ancien inventaire et l'une des pièces mises en réserve, qui depuis a été trouvée au grand bahut mentionné au procès-verbal, et néanmoins y a esté trouvé faulte d'une émeraude au croisillon droit de ladite croix.

Item ung grand reliquaire, qui est contenu au 19ᵉ article dudit ancien inventaire et qui auroit esté mis audit grand bahut. Ce reliquaire est d'argent doré faisant fin, à trois colonnes hault eslevées, au hault de chacune desquelles il y a ung saphir, et au-dessous de chacune colonne il y a, à l'une, ung saphir, et aux deux autres chacune une émeraude. Au premier étage hault, y a l'image de la Résurrection, et à chacun costé ung ange portant les instrumens de la Passion ; au second est la Vierge Marie et l'Ange annonçant, et entre deux un lit. Dans une aiguiere est une hyacinthe au dedans ; et aux étages descendans est ung reliquaire rond couvert d'ung cristal, dedans lequel est la pointe d'ung des clous de Nostre Seigneur ; et est ledit reliquaire garni dedans et à l'entour de saphirs, rubis balais et perles, et est ledit reliquaire porté de quatre Prophètes, et aux deux pointes, à chacune deux lévriers : le tout d'argent doré, garni des douze Apostres, eslevés et ornés, et garnis de pierreries, excepté dix-huit places et chatons vuides ; et à chacun bout dudit reliquaire y a personnages eslevés en figures de Roy, et au dedans, en émail de basse taille, l'image de saint Étienne, couronnement de la Vierge Marie, les images de saint Laurent, sainte Catherine, et trépassement de la Vierge, et l'image de sainte Marguerite ; et y a faulte au bout de quelques pointes de colonnes de douze saphirs, et au costé gauche y a faulte d'une émeraude pour rendre le tout conforme.

Item le contenu au 34ᵉ article de l'ancien inventaire, qui est : Deux burettes à servir à mettre vin et eau pour messe, toutes deux de cristal vuides et percées, garnies d'argent doré ; au-dessus de chacune y a ung émail coté A et V.

Item le contenu au 35ᵉ article dudit inventaire, qui est : Deux autres burettes de cristal percées à vuide, garnies par-dessus d'argent doré, et au-dessus de chacune desquelles y a ung fleuron et lance ou poignée, et le bec à façon de deux serpents couverts d'émail azuré.

Item le contenu au 36ᵉ article dudit ancien inventaire, qui est : Autres deux burettes de cristal percées et vuides, et garnies d'argent doré ; au-dessus de chacune ung fleuron comme aux précédentes, excepté qu'il n'y a point de cercle au milieu.

Item le contenu au 37ᵉ article, qui est : Autres deux burettes en cristal oriental, vuides et percées, les anses ou poignées de cristal mesme et d'une pièce, garnies d'or, le pied et couverture d'argent doré.

Item le contenu au 38ᵉ article, qui est : Deux autres burettes aussi de cristal oriental, percées et vuides, sans garnitures d'or ni d'argent.

Item le contenu au 39ᵉ article, qui est : Une aiguiere de cristal oriental ouvré et taillé à l'antique, qui ne peut estre fait sinon à pointes de diamant; garnie d'argent doré, pied, poignée et couverture.

Item le contenu au 40ᵉ article; qui sont : Deux petites aiguieres, *sive* burettes de pierre d'agathe, garnies d'argent doré émaillé.

Item le contenu au 41ᵉ article, qui sont : Deux autres aiguieres ou petites burettes aussi d'agathe vuide, garnies d'argent doré, verge montante, et au-dessus de chacune ung petit fleuron, au-dessus desquelles y a à chacune ung saphir.

Item le contenu au 42ᵉ, qui sont : Deux autres aiguieres, *aliàs* burettes, sans anses ni poignées, garnies d'argent doré, et sont de cristal oriental, percées et vuides, chacune d'une pièce.

Item le contenu au 48ᵉ, qui est : Une châsse des Innocents, assise sur quatre chiens courants, sous chacun desquels y a une table d'argent. Ladite châsse a quatre quarrés : le tout d'argent doré. Le premier siège par bas couvert de fleurs de lys dorées; le second siège de huit tableaux, à chacun bout ung, et aussi à chacun costé; les trois garnis de plusieurs images eslevées aussi d'argent doré, et au couvert de ladite châsse y a, sur chacun coin, une forme d'enfant nud portant bannière sur verge aux armes, les deux de France et les deux autres du Dauphin; et au dedans de ladite châsse, à chacun bout, y a ung personnage, l'ung en robe longue, à genoux, la teste nue, et l'autre en armes de toutes pièces, son armet auprès de lui avec ses gantelets; et au plus haut de ladite châsse, sur deux colonnes eslevées sur ycelles, et en l'une est une image de Notre-Dame tenant son fils, et en l'autre l'image de saint Michel tenant la figure de l'ennemi sous ses pieds; et sur le devant de ladite châsse, en forme de couverture de pavillon, au milieu de ladite couverture carrée couverte d'ung grand cristal orné à l'entour et enrichi entièrement de pierreries, la plupart de perles, six émeraudes, et le reste de grenat et rubis balais; et à l'entour dudit carré de cristal de largeur d'ung grand poulce, y a une ceinture ou entablement couvert de grosses pierres et émaux, à savoir: six camayeux d'agathes, de hyacinthes, deux grenats, trois saphirs, ung peridot; l'ung desquels camayeux et le plus grand est au milieu et au haut de ladite ceinture est figure d'ung aigle volant, où est escrit sur le dessus JEANNE, et à chacun des costés de ladite cienture et au-dessous y a trois émaux opaques.

Item à l'entour de ladite ceinture y a une bordure de moyennes pierres, garnies la plupart de perles, et le reste d'émaux opaques.

Item à la garniture, sur ledit couvert et à l'entour tant dudit cristal, ceinture que bordure, entre autres choses, y a à chacun coin dudit carré ung camayeu d'agathe enrichi d'ung chapeau de triomphe orné de perles et de grenats au hault du costé droit, et, audit costé, au-dessous et au bas, une grande préome d'émeraude, et à l'entour trois saphirs et trois rubis sourds. Et entre deux y a une grande agathe, et à l'entour d'ycelle en carré quatre pierres, savoir : ung saphir percé long, une toupaze, ung rubis sourd et une émeraude ; et de l'autre costé, qui est le costé senestre, une grande agathe sur laquelle est une effigie de femme estendue nue sur une beste venimeuse, et à l'entour trois préomes d'émeraudes et ung saphir blanc avec quatre perles. Du mesme costé, au-dessous, une grande préome d'émeraude en carré long, et à l'entour trois moyennes préomes d'émeraudes et trois rubis sourds, et entre deux un grand camayeu d'agathe, et au fond dudit costé à l'entour de ladite agathe, en carré, deux émeraudes, ung saphir et ung rubis balai, et aux quatre coins dudit couvert, en hault, à chacun coin y a ung grand camayeu au costé droit à effigie d'homme, et au senestre à effigie de femme, et entre lesdits camayeux y a quatre émaux opaques, deux ronds et deux carrés, cinq émeraudes, un rubis balai, une cornaline, ung saphir et ung grenat, et au coin bas dudit costé droit ung camayeu où il y a deux effigies, et de l'autre costé senestre, au bas, y a ung émail opaque : ladite châsse entièrement garnie sans aucune difficulté, dedans laquelle châsse sont trois corps des Innocents qui furent occis par Hérode et ses gens, et sont lesdits trois Innocents en chair et en os.

Item le 78e article, 79e et 80e, qui sont ce qui ensuit de l'ancien inventaire estant audit grand bahut.

Un corporalier couvert de veloux violet cramoisy bordé de verd à l'entour, dedans lequel il y a des corporaux de toile fine.

Item ung reliquaire en façon de croix de grandeur de ung doigt et longueur en moins en travers, et au-dessus ung agneau pour le porter, le tout d'argent doré, en laquelle est enclos une croix du fust et bois de la vraie croix, ledit fust de grandeur du dedans dudit reliquaire, mis sur ung taffetas blanc dedans ledit corporalier.

Item ung étui de bois couvert de cuir noir, servant à mettre corporalier, et dedans lequel y a ung autre corporalier ouvré de fil d'or et au milieu les noms de JESUS, MARIA, entrelacés, ouvrés d'or et soye dessus et à l'entour avec les cordons doubles, et est doublé par dedans de damas violet, lequel est ung corporal de fine toile, et le couvert à mettre sur le calice de mesme.

Item une boite ronde ouvrée de soye rouge pourfilée d'or, argent et soye, et dedans est escrit : *O salutaris hostia!* et par-dessus le couvert : *Monstra te esse Matrem;* et sert à mettre le pain pour consacrer à la messe.

Ensuit ce qui a esté rendu par la Royne-Mère à MM. Laurent Dumesne, Jacques Motet et Jean Le Roy, chanoines de la Sainte-Chapelle, et ainsi qu'ils ont rapporté comme s'ensuit avec les défauts du premier et ancien inventaire.

Premier. Ung grand calice contenu en l'inventaire ancien au 95ᵉ article, déclaré comme s'ensuit :

Ung grand calice avec sa patène, lequel est fait artificiellement de plusieurs matières à présent difficiles et quasi impossibles de faire et parer, inestimable ledit calice et patène, composé, fait et édifié de plusieurs pierreries, émaux opaques riches, enclavés l'ung dans l'autre ; et par spécial, il y a au milieu de ladite patène une grande pierre tenant le fond de ladite patène, appellée émeraude.

Reste qu'il s'est trouvé faulte et en a esté distrait deux orpha ¹ d'or qui estaient émaillés de blanc.

Item une couronne impériale contenue et déclarée comme s'ensuit en l'ancien inventaire au 15ᵉ article :

Une couronne impériale à quatre fleurs de lys et le dessus garni entièrement de rubis balais, saphirs et perles, et au-dessus ung gros saphir, et au bout des fleurons à l'ung y a ung saphir, et aux autres à chacun ung rubis balai; entre les grands fleurons y a petits piliers, au-dessus desquels sur chacun y a ung rubis balai, et une perle par-dessus, et au bout du cerne, au bas de ladite couronne, y a garnitures d'émeraudes. Reste qu'il y en

---

¹ Orpha, ou plutôt orfraye.

a faulte de trois. En trois fleurons couverts de cristal, en chacun y a une espine de la vraie couronne de Nostre Seigneur; et en l'autre fleuron, aussi couvert de cristal, n'y a rien dedans, et au bas y a des ronds où sont les armes de l'Église et celles que portent les ducs de Berry; ladite couronne d'argent doré, et le tout garni de perles, excepté qu'il y en a faulte d'une au bas où se sont trouvées dix places vagues, et au bout des fleurons le saphir, et autour du cerne l'émeraude, et aux trois fleurons, où y avoit trois espines, s'en est trouvé l'apparition d'une seulement.

Item ung tableau qui est celui contenu et déclaré au 3ᵉ article dudit ancien inventaire, où est déclaré comme s'ensuit :

Ung tableau carré d'ung petit pied en carreur, garni par-dessus d'or et par-derrière d'argent doré, garni du fust de la vraie croix avec deux images et deux émaux; l'entour de ladite croix garni entièrement de pierres de grenat, et au pied une émeraude : excepté qu'il y a faulte de deux pierres au hault de ladite croix; au costé droit et autour dudit tableau est garni de perles, et reste qu'il y a faulte de dix-huit desdites perles, et au costé droit de l'amethyste; aussi y a faulte de l'autre costé une desdites pierres; et est ledit tableau, à l'entour de la bordure, garni d'émaux opaques. Reste qu'il s'est trouvé de faulte, pris et retenu la vraie croix et garniture d'or mise par-dessus.

Item ung tableau contenu en l'ancien inventaire en l'article coté 18, déclaré comme s'ensuit :

Ung tableau d'ung petit pied de large et ung pied et plus de longueur, au milieu duquel est ung tableau carré couvert de cristal, dedans lequel est de la robe inconsutile de Nostre Seigneur, garnie à l'entour de pierreries; aux quatre coins quatre grandes émeraudes; le surplus, saphirs, rubis balais et perles; et est ledit tableau couvert, le fond d'or frisé garni de pierreries, douze ronds, dedans lesquels y a les quatre évangélistes, anges et autres figures; et est ledit tableau garni et orné de pierreries de plusieurs sortes. Reste qu'il y en a de faulte, 1° en la table au costé droit cinq faultes, de la couverture d'or et au costé gauche deux, et faulte de pierres, en six lieux apparents; et le dos dudit tableau est couvert d'argent qui a esté doré; le reste qui a esté osté et pris; le cristal et robe inconsutile de Nostre Seigneur.

Item ung chapeau ou sceptre contenu en l'ancien inventaire au 20° article d'icelui, comme s'ensuit et est déclaré:

Item ung reliquaire en forme de chef, au-dessus duquel est ung gros saphir et quatre pierres à l'entour, garni de chapeaux ou sceptres ornés de plusieurs pierreries ou perles, excepté une place vuide, où appartenoit une perle; et est ledit reliquaire d'argent doré, et le visage et estomac peints, porté de six lions, et au-devant d'ung cristal garni de pierreries, dans lequel est escrit *Reliques de saint Cosme et saint Damien*, avec l'estole d'argent blanc, et au hault du chef ung autre saphir percé comme dessus est dit, et ne s'est trouvé et rendu que le sceptre ou chapeau, encore y a faulte de pierreries et onze places vagues.

Plus, le septième jour d'aoust 1564, a été inventorié aucunes pierres non contenues ou connues en l'ancien inventaire pour le déguisement d'ycelles, rendues par ladite **Royne-Mère** auxdits **Dumesne, Motet & Le Roy,** & par eux mises ès-mains dudit **Salus,** fourrier de madite **Dame,** et par eux depuis apportées audit thrésor.

1° Onze perles avec leurs potences d'or.

Item dix autres perles avec chacune leurs fonds et une grosse perle y comprise.

Item une table pour mettre au carré du tableau où est escrit la robe de Nostre Seigneur, déclarée en l'ancien inventaire au 18ᵉ article, à plein cy-devant décrite.

Item un saphir percé avec quatre perles enchassés en argent doré.

Item ung petit carré avec ung presme ou prime d'émeraude, quatre petits grenats et quatre petites perles à l'entour, le tout d'argent doré.

Item trois pièces d'une couronne d'argent doré garnies de pierres telles quelles.

Item une bande d'argent doré où il y a aux deux costés quatre saphirs percés et trois rubis balais tels quels; dix perles et une place vague.

Item une autre bande d'argent doré, deux saphirs et autres pierres, cinq perles et une place vuide.

Item une améthyste enchâssée en or et ung saphir.

Item ung rubis balai, deux saphirs avec autres petites pierres, et ung peu d'émail avec une espingle d'argent doré.

Item en or cinq petites armoiries, deux pièces de la couverture de l'ung des cloux de la croix de Nostre Seigneur, une petite chaire d'or, où il y a six perles et deux places vuides.

Item le corps d'ung ange aellé des bras et des mains, avec cinq petites pièces, le tout d'or pesant un marc trois onces et demie.

Autres pièces qui, depuis le pillage, ont esté acheptées, estant nécessaires pour le service de l'église.

1° Ung calice d'argent doré qui est pour le service ordinaire de l'église.

Item ung autre calice d'argent doré et ung d'argent blanc, délivrés au vicaire de l'église Saint-Hippolyte, M. Antoine Moussaillon, chapelain de l'église et vicaire perpétuel de l'église Saint-Hippolyte, pour le service d'icelle.

Item ung autre petit calice qui sert à dire les messes fondées en la nef de l'église, et pesant ung marc d'argent et plus, achepté des héritiers du feu curé de Saint-Bonnet pour la somme de 15 livres, depuis la réduction de la ville.

Item deux autres calices d'argent, les bords dorés, acheptés de sire Gilles Heurtaut pour la somme de cinquante-neuf livres, depuis ladite réduction.

Après ensuit ce qui est de présent & qui a esté trouvé ès-mains dudit Guillaume Pellé, receveur, sa femme & famille, dont est fait mention au procès-verbal de ce fait par chapitres.

1° Ung grand chandelier d'argent et le pied d'ung autre; les bordons des deux bastons du Trésorier et Chantre, ensemble le baston de la crosse couvert d'argent, deux petits chandeliers de cristal, le pied et bassin d'argent.

Item l'étuy de cuir dedans lequel estoient et sont les mitres servant au pontificat, en nombre quatre. La première est de toile blanche doublée de mesme sans aucun ouvrage.

Item la seconde est de damas blanc ouvré à carreaux, brodé de fil d'or; le tour de ladite mitre apparent de meilleure toile d'or, les pans de mesme, et le bas et bout parés de quatre doigts de toile d'or; le tout doublé de taffetas incarnat.

Item la tierce est de satin blanc brodé et ouvré à l'entour de fil d'or, et à l'entour y a plusieurs personnages et les pendants de mesme; ladite mitre doublée de taffetas bleu et les pendants de rouge, toute couverte de rondeaux et branches enrichies de perles. La quatrième et dernière mitre est de satin blanc, et dessus ung crucifix, l'image de Nostre-Dame et saint Jean. Devant, d'ung costé et de l'autre et derrière est l'image de Nostre-Dame tenant son fils, l'image de saint Jean-Baptiste, sainte Barbe, et plusieurs autres personnages, tous enrichis à l'entour de perles en nombre quasi innumérable, aussi ouvrée à l'entour à l'antique fort riche, garnie de plusieurs pierreries, à sçavoir, par-devant neuf doublets, cinq saphirs de verre, deux émeraudes et ung grenat; par-derrière, quatre grenats, une émeraudes de verre au milieu; et les autres doublets de verre, les pendants de mesme, et au bout y a à l'ung desdits pendants quatre pendants à chaisnes et poires au bout, tout d'argent doré, et à l'autre n'y a que trois pendants, parce qu'il y en a faulte, et sont pareils aux pendants; et au hault de ladite mitre y a deux fleurs de lys doubles d'argent doré, au bout de chacune un saphir doré; néanmoins s'est trouvé de faulte les pendants de ladite mitre.

Item ung petit étuy rompu couvert de cuir, dedans lequel est ce qui suit:

Une paire de gants de soye blanche faits à l'esguille, garnis à laque. Le poignet et le dessus desdits gants a forme d'ung gros bouton de grosses perles sans nombre, et sur chacun desdits gants est eslevé ung *Agnus Dei* couvert aussi de grosses perles.

Item les deux pendants de la mitre cy-devant déclarée, l'un garni au bas de trois boutons d'argent doré.

Item six paquets liés séparément, sur lesquels est escrit les noms des reliques y estant, avec un fust de bois couvert de la vraie croix, contenu en l'article 5e de l'ancien inventaire, qui contient ce qui ensuit ·

Ung fust de bois de grandeur d'ung petit pied de longueur et demi-pied en croiseur, sur lequel est attaché ung escriteau contenant : C'est du précieux fust de la grande croix baillée à Monseigneur par la main de Robinet d'Estampes, le mois de novembre 1412.

Item plusieurs autres reliques sans reliquaires, trouvées en la maison de feu M. Jean Testard, en son vivant vicaire de ladite église, avec un vase de jaspe dedans lequel sont lesdites reliques.

Inventaire des ornements de l'église de la Sainte-Chapelle de Bourges, fait en l'an 1564, après la réduction de la ville de Bourges, par les gens desvoiers, eux se disant de la nouvelle religion et avoir été par eux pris, ravi et emporté lesdits biens, ornements et autres, mesme des églises, et entre autres de ladite Sainte-Chapelle de Bourges; et ce qui s'est trouvé après leur département.

1° Pour le regard des habillements et ornements de l'église :

Ung parement d'autel hault et bas, fait entièrement de broderie à ronds et compars, gros tortils eslevés, au milieu de chacun desquels est figurée un cesne; et sont lesdits ronds et compars figurés de plusieurs mystères, et est ladite broderie d'or fin et soye; lesquels parements servent ès-festes de Nativité de Nostre Seigneur et du corps de Dieu.

Item ung autre parement d'autel hault et bas, fait à broderie de fin or et soye sur veloux cramoisy. En l'ung y a une histoire du crucifiement avec figures de rois et prophètes historiées, et la Pentecoste, avec autres figures; servant ledit parement à la feste de la Pentecoste.

Item ung autre parement hault d'autel, aussi fait de broderie de fin or et soye, auquel est figuré le couronnement de Nostre-Dame et des douze Apostres.

Ung autre parement d'autel hault, fait de broderie de fin or et soye, figuré des figures de Dieu-le-Père, Nostre-Dame tenant ung lys et plusieurs autres figures.

Item ung autre parement d'autel, au milieu duquel est figuré le crucifiement de Nostre Seigneur avec d'autres histoires de la Passion.

Item ung autre parement hault d'autel de broderie de fin or, figuré d'ung autre crucifiement et dix-huit histoires.

Item ung autre parement d'autel hault, fait de broderie d'or fin, auquel est figuré ung couronnement de Nostre-Dame et huit images, en tabernacle d'argent.

Item ung autre parement d'autel hault, fait de broderie d'or fin, auquel est figuré le couronnement de Nostre-Dame avec douze histoires de sa vie.

Item ung autre parement d'autel hault, fait de broderie de fin or, auquel est figuré autre couronnement de Nostre-Dame avec douze histoires.

Item autre parement d'autel fait de broderie de fin or, auquel est figuré le couronnement de Nostre-Dame. Au milieu d'yceluy sont douze images à ronds et chérubins.

Item ung autre parement hault d'autel fait de broderie d'or fin, auquel est figuré le couronnement de Nostre-Dame avec figures d'apostres et vierges.

Item ung autre parement d'autel hault et bas, de broderie sur satin cramoisy rouge: figure en l'ung d'yceux ung crucifiement au milieu, et plusieurs autres figures; et l'autre par le milieu est figuré d'une majesté et autres figures ayant les faces rouges.

Item ung autre parement d'autel hault et bas, fait de broderie d'or fin sur veloux parsemé de fleurs de lys d'or; figurés de trois anges chacun.

Item autre parement d'autel hault et bas, fait de broderie d'or fin sur satin cramoisy rouge, en l'ung desquels est figuré ung crucifiement et autres figures, et au milieu de l'autre est figuré le Jugement.

Item ung autre parement d'autel hault et bas, fait de broderie d'or fin sur veloux violet semé de ronds de perles.

Item autre parement d'autel hault et bas, de broderie d'or fin sur satin cramoisy rouge bordé de satin bleu; l'ung d'yceux figuré d'ung crucifiement par le milieu, ung autre de l'image de saint Michel.

Item ung autre parement d'autel hault et bas fait de broderie de fin or sur satin blanc, l'ung figuré au milieu d'ung crucifiement et l'autre figuré au milieu de l'Annonciation.

Item ung autre parement d'autel hault et bas, de broderie d'or fin sur veloux bleu semé de mille figures par le milieu; l'ung d'yceux figuré d'ung crucifiement, et l'autre aussi figuré par le milieu du Jugement.

Item ung parement bas fait de broderie d'or fin

sur damas bleu, figuré de l'image de Nostre-Dame; et le hault a esté pris et ravi par les gens de la nouvelle religion.

Item autre parement d'autel hault et bas, fait de broderie d'or fin sur taffetas blanc; l'ung d'yceux figuré au milieu d'ung crucifiement, et l'autre semé de florettes d'oiseaux.

Item ung autre parement d'autel hault et bas, fait de broderie d'or fin sur veloux noir semé de lettres faisant les mots de *Jesus*, *Maria*.

Item ung autre parement hault fait de broderie d'or fin et soye, semé de chardons sur veloux cramoisy.

Item autre parement d'autel hault et bas, tenant ensemble, fait de broderie de fin or et de soye sur veloux cramoisy semé de florettes, et ung crucifiement au milieu d'yceluy.

Item ung tapis de damas jaune orange et une couverture de damas de semblable couleur.

Item ung parement d'autel hault et bas, servant à l'autel de la chapelle de la Royne, fait de broderie d'or fin.

Item quatre parements d'autel, en quatre pièces faites de samy blanc lavés en histoire.

Item ung tapis fait de broderie d'or fin sur satin incarnat semé de haches et couronnes, anges et soleil, servant pour parement au pardon.

Item ung autre parement d'autel fait en figures de soye de couleurs orange et bleue.

Item ung tapis de veloux cramoisy servant de parement aux reliques.

Item ung tapis de damas blanc semé de fleurs

de broderie d'or fin, servant de parement aux reliques.

Item une chapelle garnie de deux chappes, en l'une desquelles est figurée la vie de saint Louis, évesque de Marseille, et en l'autre la vie du roy saint Louis; la chasuble et vestement de diacre et sous-diacre ès-quels sont figurées plusieurs histoires que les brodeurs disent estre d'une ordonnance de chapitre; le tout fait de broderie d'or fin et soye; deux estoles et trois manipulons d'or traict, en l'une desquelles estoles et en l'ung des manipulons servant aux presbstres célébrant messe, il y a boutons et perles.

Item une autre chapelle garnie d'une chappe, une chasuble, habillement de diacre et sous-diacre, le tout de veloux cramoisy rouge, historiés en ronds figurés de petits oyseaux, feuillages, portraits de broderie d'or fin et soye; deux estoles et trois manipulons de mesme estoffe, figurés d'anges en broderie : laquelle chapelle sert à la feste de Pentecoste.

Item une chappe de veloux cramoisy rouge figurée de roys et autres figures et feuillages et compars, garnis de perles et orfrayes de broderie d'or, garnis de bestioles et oyseaux aussi de perles, ayant le chaperon garni de perles, fait de broderie de fin or et soye.

Item une autre chappe entièrement de broderie, figurée d'histoires de la Passion, Résurrection et de la vie de Nostre-Dame; semée de perles; l'orfraye semée de bestioles et oyseaux faits de perles.

Item une autre chappe entièrement de broderie, en laquelle est historiée la Passion, Résurrection de Nostre Seigneur et autres mystères; garnie d'orfraye et chaperon; laquelle est figurée de la Trinité.

Item une autre chappe entièrement de broderie, en laquelle est l'arbre de Jessé figuré, et orfraye de broderie.

Item une chapelle de drap d'or rouge garni d'orfraye de broderie, où est figurée la résurrection de Lazare et autres figures.

Item une chappe de drap d'or ras bleu fait à gros fleurons, ayant l'orfraye de broderie et compons armoyriés et imagés, et le chaperon de broderie.

Item une chappe de drap d'or ras bleu, semé de fleurs de lys, ayant l'orfraye d'or traict et le chaperon de mesme.

Item une chappe de drap d'or blanc ras, faite à fleurs de lys d'orfraye d'or; une estole et manipulon servant au presbstre disant messe.

Item une chappe de drap d'or vert, faite à fleurs de lys, l'orfraye et chaperon d'or traict.

Item une autre chappe de satin cramoisy, historiée de la vie de saint Pierre, ayant les orfrayes du chaperon de broderie.

Item une autre chapelle de veloux bleu, semée de fleurs de lys d'or fin, ayant les orfrayes faites à la devise de monseigneur le duc de Berry, qui est *ours* et *cigne* armoyriés; garnie de quatre chappes, une chasuble et vestements de diacre et sous-diacre; deux estolles et trois manipulons avec les parements de mesme, de trois aubes et trois amycts.

Item une chapelle de veloux cramoisy et violet, semé de rangs de perles et de petits fleurons d'or, ayant les orfrayes componées à images et armoiriées, assises sur veloux blanc et bleu; garnie de trois chappes, une chasuble, vestements de diacre et sous-diacre, deux estoles, trois manipulons, les parements d'une aube et amyct.

Item une autre chapelle de veloux orange semé de coronilles, nyelles et autres fleurs, rameaux et branches; ayant les orfrayes de broderie faites à histoires; garnie de deux chappes, une chasuble et deux vestements de diacre et sous-diacre.

Item une autre chapelle de veloux parsemé de nyelles de broderie, ayant les images, orfrayes et tabernacle sur veloux cramoisy ; garnie de trois chappes, chasubles et vestements de diacre et sous-diacre, deux estoles et trois manipulons, et parements de trois aubes et trois amycts.

Item une autre chapelle de satin cramoisy semé de boraches, d'autres fleurs de broderie, ayant les orfrayes de veloux bleu, à images et tabernacle; garnie de trois chappes, une chasuble, vestements de diacre et sous-diacre, deux estoles et trois manipulons, avec les parements de trois aubes et trois amycts.

Item une autre chapelle de satin blanc semé de petites fleurs de broderie, ayant les orfrayes de veloux bleu, à images et tabernacle; garnie de deux chappes, une chasuble, vestements de diacre et sous-diacre, deux estoles et trois manipulons, et parements de trois aubes et trois amycts.

Item une autre chapelle de demi-satin rouge semé de lettres, de haches, couronnes et oyseaux, ayant les orfrayes à images de broderie; garnie de trois chappes, chasubles et vestements de diacre et sous-diacre, deux estoles et trois manipulons et parements, de trois aubes et trois amycts.

Item une autre chapelle de satin rouge semé de lions et griffons en ronds, et d'armoyries de monseigneur le duc, ayant les orfrayes componées d'armoyries; garnie de trois chappes, auxquelles en l'une sont des perles, une chasuble et vestements de diacre et sous-diacre, deux estoles et trois manipulons, et les parements de trois aubes et de trois amycts; et sont aussi componées lesdites chasubles de diacre et sous-diacre.

Item une autre chapelle de drap d'or incarnat ras, à grands fleurons, ayant les orfrayes de chaperon de broderie à images; garnie de quatre chappes, une chasuble et vestements de diacre et sous-diacre, deux estoles, trois manipulons, et parements de trois aubes et trois amycts.

Item une autre chapelle de drap vert, or de Genève, ayant les orfrayes d'or fin componées à la devise de monseigneur le duc; garnie de trois chappes, une chasuble, deux tuniques, deux estoles et trois manipulons.

Item une chapelle de veloux cramoisy rouge ayant les orfrayes d'or ras, garnie de quatre chappes, une chasuble, vestements de diacre et sous-diacre, deux estoles, trois manipulons, avec les parements de trois aubes et de trois amycts.

Item une autre chapelle de veloux noir semé des mots *Jesus, Maria*, garnie de trois chappes, l'une desquelles a l'orfraye à la devise de monseigneur le duc, et lesdits mots de *Jesus, Maria,* d'or de masse, et les orfrayes componées à images et armoyries de feu monseigneur le duc; estant lesdites orfrayes d'or fin; une chasuble, deux tuniques, deux estoles, lesdits mots *Jesus, Maria,* estant en l'une d'icelles, semés d'or de masse, et l'autre de simple, et y a trois manipulons.

Item une chasuble entièrement de broderie semée de perles de semence et florettes, ayant les orfrayes d'or traict, de perles et pierreries enchassées en or, ayant au collet trois armoyries de feu monseigneur le duc; doublée de satin cramoisy rouge.

Item une autre chasuble de drap d'or vert, ayant l'orfraye d'or traict, aussi garnie d'estoles et manipulons.

Item une autre chasuble de drap d'or bleu ras ayant l'orfraye de broderie à images, ayant les fleurons rouges; garnie d'estoles et manipulons.

Item une autre chapelle de drap de soye bleu, fleuronnée de blanc, l'orfraye d'or traict; garnie d'une estole et manipulons.

Item une autre chasuble de veloux rouge à deux endroits, l'ung desdits endroits blanc, à long poil; garnie d'une aube, une estole et manipulon.

Item une autre chasuble de drap d'or rouge frisé, ayant les orfrayes de broderie à images; garnie d'ung parement d'amyct.

Item deux longières de damas verd, ayant ung grand fleuron au milieu et bordé tout à l'entour, fait à feuilles marquées d'or traict, ayant à chacun des quatre coins perles et houppes d'or.

Item une autre longière faite à points noués d'or, d'argent et soye, ayant ung bord sur damas verd, fait à feuilles marquées d'or traict, ayant quatre boutons de perles et houppes d'or; dont les trois sont doublés de damas bleu.

Item quatre couvertures de carreaux filés à points noués d'or et de soye, ayant le bord fait à broderie, le tout d'or, ayant aux quatre coins à chacun une armoirie, boutons d'or et houppe de soye.

Item deux couvertures de carreaux de couleur rouge fleuronnés de verd.

Item une custode de satin blanc et bleu, semée de fleurs de lys de broderie d'or, le bord d'ycelle componé à la devise de feu monseigneur le duc, faite de broderie, doublée de satin cramoisy fait à rayons et florettes, au bout une pointe d'argent doré.

Item deux corporaliers, l'ung de veloux historié sur le couvert de Nostre-Dame-de-Pitié, et l'autre est de veloux violet, fait au point de la cordellière d'or et d'argent.

Item six cortines de taffetas rouge, frangées de soye de couleur, garnies de boucles.

Item une couverture d'autel de taffetas blanc renforcé, garnie par les bouts de plusieurs lettres et oyseaux.

Item une autre couverture d'autel de taffetas blanc renforcé, garnie des deux bouts de bords faits à fleurons d'or et bandes vertes.

Item une autre couverture de taffetas blanc, ayant aux deux bouts chamoisés des bords d'or et de soye.

Item une autre et semblable couverture que la précédente et dernière, estant les bords d'ycelle d'or de Genève et de soye sans armoyries.

Item une couverture de toile rayée servant aux petits autels.

Item une autre couverture grande de toile rayée de couleur, ayant aux deux bouts bandes de broderie de fin or, faites à bestes et lettres.

Item trois cortines de taffetas bleu rayé de soye blanche et d'or de Genève, garnies de boucles et franges de soye de plusieurs couleurs.

Item une bannière de taffetas rouge, bien usée, figurée d'ung Sauveur.

Item une couverture de taffetas rouge, ayant au bout une lisière de taffetas blanc.

Item une chasuble de satin blanc, semée de roses rouges, ayant les orfrayes d'or de masse à images.

Item une chapelle de damas jaune orange, garnie de quatre chappes, ayant les orfrayes d'or fin de broderie à histoire; une chasuble ayant semblables orfrayes, et deux tuniques pour le diacre et le sous-diacre, les orfrayes d'or traict; deux estoles, trois manipulons, parements de trois aubes et trois a-mycts.

Item une autre chapelle de veloux cramoisy rouge, semée de chardons et armoyries, ayant les orfrayes faites à lettres d'or componées d'images; garnie de deux chappes, une chasuble, deux tuniques, deux estoles, trois manipulons, parement de trois aubes et trois amycts.

Item deux parements de drap de soye bleu, figurés de blanc, appellés les Parements de figures, doublés de sandal.[1]

Item deux autres parements de drap d'or bleu fleuronné de blanc, doublés de sandal.

Item deux parements de drap d'or en champ verd, servant à M. le Thrésorier.

Item deux autres parements de drap d'or fleuronné de rouge.

Item deux autres parements de drap d'or incarnat fleuronné de bleu.

Item une tunique de demi-satin verd, ayant parements au bas et manches de drap d'or de Genève en champ rouge.

Item deux tuniques rouges de demi-satin ayant de petites orfrayes d'or traict.

Item une chapelle de drap d'or et de damas gris, servant au service que l'on fait durant le caresme, ayant les orfrayes d'or et de soye; garnie de trois

---

[1] Sorte d'étoffe de soie.

chappes, une chasuble, deux tuniques, deux estoles, trois manipulons et trois parements d'aubes et amycts.

Item deux petites chappes de damas incarnat figuré à carreaux, ayant les orfrayes de satin fin bleu, semées de fleurs de lys.

Item six tuniques de drap de soye bleu, semées de fleurs de lys de soye jaune, servant aux enfants de chœur.

Item cinq autres tuniques de pekin verd, servant aux enfants de chœur, fleuronnées d'or de masse, ayant les orfrayes de veloux, parsemées de fleurs de lys.

Item une chasuble de veloux cramoisy rouge, semée de florettes de broderie à histoire, garnie d'estoles, aubes, manipules et amycts.

Item une autre chasuble de damas bleu, semée de petits fleurons d'or noués, ayant orfrayes de veloux cramoisy à images et tabernacle d'or fin, d'estoles, manipulons et parements d'aubes et amycts.

Item une autre chasuble de taffetas bleu lavée, historiée, ayant les orfrayes de taffetas noir semées de florettes du nom de Jésus, garnie d'estoles, manipulons et parements d'aubes et amycts.

Item une autre chasuble de satin cramoisy rouge, semée d'oranges, ayant orfrayes de satin bleu semées de fleurs de lys d'or fin; garnie d'estoles, manipulons et parements d'aubes et d'amycts.

Item une autre chasuble de drap d'or verd, ayant orfrayes de soye et or de Genève, garnie d'estoles et manipulons.

Item une autre chasuble de satin blanc, semée d'oyseaux et de florettes, ayant orfrayes à images et tabernacle sur veloux cramoisy, fait de broderie d'or fin; garnie d'estoles, aubes, manipules et amycts.

Item une autre chasuble de satin ou autre drap de soye de couleur bleue, figurée d'oranges, ayant orfrayes canelées, de soye et or fin; garnie d'estoles, manipules, aubes et amycts.

Item une tunique servant au clerc de la confrairie de Saint-Sauveur, figuré de saint Sauveur.

Item deux carreaux servant au grand autel aux festes annuelles, l'ung estant de pekin et l'autre à points noués, bandés de fin or.

Item ung autre carreau de veloux verd servant au grand autel.

Item quatre sandales et ung scafignon de drap d'or fin servant aux évesques.

Item une mitre de soye diaprée à ronds d'or fin.

Item une autre mitre de toile ou futaine, semée de florettes et bandée de bandes d'or de bassin.

Item une frange de brodures faites à histoire, ayant perles en plusieurs lieux et franges de soye verte.

Item une autre frange de brodures faites à images, frangée de chapelets de soye et de compons d'or et soye.

Item une autre frange de broderie à image simple, franges de soye de diverses couleurs.

Item une autre frange et compon à armoyries de fleurs de lys et perles d'azur, et compars faits de perles et corail.

Item une autre frange componée d'armoyries, d'oranges et fleurs de lys d'or fin, et franges d'or et soye.

Item une autre frange de veloux cramoisy, semée de fleurettes, franges d'or et soye, et y a faulte d'environ une demi-aulne qui a esté prise et ravie par les gens de la nouvelle religion.

Item une autre frange de satin cramoisy, semée de borraches et autres fleurs, franges de soye.

Item une autre frange de veloux bleu, semée de nyelles, franges de soye de plusieurs couleurs.

Item une autre frange de satin blanc, figures d'images semées d'oyseaux et florettes, franges de couleur.

Item une autre frange de taffetas blanc et veloux cramoisy à pointes, ayant des images et tabernacle sur veloux cramoisy, franges de soye.

Item une autre frange componée à la devise de monseigneur le duc, frangée de franges de soye.

Item une autre frange entièrement à histoire, à lettres d'or fin, franges de soye.

Item une autre frange de taffetas, lavée [1], à images d'or fin et soye.

Item une autre de veloux noir, semée des mots de *Jesus, Maria*, faits d'or fin, franges de soye noire.

Item une petite chappe de drap d'or de Genève, servant aux enfants de chœur.

Item ung grand drap d'or, bandes de veloux noir

---

[1] Coloriée.

tout à l'entour, lequel sert à mettre sur la sépulture de monseigneur le duc.

Item ung autre grand drap velouté, semé de fleurons d'or, bordé de veloux noir tout à l'entour, servant à mettre sur ladite sépulture.

Item ung grand drap de broderie, appellé le Brandeum[1], bordé de veloux verd à l'entour.

Item une autre grande pièce faite de haulte lice de soye et or, historiée de la Passion et autres.

Item une pièce de tapisserie rehaussée d'or, où est l'histoire d'ung crucifiement.

Item une pièce de tapisserie où est l'histoire de l'Apocalypse.

Item une grande pièce de tapisserie appellée la Vie du Pélerin.

Item une grande pièce de tapisserie semée de fleurs de lys, servant ordinairement sur la sépulture de monseigneur le duc fondateur.

Item ung grand tapis de veloux à mettre par terre sur les marches devant le grand autel.

Item une pièce de tapisserie de plusieurs couleurs, en laquelle est figurée la Résurrection de Nostre Seigneur et mystère des Innocents, qui sert à mettre devant les reliques.

Item une grande pièce de tapisserie de laine de plusieurs couleurs, historiée de miracles de Nostre Seigneur.

---

[1] Drap ou voile dans lequel on enfermait les reliques.

Item ung grand parement de broderie de fin or, auquel est figuré ung throsne de couronnement au milieu et autres figures, bordé de veloux rouge, estant componé à feuillages et armoyries de feu nostre seigneur le duc; au-dessous duquel parement est une pièce de taffetas jaune orange pour la conservation dudit parement.

Item ung parement de laine semé de fleurs de lys, servant de couverture à la châsse de saint Julien.

L'autel de Nostre-Dame-la-Blanche, derrière le grand autel, est couvert d'une couverture de laine de plusieurs couleurs; au revestiaire, une chappe de veloux noir ayant l'orfraye et chaperon d'ung drap de laine.

Item une chapelle de damas rouge, garnie de quatre chappes, une chasuble, deux tuniques, ayant le tout les orfrayes de drap d'or figuré de violet, deux estoles et trois manipulons, avec les parements de trois aubes et trois amycts.

Item deux chappes, les orfrayes de tanné.

Item une autre chapelle de samis noir, garnie de cinq chappes, une chasuble, deux tuniques, trois desquelles chappes ont des orfrayes de drap de laine et d'or de Genève; les autres deux chappes, chasuble et tuniques les orfrayes de tanné d'or fin et de soye; deux estoles, trois manipulons, les parements de trois aubes et trois amycts.

Item deux parements de drap d'or bleu fleuronné de blanc, doublés de sandal, convertis en une chappe de mesme parure.

Item deux parements de drap d'or en champ verd, servant à monseigneur le Thrésorier.

Item deux parements de drap d'or bleu fleuronné de rouge.

Item la bannière que l'on porte aux processions.

Item quatre parements pour les bayarts à porter les reliques en procession, en nombre quatre, à sçavoir deux grands et deux petits.

Item, au service que l'on fait au caresme, deux chappes, une chasuble, deux vestements de diacre et sous-diacre, deux estoles, trois manipulons et trois parements d'aubes et d'amycts; et depuis la fin 1553 a esté fait trois chappes neuves, chasubles et deux tuniques, avec les parements d'aubes, amycts, manipulons et estoles.

Item une chapelle neuve de damas blanc à grandes fleurs, quatre chappes, une chasuble de diacre et sous-diacre, estoles, manipules et amycts, qui a esté faite en 1554.

Item ung parement d'autel hault et bas, de broderie sur champ de satin blanc, tout de fin or, historié le hault au milieu d'yceluy d'histoire des trois Roys, l'Annonciation, le mariage, le trépassement et Assomption de la très-sacrée et glorieuse Vierge Marie, Mère de Dieu; et au bas dudit parement est figurée l'histoire de Nostre-Dame montant au temple, l'histoire de Joachim gardant le bestial au champ de la Porte-Dorée, Nostre-Dame en oraison, et en autres lieux faisant ouvrages de tissus; le parement des personnages, leurs habits à l'entour d'yceux, ornés de perles: le tout fort riche.

Plus, ung grand ciel de veloux cramoisy rouge, avec le dossier semé de perles, qui sert le vendredy-saint et jeudy absolu, frangé de soye, à deux rideaux de taffetas pers.

Item ung ciel de veloux pers, semé de fleurs de lys d'or, ours et cygnes, les franges de soye bleue greffées de franges d'or, qui sert à porter sur la sainte hostie et corps de Dieu le jour de la feste de lui solemnisée.

Inventaire des linges trouvés en la Sainte-Chapelle de Bourges, au mois de septembre 1564, long-temps après que les nouveaux chrétiens de la religion nouvelle se sont retirés, & est de présent en ladite église :

Et 1° Trois aubes, trois amycts avec leurs parements, servant à la chapelle Saint-André, et de mesme drap d'or ras fin.

Item trois aubes avec leurs parements et amycts, servant à la chapelle, de veloux pers semé de florettes.

Item une aube et ung amyct servant avec son parement à la chapelle, semés de reynes.

Item trois aubes et trois amycts avec leurs parements, servant à la chapelle de veloux rouge, semés de chardons et d'armoyries.

Item trois aubes et trois amycts avec les parements de mesme, la chapelle de satin rouge semé de florettes.

Item trois aubes et trois amycts avec leurs parements de mesme, la chapelle de satin rouge semé de griffons.

Item trois aubes et trois amycts avec leurs parements, servant à la chapelle de samis rouge semé de couronnes.

Item trois aubes et trois amycts avec leurs parements de mesme; la chapelle de satin blanc semé de florettes.

Item quatre aubes de toile fine qui servent à Pasques, quand on ne porte chappe; les deux parées de drap d'or blanc et bleu, une de drap d'or vert, et l'autre de drap d'or rouge et bleu, avec leurs amycts parés de mesme.

Item une aube avec son amyct et parement de mesme, servant à la chapelle, et une chasuble.

Item trois aubes, trois amycts avec leurs parements, servant à la chapelle de veloux rouge à grand poil, le tout de mesme.

Item une aube parée de drap d'or blanc, servant à la chapelle de drap d'or blanc, qui servoit à la feste de Pasques; laquelle chapelle ledit Debrière dit avoir esté dérobée, excepté ladite aube et son amyct, avec quelques autres pièces déclarées en l'inventaire des chappes cy-devant.

Item, plus y a en l'une des layettes les couvertures qui sont de drap de soye; en premier lieu, pour le grand autel, quatre couvertures.

Item aux petits autiers trois couvertures; toutes de soye coulourée.

Item une au grand autel ou servant à yceluy, six cortines de taffetas rouge.

Item plus six cortines de taffetas noir.

Item plus trois cortines de taffetas bleu barré de blanc, le tout de soye.

Item la mitre des enfants de chœur.

Item, au revestiaire, trois aubes avec leurs amycts et parements, servant à la chapelle de damas jaune componée.

Item trois aubes avec leurs amycts et parements, servant aux grand obitz.

Item plus trente-quatre aubes, compris treize qui ont été faites après la guerre.

Item trente-six amycts, compris comme à l'article précédent les nouveaux faits.

Item dix-sept nappes, tant grandes que petites, compris les doublées.

Item sept couvertures de calice.

Item sept ceintures de coton pour les aubes, en ce non compris les aubes des enfants qui sont sous la charge de leurs maistres et femmes qui les blanchissent.

Inventaire des livres qui sont à présent pour le service de l'église & qui ont esté trouvés après la pillerie faite par les soy-disant de la nouvelle religion, en la Sainte-Chapelle royale de Bourges.

Et premier, au costé droit de ladite chapelle,

ung vieux psaultier en moyen volume, qui sert pour la psalmodie.

Item ung autre psaultier aussi vieux, en petit volume, avec ung demi-temps de l'année.

Item ung grand psaultier à grand volume, servant ordinairement audit costé droit.

Item ung grand livre de responsaire en grand volume, servant les dimanches et festes, pour le terme commençant à la Trinité et finissant à l'Avent.

Item ung grand livre de graduel pour toute l'année, tant dimanches que festes des saints, tout en ung volume bien relié et à coutre.

Et au costé gauche est ce qui s'ensuit :

Deux psaultiers en grand volume, deux responsaires aussi en grand volume.

Item ung livre des obitz.

Item ung collataire.

Item ung livre en moyen volume, où sont et est fait le réglement de tout l'office de l'église, et est appellé le Brief.

Au Revestiaire.

Ung psaultier à grand volume, avec les respons des festes et dimanches, commençant à l'Advent et finissant à la Trinité.

Item ung légendaire commençant la veille de Saint-André et finissant la vigile de Saint-Germain.

Item ung livre des respons en grand volume, tant pour les dimanches que festes, commençant à l'Advent et finissant à la Trinité.

Item ung psaultier en grand volume, responsaire et légende, commençant à l'Advent et finissant à la Trinité.

Item ung grand responsaire en grand volume, commençant le jour de saint Germain, qui est à la fin de may, et finissant le jour de saint André, commencement de l'Advent, et sert à mettre à l'aigle du pupitre.

Item ung grand légendaire en grand volume, qui commence le dimanche après la feste du corps de Dieu et sert jusques au vingt-cinquième dimanche de l'Évangile, yceluy compris; et pour les saints commence le jour de saint Germain, 25 may, et finit le jour de l'Assomption Nostre-Dame, en aoust.

Item autre livre de légende commençant ledit jour d'Assomption de Nostre-Dame et finit à la Saint-André.

Item autre responsaire en grand volume, qui commence le jour de l'Advent et sert au pupitre et aigle.

Item autre livre de légende qui sert depuis l'Advent et finit à la Trinité, en grand volume.

Item ung grand livre de légendes de plusieurs saints, ci-après déclarés :

De l'Octave de la Conception de Nostre-Dame.
De saint Antoine, abbé.
Octave de la Purification.
Sermo prioris Dominici Adventûs.
Sermo prioris Dominici Septuagesimæ.
Beati imperatoris Caroli Magni.
Visitationis Mariæ.

Presentationis Mariæ.
Octava sancti Andreæ.
Sanctæ Barbaræ.
Sanctæ Marthæ.
Octava Annonciationis Beatæ Mariæ.
Sancti Landerici.
Sancti Josephi.
Sancti Tiburtii.
Sanctorum Martini et Verani.
Sancti Demetrii.

Item ung autre responsaire en grand volume, commençant à l'Advent et finit à la Trinité, qui est entre les mains de M. Antoine Moussaillon, chapelain de l'église, pour yceluy en faire ung autre.

Item ung autre livre en moyen volume, couvert de blanc, qui est l'office de saint Julien et saint Charles, et y a des cahiers de perdus.

Item deux livres de mesme volume, où sont les offices de Nostre-Dame.

Item ung livre des obitz, couvert de cuir tanné, de mesme volume.

Item ung autre livre couvert de noir, de petit volume, contenant l'office d'un évesque.

Item six petits cahiers couverts de parchemin, faisant pour l'office du corps de Dieu.

Item ung petit collectaire, de petit volume, fort usé.

Item douze livres servant aux processions, de petit volume.

Item deux graduels servant à chacun costé pour

toute l'année, couverts de noir pour les temps y désignés.

Item trois missels servant ordinairement, assez mal en ordre.

Item ung autre missel en parchemin, où y a faulte de canons.

Item deux livres de petit volume, servant à l'aigle pour les obitz.

Ensuit les livres qui sont nécessaires en l'église et est besoin de faire.

1° Ung livre en grand volume, au lieu de celuy qui a esté bruslé par les ennemis, servant pour les obitz tant du fondateur que autres.

Item ung livre de responsaire en grand volume, pour le service des saints, qui sert depuis la Saint-André jusques à la Trinité, lequel M. Moussaillon est après à faire.

Item ung livre de responsaire pour le dimanche, servant au pupitre et aigle, depuis la Trinité jusques à l'Advent.

Item, pour le costé droit, ung livre en grand volume, où sont les responsaires, depuis la Trinité jusques à l'Advent.

L'original de l'inventaire de la Sainte-Chapelle est aux archives du département du Cher.

FAITS DIVERS

SUR

LA VILLE DE BOURGES

ET LES

Départements formant l'Ancien Berri.

César nomme la ville de Bourges : *Pulcherrima propè totius Galliæ urbs.*

« C'est presque la plus belle ville de toute la
» Gaule. »

Les marbres et les morceaux d'architecture que l'on déterre si souvent à Bourges en font foi.

Le vrai *Avaricum* est Bourges, et non Vierzon, comme quelques-uns l'ont prétendu ; Catherinot le prouve dans un de ses opuscules ayant pour titre *Le vrai Avaric*, pag. 5 et suivantes. Suivant cet auteur, Bourges est très-ancien ; sa fondation remonte à plus de quatre mille ans ; il doit son commencement aux descendants de Japhet, qui fondèrent les états Scythes, Arabes, Égyptiens, Celtes, et par conséquent celui des *Biturige*s ou Berruyers, qui fournissaient des rois aux Celtes.

Le sieur Labbé de Montvéron, sur l'article 1" de *la Coutume du Berri*, remarque, après Goropius Becan, au livre premier de ses *Antiquités Gauloises*, que la ville *Avaricum*, en langue cimbrienne, s'appelait jadis *Auuoeric*, qui signifie le royaume des anciens ou le royaume plus ancien : ce qui ne se rapporte pas mal à la langue allemande, qui dit *Aulstric* ou *Alstric*, presque en la même signification. Quelques ignorants (le docte Joseph Scaliger les appelle fous et insensés) ont voulu persuader à leurs semblables qu'*Avaricum* n'était pas Bourges, mais bien Vierzon, aveuglés non tant par la ressemblance du nom vulgaire, que pour n'avoir pas su comprendre ce que voulait dire le mot de cité dont César se sert si souvent dans ses Commentaires ; mais le texte de cet auteur et celui de Dion, l'assiette du lieu qu'ils décrivent, l'autorité de l'Itinéraire d'Antonin, de la table dite de Peutinger, et des notes ou chiffres de Tyron, les levées des voies militaires et grands chemins qui restent encore aujourd'hui, non seulement depuis la rivière de Creuse à Argenton jusqu'à Saint-Ambroix-sur-Arnon (qui est le vrai *Ernodurum* ignoré jusqu'à maintenant, ou bien *Arnodorus* qui vaut autant à dire que passage sur la rivière d'Arnon), et de là jusqu'à Bourges *Avaricum*, à Sancoins *Tincontium*, à Decize *Decidas*, à Bourbon-Lancy et Autun, mais encore jusqu'à Sancerre, en Touraine et en Auvergne ; le siège des présidents et autres juges et officiers romains, et ensuite des évêques métropolitains, primats de toute l'Aquitaine ; le nom même de *Biturica*, *Biturigæ*, ou *Ituriges*, donné à la ville sur la décadence de l'empire romain ; le consentement de tous les doctes, et autres preuves péremptoires, montrent évidemment qu'il ne faut point chercher d'autre *Avaricum* que la ville de Bourges, de tout temps capitale du pays.

Bourges est creusé comme un clapier, et suspendu sur des caves, comme Thèbes en Egypte et Chartres en France.

L'hôtel-de-ville de Bourges a coûté à Jacques-Cœur, argentier de Charles VII, la somme de cent trente-cinq mille francs ; cette somme, qui paraît modique aujourd'hui, était beaucoup plus considérable à cette époque.

Bière. Ce nom, donné aux tombes trouvées dans les différentes fouilles faites à Bourges et ailleurs, ne désigne autre chose qu'une pierre pour servir de cercueil. *Bière*, en ce sens, vient de *Petra* ; c'est *tymbus* chez les Grecs, qui vient de *typte*, comme aussi *typus*, *tubus* et *tuba*.

L'une des quatre anciennes portes de Bourges, appelée la Porte-de-Saint-André, était près les Carmes, contiguë à la boucherie de la Porte-Neuve, à la place de laquelle a été bâtie une maison qui fait le coin de l'impasse du Chat.

Il existe encore des vestiges de l'ancienne Porte-Neuve dans une maison qui a appartenu à M. Turpin de La Talle, presque vis-à-vis celle qui remplace la boucherie de la Porte-Neuve.

L'église du Château, qui maintenant est remplacée par différentes maisons, avait dans son voisinage une prison canoniale ou monacale qui est souterraine ; on la nomme la Grotte de Sainte-Blandine, parce que la chapelle de cette sainte n'en était pas beaucoup éloignée. Saint Simplice la fonda vers 420. Le mardi-gras de chaque année le peuple allait par dévotion à la grotte de Sainte-Blandine. Cette grotte existe toujours ; elle appartient aux héritiers de la veuve Chevalier. Elle n'est séparée des maisons, cours et jardins qui remplacent les église, chœur et cimetière du Château, que par un mur qui est mitoyen avec les héritiers de ladite veuve Chevalier, à cause de leurs propriétés.

On voit, dans la structure de cette grotte, sur une pierre employée, à l'envers, le fragment d'une inscription.

Le palais archiépiscopal est miné et contreminé. On nomme ces casemates les caves de Saint-Guillaume.

Les laines du Berri étaient si estimées, que dans

les contrats de mariage le futur époux stipulait que la future serait vêtue de drap du Berri.

Voyez Catherinot dans son opuscule intitulé *Le Prêt gratuit*.

Sic vos non vobis vellera fortis oves.
Ainsi, mais non pour vous, ces toisons vous portez.

———

Le quartier de Saint-Privé s'appelait autrefois le quartier d'Yèvre.

———

L'Orron, aujourd'hui l'Auron, en latin *Ultrio* ou *Utrio*, et non *Orontes* ou *Avaro*, était autrefois navigable jusqu'à Nantes.

———

On peut faire à Bourges, non seulement des draps et des serges, mais encore des chapeaux et des tapisseries aussi fines qu'aux Gobelins. On y peut faire des cordages pour la marine.

———

Bordeaux, Bayonne et la Biscaye ne sont que des colonies des peuples du Berry et du Bourbonnois.
                                            Catherinot.

———

Qui terra guerra, mala quia, pisa quina.
En syncopant les mots on trouvera le sens : Qui terre a, guerre a, mal à qui a, pis à qui n'a.

C'étoit la devise de Macé, citoyen de Bourges, enterré au milieu de l'église de l'Hôtel-Dieu.

Catherinot.

Un tureau est une chaussée de terre servant de borne, et de si grande conséquence, que de labourer et effacer le tureau étoit un cas royal et réservé par les rois dans les concessions de justice; car c'étoit troubler le repos public et témoigner un esprit d'usurpation. *Catherinot.*

Charles IX logea à Bourges, à l'hôtel-de-ville, en septembre 1562; et Louis-le-Grand, en octobre 1651.

L'ancien hôtel-de-ville faisait partie du collége actuel.

François I coucha, en juillet 1524, au château de *Bois-sir-Amé* ou Bois-Trousseau.

Peintres de Bourges qui se sont appris d'eux-mêmes, ou qui peignaient par honneur sans en faire profession : Maugis, abbé de Saint-Ambroise; Tullier, prévôt de Bourges; Dumoulin, Gougnon, Petit et Alabat.

On trouve en Berri des médailles de Philippe, roi de Macédoine, père d'Alexandre-le-Grand. J'en ai eu une en ma possession qui avait été trouvée dans les environs de Bourges, sur le chemin de Dun-le-Roi ; je l'ai donnée à feu M. de Cambry, alors président de l'académie celtique, lors de son passage à Bourges, en échange d'une des quinze qui avaient été trouvées à Paris, sous les fondations du pont des Arts. Il parut désirer la mienne, parce que la figure de Philippe était jeune et par conséquent plus ancienne que celle qu'il me cédait, et dont la figure paraissait beaucoup plus âgée.

J'ai ensuite cédé celle-ci à M. de Bosc, conservateur des forêts, ainsi que d'autres objets, en échange d'un manuscrit sur parchemin, de 1310 et 1314, qu'il s'était procuré à Vierzon, et qui sortait de la bibliothèque de M. Bazin, célèbre professeur d'écriture et littérateur.

On trouve également des médailles d'Alexandre-le-Grand. Le revers représente son bucéphale comme un pégase.

―――

Catherinot, dans son opuscule sur le *Prêt gratuit*, page 81, compare l'usure à un cheval qui mange jour et nuit, à un libertin qui travaille les jours de fête, à un mulet qui est engendré et n'engendre pas, à une tache d'huile, à une lèpre inhérente à la peau, au levain, à l'alluvion, à l'inondation, au ver qui troue, au serpent qui mord, au chancre qui ronge, à la lime, au coin de fer, au marteau, à l'abîme, à l'eau qui goutte à goutte creuse, au balancier et au pendule d'une horloge, au cadran, duquel on dit: *Currit dùm stare videtur:* « Il court » quoiqu'il paraisse immobile. » Le principal est comme la meule de dessous, et l'intérêt comme la meule de dessus. Le principal est comme le jambage d'un compas qui marque le centre, et l'intérêt comme l'autre jambage qui marque le cerne.

Il en est d'une rente comme d'une beauté; elle craint le nombre d'années. Il applique aux intérêts usuraires ce vers :

Ex aliis nascor nec quisquam nascitur ex me.

Le procès est comme la natte; on la fait aussi longue qu'on veut, en mettant brin sur brin.

Fenerare est hominem occidere.
Prêter à usure à un homme, c'est le tuer.

C'était une coutume en Grèce, à Rome et dans les Gaules, d'ouvrir sa porte en dehors.

On croit que la porte Gordienne et la place de ce nom, dite Gordaine, tirent ce nom de Gordien, empereur romain : on trouve en Berri des médailles de cet empereur.

Les quatre anciennes portes de la ville de Bourges

étaient la Lyonnoise, l'Auronoise, la Neuve et la Gordienne.

Quelques antiquaires ont cru voir dans une des bornes qui entourent la place Gordaine, sur laquelle se tient un des marchés de Bourges, un autel druidique qui servait à déposer les prémices de toute espèce que nos pères offraient à leurs divinités.

On a remarqué, par un rapprochement singulier de cet antique usage, que cette pierre est précisément le centre autour duquel viennent se grouper les marchands qui apportent des primeurs au marché.

D'autres disent que, dressée au milieu de la place, elle était destinée au crieur public, d'où lui est venu le nom de pierre de la *Cri* ou de la *Criée*. (Voyez M. Butet, Statistique du Cher.)

Auguste fit refaire les murs de Bourges de pierres et de briques, au lieu qu'ils n'étaient, comme le rapporte César, que de pierres et de bois. Du temps de César, cette ville était peuplée de 40,000 ames ; elle était petite, ainsi qu'on le voit par les quatre portes dont il est parlé ci-dessus.

En 1640, en creusant le long des murs de clôture des Ursulines, on trouva de très-grosses pierres crampounées, qui appartenaient à l'amphithéâtre construit sous Trajan, empereur romain, démoli en 850 et comblé en 1619 pour faire la place du marché au blé. En 1670 on découvrit une statue colossale vis-à-vis l'église de Moustier-Moyen ou du Séminaire; elle est restée enfouie. En 1685, M. de Phélippeaux, faisant démolir une partie des murs de ville qui régnaient sous le palais de l'archevêché, trouva plusieurs morceaux d'architecture : ces murs avaient deux toises d'épaisseur.

En 845, l'église de Saint-Étienne a été commencée par Rodolphe ou Raoul de Turenne.

Les historiens ne sont pas d'accord sur l'époque de la fondation de l'église cathédrale, métropolitaine, patriarchale et primatiale de Saint-Étienne; quelques-uns, s'appuyant sur un passage de Grégoire de Tours, en font remonter la dédicace à l'an 275 ; d'autres croient qu'elle n'a été commencée qu'après l'augmentation de la ville de Bourges, c'est-à-dire qu'elle a été fondée en 840, sous Charles-le-Chauve, par Raoul de Turenne, parent de ce prince, titulaire de plusieurs abbayes, et achevée en 987, par Gauzelin, aussi archevêque de Bourges, abbé de Fleury, fils d'Hugues Capet et frère du roi Robert.

Les sentiments sont plus unanimes au sujet des reconstructions ou réparations de quelques parties détachées de cette superbe basilique, parce que ces ouvrages sont plus modernes. Ainsi, on ne doute pas que le principal portail n'ait été reconstruit sur un nouveau modèle, vers l'an 1390, par Jean de France, premier duc de Berri. La vieille tour, dite de Beurre, achevée vers 1490, s'écroula le 31 décembre 1506.

> Ce fut l'an mil cinq cent et six
> De décembre le dernier jour,
> Que par un fondement mal sis
> De Saint-Étienne chût la tour ¹.

Les travaux de réédification, commencés le 19 octobre 1508, ne reçurent leur perfection qu'en l'année 1538. Cette tour fut relevée aux dépens du diocèse, et en grande partie à ceux d'Antoine Boyer, abbé de Fezeau, archevêque de Bourges et cardinal.

L'entreprise fut confiée à Guillaume Pellevoisin, fameux architecte. Les maîtres de l'œuvre étaient Jean Crenequin, depuis doyen, et Messier, chanoine de la cathédrale.

L'élévation de cette tour est de deux cent quatre pieds; on y monte par trois cent quatre-vingt-seize marches.

L'édifice de l'église est assis sur un roc. Rien ne surpasse en hardiesse le bel ordre des proportions, la délicatesse enfin de sa structure, tant au dedans qu'à l'extérieur; son architecture est d'un style aussi simple qu'élégant.

Sa longueur est de trois cent quarante-deux pieds, sa largeur de cent trente-un pieds, non compris les chapelles; sa hauteur de cent huit pieds.

---

¹ Cette inscription se lit sur une banderole portée par un mascaron au haut de l'escalier, près l'entrée du beffroi.

Cette église a deux tours, sept portails, dont cinq de front; dix-huit chapelles, soixante piliers à claire-voie et quarante-six pilastres. Elle était autrefois surmontée d'un clocher revêtu de plomb, construit en 1540.

Louis VII privilégia, en 1174, le parvis de Saint-Étienne, en permettant qu'il fût fortifié et qu'on y rendît la justice.

Philippe-le-Bel accorda, en 1313, les fonds nécessaires pour la réparation des voûtes de l'église.

Jacques-Cœur fit bâtir la sacristie en 1450.

Sous le chœur est une église souterraine bien voûtée et recevant le jour par plusieurs ouvertures. Elle renferme un sépulcre qui fut sculpté en 1543; ce monument est dû aux libéralités de Jacques Dubreuil, archidiacre de Bourbon. Les protestants le détruisirent en 1562; mais le Chapitre le fit rétablir en 1640.

Douze archevêques de Bourges sont inhumés dans l'église de Saint-Etienne, ainsi que plusieurs autres prélats, des maréchaux de France et quelques autres grands personnages. On y voyait jadis les mausolées de MM. de La Châtre, de Montigny et de l'Aubespine.

Cette église a été plus d'une fois atteinte par les flammes; et les protestants avaient entrepris de la démolir en 1562. Elle était desservie, avant la révolution, par quarante chanoines, soixante-quatre vicaires, un doyen, un chantre, un chancelier, un sous-chantre, neuf archidiacres, vingt archiprêtres et plusieurs chanoines honoraires.

Ce monument d'architecture gothique, si digne d'être conservé, reçoit, depuis quelques années, des réparations et des restaurations qui ajoutent à sa beauté et consacrent le talent des artistes qu'on y employe.

Le Manuel de l'Hôpital général de Bourges, p. 27, rapporte une inscription latine, gravée en lettres gothiques au-dessus du tronc de la Cathédrale de Bourges, qui démontre les pratiques des gens d'église pour induire les fidèles à leur faire des dons.

Époques des incendies généraux d'après l'ère vulgaire : 570, 612, 867, 1252, 1353, 1467, 1487.

Bourges avait 7,500 maisons et 9,500 familles.

Bourges a été pillé par les Romains sous César;
En 412, par les Gots et les Huns;
En 443, par les Bourguignons;
En 570, par Chilpéric;
En 762, par Pépin;
En 868, par les Normands;
En 1662, par les protestants.

La noblesse des gentilshommes verriers tire sa source d'une méprise ridicule de notre langue; car *gentilhomme*, ce n'est pas *nobilis vitrarius*, mais *nobilis vicarius*, c'est-à-dire qui a justice verrière, *justitiam vicariam*, jusqu'à soixante sous tournois.

Catherinot.

Le mot injurieux de lanternier vient du mot lantérien, mot corrompu de luthérien.   *Catherinot.*

Les prédicateurs jouaient la parole de Dieu et parlaient en farceurs. (Voyez Jacques de Voragine, évêque de Gènes; Robert Heliot, Jean Grise, Gabriel Barlette, Olivier Maillard, Michel Menot et autres.)

En 1530, la tour de Saint-Pierre-le-Marché, actuellement Notre-Dame, a été bâtie. Elle est de la même structure que celle de Saint-Severin de Paris, et paraît plus large par en haut que par en bas.

Peintres de Bourges : Jean Lescuyer, mort en 1556; Jean Boucher, mort en 1631, enterré à Saint-Bonnet.

Jacques Cujas est décédé à Bourges, le jeudi 4 octobre 1590 ; il était âgé de soixante-neuf ans. Il a été inhumé dans l'église de Saint-Pierre-le-Guillard, en la chapelle de Saint-Denis.

La maison de Cujas, située rue des Arènes, s'appelait hôtel *Salvi*. Elle a été bâtie, en 1515, par Guillaume Pellevoisin, fameux architecte, aux dépens de Duranti Salvi, italien.

Ce Salvi s'armait d'un brin de sauge, avec le mot de Sénèque-le-Tragique :

MODERATA DURANT.

En 1827, les ouvriers du sieur Hugault, entrepreneur de bâtiments, trouvèrent dans l'épaisseur d'un mur qu'ils démolissaient une pierre de marbre épaisse d'environ deux pouces, haute de douze à treize pouces, et large de sept à huit pouces, sur laquelle est très-bien sculpté en relief le portrait d'Aristote, prince des philosophes, avec cette inscription au bas du portrait en caractères grecs :

ΑΡΙΣΤΟΤΕΛΕΣ Ο ΑΡΙΣΤΟΣ ΤΩΝ ϕιλοσοϕΩΝ.

Cette pierre est dans le cabinet de l'auteur.

───◈───

Les Romains ont occupé la province de Berri l'espace de cinq cents ans, de sorte qu'il ne faut pas s'étonner s'ils y ont laissé tant de vestiges de leur grandeur.

Les murs de l'ancienne ville de Bourges sont de

structure romaine, ainsi que le disent les excellents géographes Merula et Sincerus.

Ces murs sont bâtis de pierres d'échantillon, et traversés par des couches de briques placées sur le plat, le droit ou sur le côté, ce qui vaut des boutisses et des chemins d'architecture. Il semble que le bitume, le sang de bœuf ou la poudre de Pouzolle ont été employés. On dit que le vieux Châlons, *Cabillonum*, était environné de trois cercles de briques dorées ; mais cette dépense ressent bien fort la fable.

On n'aperçoit plus ces murs que du côté de la porte St-Paul ; car, depuis nombre de siècles, on a bâti sur les anciens murs le palais royal et la Sainte-Chapelle, qui n'existent plus ; le bureau des finances, situé rue de l'Équerre, faisant actuellement partie d'une maison appartenant à madame veuve de Scévole, comme fille et héritière de feu M. de Barmond, qui en a fait l'acquisition du gouvernement ; l'hôtel-de-ville, qui a coûté 200,015 liv., sans les ustensiles ; celui de la Vieille-Monnaie, celui de Clamecy, l'église de Saint-André, le collége, le chœur de l'église cathédrale, le palais de l'archevêché, Notre-Dame et la grosse tour de Bourges.

La grosse tour fut renversée par mine le 7 décembre 1660 ; elle blessa en tombant soixante personnes et en tua quinze. Cette tour avait été construite du temps de Pépin. C'était une forteresse qui, avant la découverte de la poudre et l'usage de l'artillerie, devait être pour ainsi dire imprenable. Elle était construite de pierres dures, faites à pointes de diamant. Elle pouvait garantir la ville de toute surprise. On y montait par cent soixante-quatre marches épaisses de six pouces. Elle était fondée sur trois arcades, et avait trois voûtes l'une sur l'autre.

La grosse tour était donc une des choses remarquables de cette ville. Les opinions sont différentes pour savoir par qui cette masse de pierre a été bâtie. Le vulgaire en attribue la construction aux anciens citoyens dès le temps de César; d'autres tiennent qu'elle fut élevée vers le temps d'Attila, au 5ᵉ siècle, et que les tours et les fossés d'alentour ont été construits par le roi Philippe-Auguste, qui a régné de 1180 à 1223; d'autres ont cru que ce roi en était l'auteur. Quelques autres estiment que les autres tours et fossés, qui étaient à l'entour de la grosse tour, n'avaient pas été faits du temps de Philippe-Auguste, mais sous Louis VII, en 1140, par Jean, premier duc de Berri, environ l'an 1398. L'abbé Suger, ministre d'état, parle avantageusement de cette tour; d'où l'on doit inférer qu'elle est plus ancienne que le règne de Philippe II, quoique l'on ne puisse précisément fixer le temps où elle a été bâtie, si ce n'est que l'on dise qu'elle a été commencée par Louis-le-Jeune et parachevée par Philippe-Auguste, qui fonda la chapelle qu'il fit construire en icelle; ce qui semble assez probable.

Cette tour avait par le bas, à rez-de-chaussée, de

dedans en dedans, vingt-neuf pieds de diamètre, et de dehors en dehors, soixante-un pieds, et de circonférence en tour, par dehors, cent quatre-vingt-douze pieds, de hauteur à rez-de-chaussée cent pieds, et de la base du fossé cent vingt pieds.

Il y avait quatre piliers ayant chacun trois branches, desquelles celles du milieu des quatre piliers composaient une croix de St.-André ou Ogive, sur laquelle était bâtie la première voûte venant à rez-de-chaussée, et les autres huit branches des piliers faisaient, à niveau de cette première voûte, une figure carrée au dedans de la tour.

La muraille, à rez-de-chaussée, avait seize pieds, et les arcades cinq pieds quatre pouces; ce qui faisait en tout vingt-un pieds quatre pouces d'épaisseur en cet endroit.

Sur la première voûte, qui était à rez-de-chaussée, la tour continuait en montant sa rondeur, et les quatre piliers n'ayant que huit branches seulement, composaient quatre autres arcades; et sur le milieu de la première voûte, à rez-de-chaussée, sur la clef de la croix de Saint-André, était un pied droit de bois, quatre arcs-boutants chacun au milieu des quatre piliers allant jusqu'aux arcades, sur lesquelles il y avait quatre pièces de bois qui composaient un carré, et deux pièces de bois faisant deux diagonales.

Au carré la croix se faisait au milieu d'où venoit le pied droit, le tout pour soutenir les poutres et le solier sur lequel était une cage de douze pieds en carré, faite de pièces de bois garnies de barres de fer dehors et dedans, en sorte qu'elle ne pouvait être rompue ni brûlée.

Cette cage était une de celles dont parle l'historien du roi Louis XI.

Avant la démolition de la tour, cette cage fut descendue et conduite à grands frais à la maison de ville pour y être conservée ; mais elle a été depuis rompue et le fer dissipé.

Dans le même logement, où étaient la cage et les armes qui servaient à la défense de la tour, continuaient les arcades en montant dedans sa rondeur ; et environ de quinze pieds de haut sortoient de la muraille quatre piliers montant pour faire une croix, sur laquelle était bâtie une forte voûte, que l'on nomme ogive, et sur icelle était la chambre du moulin à bras, du four et des poudres.

Cette chambre était en forme d'un hexagone, et aux six angles il y avait six petits piliers faisant une triple croix au milieu de la voûte, qui était très-forte, sur laquelle il y avait un degré rond d'environ dix-huit marches, montant tout autour en rond et en rapetissant ; le milieu servant de pied droit pour supporter les bois qui composaient la plate-forme, sur laquelle était la batterie des canons, vis-à-vis le bas des embrasures, lesquelles étaient dans le mur du parapet, qui avait une toise d'épaisseur, et la banquette pareillement une toise d'épaisseur ; ce qui faisait deux toises huit pouces d'épaisseur à l'endroit des canons.

Par le bas, la muraille de la tour avait dix-sept

pieds d'épaisseur, et partant il y avait environ un pied de retraite à chaque étage par le dedans.

La hauteur, depuis les premières mines d'en bas jusqu'au rez-de-chaussée, était de vingt pieds, et de dessus de la voûte, au rez-de chaussée jusqu'au solier, de la cage d'environ vingt pieds, et depuis la chambre de la cage jusqu'à la voûte sur laquelle était la chambre des poudres, trente pieds; depuis la chambre des poudres jusqu'à la voûte sur laquelle était la plate-forme, trente pieds ; et du bas de la plate-forme jusqu'au haut du parapet, vingt pieds.

De la voûte à rez-de-chaussée il n'y avait point de degrés pour descendre en la basse-fosse; il y avait seulement un trou à la voûte pour y descendre par une échelle.

Depuis cette voûte à rez-de-chaussée, pour monter à la chambre de la cage, il y avait trente-trois marches.

Depuis la chambre de la cage jusqu'à l'entrée des degrés sur lesquels était la plate-forme, il y avait cent marches.

Pour monter sur la plate-forme ou banquette, il y avait vingt marches; et pour monter de la banquette, sur le haut du parapet, il y avait seize marches.

Donc, depuis la voûte à rez-de-chaussée, il y avait soixante-neuf marches jusqu'en haut.

La grosse tour était entourée de courtines garnies de cinq tours, dont la première était la tour de la porte; la deuxième, vis-à-vis de l'église de Montermoyen (église du séminaire) ou au nord, et les trois autres sont jointes aux murailles et remparts de la ville et sont encore entières, n'ayant reçu aucun dommage par le débris de la grosse tour détruite en 1651, sous Louis XIV.

Ces détails sur la grosse tour et ses dimensions sont recueillis de différentes notes du feu sieur Philippe Dardeau, un des bons architectes que nous ayons eus dans ce pays, sur la fin du 18e siècle; il passait pour amateur des choses anciennes, et surtout de celles relatives à son art.

Ces documents d'architecture sont utiles et désirés dans tous les siècles ; ils rappellent les grandes connaissances de nos ancêtres dans cet art, et augmentent ou fortifient celles de nos descendans.

Le roi Louis XIV étant arrivé à Bourges, et reconnaissant que la grosse tour était plus désavantageuse que profitable, en ordonna la démolition, qui fut d'abord commencée par l'ordre des échevins de la ville, par sapement, et ensuite par un moyen plus prompt, par mines, ce qui fut fait par le nommé Daniel Legat.

Il fit d'abord trois mines dans trois piliers du fond de la tour, deux desquels il chargea de douze quintaux de poudre; il laissa la troisième, croyant que les deux suffiraient. Il mit le feu à ces mines le 12 novembre 1651, ce qui ne produisit pas l'effet attendu; il recommença son travail dans un étage plus haut que le premier, entre les deux fentes que l'effet de la première mine avait faites, et le composa de deux mines et d'un fourneau, lesquels il chargea de huit quintaux de fort bonne poudre; et, pour s'assurer davantage de la chute, il chargea la troisième mine restée du premier travail, et qui était demeurée entière, de six quintaux de poudre, et tint les affaires en état de mettre le feu à jour nommé.

Le samedi 7 décembre 1651 fut pris pour faire jouer les mines; la ville en fut avertie à son de trompe. Quoique le feu fût mis à trois heures du soir, elles ne partirent qu'à cinq, c'est-à-dire une heure plus tard qu'on ne l'avait prévu; elles firent leur effet et jetèrent des pierres de prodigieuse grosseur dans le voisinage; la partagèrent par moitié, dont une tomba; l'autre resta sur pied bien ébranlée, et fut après successivement détruite par ceux qui ont voulu profiter des matériaux.

Cette grosse tour était située où sont actuellement les bâtiments de l'ancien petit séminaire, servant de magasins, et ceux de l'archevêché. Elle servait de prison d'état.

Robert de Béthune et Robert de Bourbon y furent renfermés sous Philippe-le-Bel, pour cause de désobéissance et de félonie; le cardinal La Balue, sous Louis XI, pour avoir eu correspondance avec les ennemis de l'état; Louis, duc d'Orléans, qui plus tard fut le roi Louis XII, y fut détenu pendant trois ans, pour avoir été pris les armes à la main, contre Charles VIII, à la bataille de Saint-Aubin; Jean de Châlons, prince d'Orange; Ludovic Sforce, duc de Milan, en 1500, et son frère le cardinal Ascagne; le chancelier Poyet, l'an 1542, sous le règne de Fran-

LA GROSSE TOUR.

çois 1; Guy de Dampierre, comte de Flandres, en 1305, et y resta jusqu'en 1312.

La cage de cette tour dans laquelle fut renfermé pendant 12 ans le cardinal La Balue fut la récompense de son invention ; car ce fut lui qui inventa ces cages.

Inscription gravée au haut de la tour de Saint-Etienne, à côté de la porte :

Louis XIV, roy de France et de Navarre, est entré à Bourges, le 7 octobre 1650.

> Troyen estoit Pantaléon Flamisset,
> Qui sur cette tour faisoit le guet.
> Il vit la tour de Bourges renversée,
> Et dit en son propre langage :
> Si tous les forts estoient abattus,
> Flamisset n'en seroit pas revestu.

Messieurs, s'ils ont pris pour leurs maisons bastir, et moi sans couverture faisois la garde icy.

Autre inscription à l'arrivée du haut, en dedans de l'escalier :

Pantaléon Flamisset et Jean, son fils, Troyens, estoient sur cette tour l'an 1651.

> Qui vouloit du pain,
> Il falloit aller tout nud.

C'est-à-dire qu'il falloit avoir grand besoin.

Il y avait à Bourges des dyptiques ou tablettes de St.-Étienne de Bourges ; cette antiquité quoique mobilière et portative n'en est pas moins considérable.

Extrait des Dyptiques en ivoire représentant sur le dessus Flavius Anastasius Paulus Probus Sabinianus Pompeius.

Sur l'une des faces est, au bas de la figure d'Anastase, la représentation d'un combat de gladiateurs contre des animaux féroces ; de l'autre côté, au bas de la même figure, sont des figures représentant la manière dont s'affranchissaient les esclaves à Rome ; et au-dessus est cette inscription répondante au nom d'Anastasius :

Vir illustris comes domesticorum equitum, consul ordinarius

Copie d'une lettre écrite par M. Mercier, clerc de la chapelle de Madame, à M. Riglet, chanoine de l'église de Bourges, le 7 juillet 1710, au sujet des dyptiques de ladite église :

« Voici, Monsieur, un abrégé de ce que j'ai écrit, il y a long-temps, sur les dyptiques de votre église, et ce que j'en ai lu depuis dans Withemius, à la charge pourtant de vous donner quelque jour cette dissertation tout entière.

» Les dyptiques, chez les Romains, n'étoient, à proprement parler, que des tablettes dans lesquelles on écrivoit les événements dont on vouloit conserver la mémoire : elles tiroient leur nom du nombre des feuilles dont elles étoient composées, et s'appeloient dyptiques, parce qu'elles n'avoient que deux feuillets ; mais ces dyptiques qui, dans l'empire romain, n'étoient presque autre chose que nos tablettes ordinaires, furent d'un usage bien plus considérable dans l'église, et surtout dans l'église grecque, d'où ils ont ensuite passé dans la latine. On y écrivoit les noms des vivants et des morts, et surtout des évêques qui avoient bien servi l'église et dignement rempli leur ministère ; et l'on en effaçoit, au contraire, les noms de ceux que leur doctrine et leur vie rendoient indignes de cet honneur. Ceux qui, comme vous, sont instruits dans la discipline de l'église, n'ont pas, je pense, besoin que je confirme ce que j'avance ici par des exemples ; car rien n'est plus trivial et plus commun dans l'histoire que cet usage.

» Quoiqu'il y ait beaucoup d'apparence que les dyptiques qui sont dans votre église n'y ayent pas été inutiles, et qu'il semble qu'ils ayent servi comme ceux dont je vous parle, je n'oserois pourtant l'affirmer positivement, parce que vos prédécesseurs, qui en ont tout-à-fait ignoré l'usage, ont pris à tâche d'en effacer ce que leurs anciens y avoient écrit en caractères rouges, dont vous pourrez encore en lire quelques noms, et y ont substitué un catalogue sur vélin de vos évêques, écrit d'une même main et, selon toute apparence, durant l'épiscopat du cardinal Boyer : de manière qu'ils ont ôté toute authenticité à cette pièce, et les preuves qu'on en auroit pu tirer pour votre église, qui en a très-grand besoin ; car les catalogues de vos évêques sont remplis de fautes qu'il est impossible de corriger, et dont je vous ferai voir un échantillon quand il vous plaira.

» Quoi qu'il en soit, vos dyptiques sont de l'an 517, temps du consulat d'Anastase. Cet Anastase avoit six surnoms et un nom, comme il paroît par l'inscription gravée sur vos dyptiques : *Flavius*, *Anastasius*, *Paulus*, *Probus*, *Sabinianus*, *Pompeius*, sont les six surnoms de ce consul, et *Anastasius*, son nom. C'étoit la coutume, de son temps, de porter plusieurs surnoms et de les inscrire avant son nom, contre l'usage qu'avoient observé les Romains, durant leur république, qui alors écrivoient leurs noms les premiers, et leurs surnoms ensuite. Pour que vous ne doutiez de ce que je vous écris ici, vous en trouverez la preuve dans la préface du Père Sirmond, aux lettres de *Sidonius Apollinaris*, et vous m'épargnerez la peine de vous en transcrire quelques endroits. Ils prenoient tous ces surnoms de leurs ancêtres.

Le reste de l'inscription est *vir illustris, comes domesticorum equitum, consul ordinarius. Illustris* est un terme dont les Romains se servoient ordinairement pour honorer les gens de la plus haute qualité et qui étoient revêtus des plus grands emplois. *Guy Pancirole*, dans sa notice de l'un et de l'autre empire, fait un dénombrement exact de ceux qui les portoient.

» *Comes domesticorum equitum* signifie qu'Anastase commandait la cavalerie qui veilloit; car il y avoit alors une garde de cavalerie et une d'infanterie, et le commandant de la première se nommoit *comes domesticorum equitum*, et le commandant de la seconde se nommoit *comes domesticorum peditum*, comme nous l'apprend Guy Pancirole dans le même ouvrage dont je viens de parler.

» *Consul ordinarius*. Anastase est ainsi qualifié pour le distinguer des consuls extraordinaires ou honoraires, dont les noms n'étoient pas inscrits dans les fastes, et qui n'avoient part à aucunes fonctions publiques, les consuls ordinaires n'étant même en ce temps-là que l'ombre des anciens consuls qui exerçoient la souveraine magistrature durant la république.

» C'est là toute l'inscription gravée de vos dyptiques; voyons présentement quelles en sont les figures.

» La plus grande et la plus apparente de toutes est le consul Anastase, revêtu de tous les vêtements consulaires. Considérez-la bien : le premier de ses vêtements, qui est une espèce de bande large ou d'étole passée sur ses épaules et qui pend jusqu'à ses pieds, s'appelle *omphorium* ou *superhumerale*; le second, *toga picta*; le troisième, *tunica palmata*; et le quatrième, *subar malis profundus*. Ses souliers ou brodequins étoient dorés. On distingue sans peine tous ces différents vêtements dans la principale figure de vos dyptiques. Outre tout cela, vous voyez que cette figure tient dans la main qu'elle élève un mouchoir déployé, et c'est ce qu'on appeloit chez les Romains *mappa circensis*, que les consuls jetoient pour donner le signal des jeux du cirque, ou des spectacles qu'ils avoient préparés pour les divertissements du peuple; et c'étoit presque tout l'emploi des consuls du Bas-Empire : aussi s'en acquittoient-ils toujours avec toute la magnificence possible.

» La figure en question tient dans l'autre main un sceptre, et c'est ce qu'on appeloit *stibio consularis* ou *pedum consulare*; il étoit d'ivoire. Au sommet de ce sceptre paroît l'aigle impérial, qui, de sa tête et de ses aîles déployées, soutient le portrait de l'empereur, et cet empereur se nomme. Anastase, comme le consul. Il fut élevé à l'empire après Zénon, en 492, et régna jusqu'en 518. Quelques-uns de nos historiens ont écrit que cet empereur avoit envoyé des ambassadeurs à Clovis pour le féliciter des victoires qu'il avoit remportées sur Alaric, et que ces ambassadeurs présentèrent, de sa part, au roi un diadême, avec les ornements impériaux et des lettres de consul.

» Apparemment que vos dyptiques passèrent en ce temps-là d'Orient en France.

» Le consul paroît assis, comme il le devoit être conformément à sa dignité, dans une chaise curule; cette chaise étoit d'ivoire, et se nommoit curule, parce qu'on avoit coutume de la mettre dans un char. Les portraits qui servent d'ornements à cette chaise sont les portraits de la famille d'Anastase, et les figures aîlées qui sont sur des globes et qui portent des boucliers gravés de portraits, sont des victoires. Apulée fait une excellente description de ces sortes de figures dans le second livre de ses Métamorphoses.

» Remarquez encore, s'il vous plaît, qu'à côté du consul, sur la chaise, il y a un vase ou une corbeille, et c'est ce que les latins nommoient *canistellum* ou *sportula*, et dans quoi ils envoyoient ces dyptiques ou d'autres présents à leurs amis.

» Mais ce n'est pas tout; car à l'un des revers de vos dyptiques il y a un spectacle tel que le donnoient alors les consuls au peuple; les têtes que vous voyez dans les angles sont les spectateurs, et ceux que vous apercevez dans l'arène avec des lions et des tigres, sont ceux qu'on exposoit en spectacle, souvent au péril de leur vie, mais non pas pourtant de la même manière que chez les Romains, où ces misérables ne pouvoient éviter les atteintes de ces bêtes féroces qu'en livrant combat contre elles; au lieu que dans les spectacles du temps d'Anastase, ils avoient cent façons plaisantes de se sauver. Les tourniquets qui sont dans vos dyptiques vous en représentent une, et si vous voulez jouir du plaisir de vous instruire sur toutes les autres, donnez-vous la peine de lire Bullenger *de Theatris*.

» Au milieu de l'Arène vous apercevez sans doute un homme qui court à cheval, le fouet à la main : c'est le maître de ces bêtes féroces, qui les irrite ainsi pour les rendre plus cruelles et plus avides. *Sozomene* explique parfaitement cette coutume dans le 27e chapitre de son 7e livre.

» Dans l'autre revers de vos dyptiques il y a deux

chevaux conduits par deux hommes, qui sont les marques des jeux du cirque donnés par le consul. Je ne crois pas que vous attendiez que je vous fasse ici l'histoire ni la description de ces jeux; vous seriez à la fin ennuyé de mon babil. Il me suffira de vous dire qu'entre plusieurs sortes d'exercices qui s'y pratiquoient, la course des chevaux étoit un des principaux, et que c'est ce qu'on a voulu représenter dans vos dyptiques. Les deux hommes qui y sont doivent être vêtus de verd ou de bleu, suivant la faction dont ils étoient; car, au lieu de quatre factions qui subsistoient autrefois dans l'empire, il n'y en avoit plus que deux alors, dont l'une s'appeloit *prasina*, c'est-à-dire verte, et l'autre *veneta*, c'est-à-dire bleue. Il est bon de savoir aussi que des deux factions supprimées, l'une s'appeloit *rufa* et l'autre *alba*.

» Ce que vous voyez au-dessous des chevaux dont je viens de vous entretenir, est une manumission. Tout y est dans l'ordre; le préteur reçoit l'esclave qui lui est présenté par son maître, qui le tient et dit en le lâchant : *hunc hominem, liberum esse volo;* alors le préteur, le touchant de cette verge qu'on nommoit *vindicta*, dit : *dico eum liberum esse volo more quiritum;* puis, s'adressant au licteur que vous apercevez derrière, il lui dit: *secundùm tuam causam sicut dixisti ecce tibi vindicta*. Le licteur prend la verge, en frappe l'esclave à la tête, lui donne un soufflet, et il est libre. Voilà toute la cérémonie de la manumission et tout ce que je sais de vos dyptiques. »

DYPTIQUES DE BOURGES.

Voici comment je me suis procuré cette pièce importante, qui est la description la plus curieuse et la plus exacte des dyptiques de Bourges.

Ces dyptiques sont restés à l'administration du district de Bourges assez de temps pour que j'aye été à même de tirer la copie de cette lettre. Je priai donc alors un employé au district dont j'étais un des administrateurs (c'était M. Godin, qui fut depuis commis-greffier à la cour royale de Bourges) de vouloir bien m'en faire une copie littérale, ce qu'il fit; et c'est cette copie fidèle que je reproduis dans ce volume.

M. l'abbé Romelot, dans sa notice sur les dyptiques qui forme le dernier chapitre de son ouvrage intitulé : *Description historique et monumentale de l'Eglise de Bourges*, après avoir donné l'analyse de cette lettre, dit : « C'est ainsi que M. l'abbé Mercier
» termine sa description; l'original de sa lettre ne
» se trouve plus dans les archives de Saint-Étienne;
» parce qu'il était joint aux dyptiques mêmes et
» qu'il a subi la même destinée. »

J'ignore le sort qu'ont eu les dyptiques et l'original de cette lettre; je pense qu'ils ont dû être envoyés à Paris : les registres des séances du département et du district en devraient faire mention.

Cela, cependant, s'accorderait peu avec ce que dit M. l'abbé Romelot en terminant son livre :

« Ce qu'il y a de certain, dit-il, c'est que ce mo-
» nument était en 1807 entre les mains d'un ci-de-
» vant grand-vicaire de l'évêque constitutionnel du
» département de l'Indre, mort à Lignières en 1822;

» il le tenait, dit-on, du premier évêque constitu-
» tionnel du département du Cher.

» Après la mort de ce grand-vicaire, on a fait des
» démarches auprès de sa veuve et de ses héritiers,
» comme on en avait fait auprès de lui de son vi-
» vant, pour retirer à prix d'argent ce morceau
» d'antiquité si précieux et le remettre à la cathé-
» drale; mais toutes les tentatives ont été entière-
» ment inutiles. »

La publication de cette pièce importante ne peut donc qu'intéresser; elle peut même servir à recouvrer un jour cet objet d'antiquité.

Les voies militaires qui coupent tout le Berri et aboutissent à Bourges, sont aussi célèbres que les chemins de la reine Brunehaut; ces chemins furent faits au temps d'Auguste.

On remarque dans plusieurs endroits des vestiges de castramétations ou campements.

Il existe des médailles d'or, d'argent et de bronze, des anneaux d'or et d'argent; ceux d'or sont de chevaliers, ceux d'argent sont d'affranchis.

On voit dans la rue St.-Bonnet, Cour Barbeau, au rez-de-chaussée d'une maison et sur le mur qui fait le coin de ladite cour, un barbeau très-bien sculpté, qui indique, dit-on, la hauteur où ont monté les eaux.

Notes tirées de l'opuscule de Catherinot, *Le Droit du Berry.*

Le droit celtique, tel qu'il se peut ramasser de César et de Tacite, est le premier article du Droit de Berry.

Vers 140, édit du préteur, ramassé par Salvius Julianus, qui avait été président de nos Aquitaines, et illustré par M. Cujas, docteur de Bourges.

Vers 300, le code grégorien.

421. Loi salique, revue par Charlemagne en 800.

425. Novelles de Valentinien III, empereur romain dans les Gaules; ces novelles sont à la suite du code de Théodose.

435. Le code théodosien. M. Cujas, docteur de Bourges, l'a fait imprimer deux fois. M. Pierre Guénois, lieutenant particulier à Issoudun, est auteur de la chronologie qui est ensuite; il en avoit fait une semblable sur le code de Justinien.

450. Novelles de Marcien, empereur d'Orient; elles sont à la suite du même code théodosien.

457. Novelles de Majorien, empereur romain dans les Gaules; elles sont à la suite du code de Théodose.

467. Novelles d'Anthémius, empereur dans les Gaules.

480. Lois des Visigots qui ont occupé nos Aquitaines; elles sont en douze livres. Pierre Pithou, disciple et élève de Cujas, les a fait imprimer le premier.

506. Code théodosien interpolé par Anian et par l'ordre d'Alaric, roi des Visigots et des Aquitaines.

529. Code Justinien, renouvellé en 534; mais l'un et l'autre n'ont jamais été observés en Berry.

Vers 533. Concile d'Orléans, auquel présida Honoré, archevêque de Bourges. Le père Crabbe, cordelier, a été le premier compilateur des conciles; et le père Labbe, jésuite, est le dernier.

533. Pandectes de Justinien, qui n'ont jamais fait loi en Berry qu'au défaut des ordonnances, des arrêts généraux, des coutumes propres, des voisines et de celle de Paris, qui est la coutume des coutumes.

535. Concile de Clermont, auquel présida Honoré, archevêque de Bourges.

557. Concile de Paris, auquel présida Probien, archevêque de Bourges.

585. Ordonnance de Gontran, roi de Bourgogne et d'Aquitaine; elle fut publiée à la confirmation du deuxième concile de Mâcon.

588. Concile de Clermont, assemblé par Sulpice Sévère, archevêque de Bourges.

595. Ordonnance de Childebert, qui succéda à Gontran au royaume de Bourgogne et d'Aquitaine.

600. Ordonnances de Clotaire II.

615. Édit de Clotaire II pendant le cinquième concile de Paris.

630. Trois capitulaires de Dagobert.

660. Formules de Marculphe, que l'on croit avoir été parent et lecteur de saint Aoustrille, archevêque, et avoir été abbé du Château, près de Bourges.

744 et autres années. Capitulaires de Pépin, maire du Palais et puis roi de France.

779 et autres années. Capitulaires de Charlemagne, roi de France et puis empereur.

798. Autorisation du code théodosien par Charlemagne, roi de France et puis empereur, pour faire loi en ses états de France et de Lombardie.

815. Capitulaires de Louis-le-Débonnaire, empereur et auparavant roi des Aquitaines.

816. Concile d'Aix-la-Chapelle, assemblé par Louis-le-Débonnaire. On y dressa d'amples statuts pour les chanoines et pour les religieuses.

860. Capitulaires de Raoul, archevêque de Bourges.

864. Lettre de Nicolas I à Raoul, sur sept questions proposées par cet archevêque.

875. Capitulaires de Charles-le-Chauve.

1120. Coutumes très-fameuses de Lorris, accordées par Louis-le-Gros, et confirmées par Louis-le-Jeune, vers 1150, et par Philippe-Auguste, étant à Bourges, en 1187.

1138. Coutumes et franchises de Villefranche.

1141. Charte de Louis-le-Jeune, roi de France et duc d'Aquitaine.

1151. Décret de Gratien.

1152. Coutumes et franchises de Saint-Satur.

1160. Coutumes et franchises de Saint-Germain-des-Bois, accordées par Louis VII, confirmées par Philippe-Auguste en 1202.

1175. Priviléges de Dun-le-Roy, accordés par Louis VII.

1177. Coutumes et franchises de Preuilly.

1178. Coutumes et franchises de Beaulieu.

1180. Concession des coutumes de Lorris.

1527. Concile de Bourges, assemblé par M. de Tournon, archevêque de Bourges, depuis cardinal.

1564. Édit sur l'érection d'un juge et de deux consuls des marchands en la ville de Bourges. Voyez les Recueils imprimés à Bourges, en 1634 et 1661, et celui de M. Charles Jacquier, apothicaire à Bourges, imprimé en 1662, et les Institutes du droit des marchands, par Jean Toubeau, imprimeur et libraire à Bourges, imprimés en 1681 : tous deux anciens prévôts.

1665. Réglements de la draperie de Bourges en quarante-quatre articles, autorisés par deux arrêts du conseil d'état, en août 1666. Nicolas Catherinot étoit l'un des rédacteurs, avec M. Henri Labbe de Champgrand, maire de Bourges, et autres magistrats politiques. *Voyez* les autres réglements que firent imprimer, en 1621, MM. Bengy, maire de Bourges, et Pierre Gibieuf, conseiller. « Nous espérons que cette lucrative profession du Berry sera rétablie entièrement par les soins qu'en daignent prendre M. Colbert, ministre d'état, et M. Poncet de la Rivière, intendant de la province. » *Voyez* les Mémoires qu'en a faits le sieur Toubeau, suivant l'ordre qu'il en a reçu. Il est probable que ces vœux se sont renouvellés maintes fois sous tous les gouvernements.

Consultez, pour une plus ample déclaration du droit observé dans nos Aquitaines, l'histoire de ces trois provinces faite par M. d'Hauteserre, et imprimée à Toulouse en 1648. Voyez surtout les coutumes de M. de La Thaumassière, imprimées à Bourges en 1679.

Quelques Axiômes du Droit françois de Catherinot.

Présent profite, absent ne gagne rien; le présent dit pour lui, mais Dieu dit pour l'absent. Absent de corps, présent d'esprit. Il n'est point de pire absence que celle de l'esprit. La longue absence est celle d'un défunt. Absence pour faillite est une sale absence. Les actions sont fortes, les prescriptions sont plus fortes. La chose vaut bien peu, si elle ne vaut la demande. Diligence passe science, science passe chevance.

> Chaque métier
> Veut l'homme entier.

Qui rien ne sait, de rien ne doute. Qui veut parler doit bien penser. Qui se hâte recule. A grand avocat grande cause.

> En close bouche
> N'entre mouche.

Qui parle le dernier fait plus d'impression. A bien parler faut être toujours prêt. A cheval qui travaille on ne ferme la bouche. Aliéné n'aliène. Les hautbois font des fonds, et n'en joue pas qui veut. Qui s'endette s'apauvrit; qui s'acquitte s'enrichit. Argent comptant porte soulas. Qui refuse muse. Métier vaut aliments. Tourne le dos à Dieu si tu veux être riche. Qui a écu a écuelle. Cherche le bien, attends le mal. Quand les biens viennent, les dents s'en vont. Ce qui vient *tire tire*, s'en va *pille pille*.

Qui a des noix, il en casse;
Qui n'en a point, il s'en passe.

La moitié du bien des sots appartient aux sages. Borne est sacrée comme une église. Tout est commun de par nature; mais le droit des gens a inventé la borne.

Qui répond se repent. Grand chemin, mauvais voisin. Grand chicaneur, grand imposteur, grand débiteur.

Homme pervers
Va de travers.

Chien hargneux a toujours l'oreille déchirée.
La Fontaine.

A chicaner on devient pauvre. Qui manie se rend comptable. A tout bon compte, revenir. Qui vit par compte vit par honte. On est puni pour dire vrai, on est puni pour dire faux. Sot est qui fait un crime; plus sot qui se laisse prendre; très-sot qui le confesse. Le mari doit gagner, la femme doit épargner. Après la fête on gratte sa tête.

Notes *extraites de l'histoire manuscrite du Berri de feu M. Robinet des Grangiers, ancien magistrat au baillage et siège présidial de Bourges, et ancien échevin de cette ville.*

Tite-Live assure que sous le règne du premier des Tarquins, les Berruyers tenaient l'empire de la Gaule-Celtique et lui donnaient des rois ; que la ville de Bourges était dans ces temps reculés une des principales villes des Gaules, redoutable par la puissance de ses rois, illustre par la sagesse de son gouvernement, inattaquable par la force de ses murailles, inépuisable par le nombre et la valeur, les talents, l'industrie, la fidélité et la constance de ses citoyens.

Les Berruyers sortent des anciens Celtes, que le courage et le génie ont illustrés, et qui, répandus dans le Berri, formèrent une colonne célèbre sous le nom de Bituriges, dont la ville de Bourges fut la capitale.

Ce ne fut donc pas Gomer, petit-fils de Noë, qui, comme le prétend l'historien Chaumeau, fonda la ville de Bourges. Elle est redevable de son origine aux seuls Gaulois qui lui donnèrent le nom d'*Avaricum-Biturigum*, nom fameux employé par Tite-Live, César, etc.

Les magistrats étaient les Druides, qui présidaient également à la religion et aux mœurs. Ils étaient ainsi nommés du nom de Drius, un de leurs anciens rois.

Les Sarronides présidaient aux sciences et à la justice ; ils étaient ainsi appelés du nom de Sarron, successeur de Drius.

Ces arbitres étaient absolument souverains, et étaient tellement considérés, que leurs femmes partageaient leur estime et leur pouvoir. Comme eux elles étaient consultées ; elles jugeaient les personnes de leur sexe, et si quelques-unes d'entre elles osaient murmurer de leurs décisions, elles étaient punies avec la même sévérité que les hommes, et notées de la même infamie.

Ambigat est le seul connu des anciens rois celtes ; il est représenté comme un prince accompli et très-puissant ; élu par le suffrage unanime du peuple, il ne tenait point le pouvoir du droit de naissance, mais de son mérite.

César entreprend la conquête des Gaules.

Vercingintorix, l'un des plus puissants seigneurs de l'Auvergne, lui est opposé ; il entre en Berri. Les Gaulois ne pouvant faire face à l'armée romaine, le conseil de brûler toutes les villes qu'ils ne pouvaient garder fut donné et exécuté : il y en eut vingt qui furent ainsi détruites.

La ville fut défendue avec force et courage, au point qu'on a vu un soldat gaulois recevoir des mains de son camarade des boules de suif et de résine enflammées pour les jeter sur les ouvrages des assiégeants, et ce soldat ayant été tué d'un coup de lance, un autre prendre la place et successivement, sans que les Romains pussent obliger les assiégés à quitter un poste si périlleux.

A la faveur d'une pluie excessive que les Berruyers, qui se livrèrent au repos, regardèrent comme un obstacle à la persévérance des assiégeants, César se rendit maître de la ville; ce fut par la porte Bourbonnoise qu'il y pénétra.

César passa l'hiver à Bourges, y perfectionna les grandes routes, et établit des proconsuls. Léocade, prince du sang des Césars, eut le commandement de l'Aquitaine celtique comme étant le département le plus noble; Bourges en était la capitale; car César avait divisé la Gaule en deux portions égales, l'une l'Aquitaine-Belgique et l'autre l'Aquitaine-Celtique. Léocade gouverna pendant quarante ans.

Vindex, prince de la nation gauloise, fut nommé pour receveur par l'empereur romain dans les vues de s'attacher les Gaulois. Vindex se maintint pendant dix-sept ans. Après sa mort, l'empereur Domitien mit à sa place un autre Léocade, sénateur romain du sang de Vectius Epagate, l'homme le plus modeste et le plus humain de son temps; celui-ci siégea à Bourges.

C'est à cette époque que la religion chrétienne fut introduite dans le Berri. Léocade la favorisa et donna une partie de son palais pour construire une église, dont saint Ursin fut le premier pasteur. Cette église est celle de Saint-Étienne, non pas telle qu'elle est dans ce moment. La première église a disparu pour faire place à ce monument des arts qui a été élevé du temps de Charlemagne. Raoul de

Turenne était alors archevêque de Bourges ; Gauslin, l'un de ses successeurs, la continua.

Léocade continua de gouverner, de protéger la religion naissante, les sciences et les beaux-arts, dont de tout temps les Berruyers avaient été si jaloux. Pour juger de leur réputation en cette partie, il ne faut que le témoignage des Grecs et des Romains, qui attestent que depuis la peuplade des Celtes dans cette partie des Gaules, ils se rendaient célèbres dans le grec, leur langue primitive, et que lorsqu'ils eurent bâti la ville de Bourges, ils y élevèrent, comme à Athènes, une école publique sous l'autorité de Sarron, l'un de leurs rois.

Au goût dominant des lettres, ils joignirent celui des exercices militaires ; un amphithéâtre fut élevé au milieu d'une arène sablée. C'était là où les Berruyers, que l'exemple des Romains avait accoutumés à cette espèce d'exercice, se rendaient en foule pour être spectateurs, ou pour se combattre en champ-clos au milieu de l'arène, ou pour s'exercer à la course des chevaux.

Léocade encourageait tous ces jeux. Lusor, son fils, se faisait un honneur de les commander.

Les Romains perdirent leur autorité dans le Berri. Les Visigots s'en emparèrent sous Évaric, auquel succéda Alaric, qui fut vaincu par Clovis. Alors toute la Gaule fut soumise à ce dernier.

Il ne fut rien changé dans la forme de gouvernement qui subsistait alors ; mais les successeurs de Clovis établirent des consuls qui subsistèrent depuis Gontran jusqu'à Dagobert.

Le premier comte est un seigneur nommé Bollon.

Le second s'appelait Sadragesile, suivant Chaumeau, et Sigealic, suivant La Thaumassière.

Ce comte était alors précepteur de Dagobert, fils de Clotaire. Ce jeune prince se trouva un jour offensé d'une réprimande trop sévère que lui fit Sigealic; indigné qu'un sujet de son père eût osé se servir à son égard d'expressions trop libres, il ordonna à ses domestiques de le saisir, de le fouetter et de lui raser la barbe : c'était l'affront le plus sensible qu'on pût alors éprouver, quelque coupable que l'on fût. Le comte s'en plaignit au roi, qui n'aurait pas manqué de punir sévèrement son fils, si ce dernier ne se fût soustrait à sa colère.

Après cet outrage, Sigealic ne pouvait rester à la cour. Clotaire le nomma comte de Bourges.

Après ces deux comtes, les maires du palais usurpèrent dans le Berri l'autorité des comtes, que l'élévation de Pépin au trône anéantit, non sans peine; car le comte Humbert, attaché aux intérêts de Gaiffre, s'était rendu indépendant de l'autorité de Pépin, qui fit le siége de Bourges et s'en empara en 762, malgré la vigoureuse défense du duc d'Aquitaine. Tout rentra dans le devoir; la clémence du prince fit le reste. Humbert répentant fut conservé, les troupes licenciées, les habitants pardonnés.

Pépin tint, au mois de mai 767, une fameuse assemblée des Grands à Bourges : ces assemblées, dans l'origine, se nommaient Champs-de-Mars. Ce fut dans cette assemblée que la révolte de Gaiffre fut déférée sous les couleurs les plus noires. Toutes les parties de l'administration y furent réglées. Pépin étant mort en 768, l'Aquitaine échut à Charlemagne. Le comte Robert succéda à Humbert; ce comte Robert fut la source des rois de la troisième race. Les anciens murs de la ville furent relevés par Charlemagne. Ce fut alors qu'il fit renfermer dans son enceinte les rues d'Auron, de Saint-Fulgent et de Saint-Sulpice, tout le canton de Saint-Ursin et de la Cathédrale, depuis la porte Bourbonnoise jusqu'à celle de Charlet, ainsi appelée de son nom.

Au-delà des murailles dont il fit enceindre cette portion nouvelle de la ville, il fit passer un fleuve de tout temps appelé le fleuve d'Auron, dont il fit diriger le cours, en faisant pratiquer différentes tranchées dans les marais qui y sont abondants, et en faisant flotter cette rivière presqu'aux pieds des murs qu'elle environnait.

Comme il aimait cette province, conquête de sa jeunesse, il érigea en 778, après son retour d'Espagne, pour Louis-le-Débonnaire, son fils qui venait de naître, un royaume dont Bourges fut la capitale. Il ordonna que les évêques seraient primats des Aquitaines; qu'en cette qualité, ils sacreraient et couronneraient les rois; telle est l'origine du titre primatial que portent nos archevêques.

L'abbaye de Saint-Laurent a été construite par Charlemagne; sa fille Euphrasie en fut la première abbesse.

Louis-le-Débonnaire succéda à Charlemagne ; ce

fut lui qui donna à l'archevêque le titre de Patriarche.

Bourges continua d'être gouverné par des comtes jusqu'à Raoul-l'Usurpateur ; et depuis Raoul jusqu'au règne de Philippe I, il le fut par les Vicomtes et Voyers.

Le dernier vicomte est Eudes Arpin; après furent substitués les prévôts, les baillis et les prudhommes.

Pendant le temps des Croisades qui eurent lieu à ces époques, une troupe de vagabonds, commandés par un chef nommé Unibalde, firent des incursions dans le Berri ; ce chef fut fait prisonnier, sa troupe dispersée, et il paya de sa tête les maux qu'il avait fait souffrir.

Les Juifs, chassés du royaume, se réunissent dans cette province, et en sont chassés. Les Albigeois y éprouvent le même sort.

La tutelle de Denise de Déols excite une guerre opiniâtre entre la France et l'Angleterre, dont le Berri est le théâtre.

Pendant les règnes de Louis-Hutin, de Jean I, de Philippe-le-Long, de Charles-le-Bel et de Philippe-de-Valois, le Berri n'a fourni rien de remarquable ; mais sous celui de Jean II, les Anglais y firent une irruption et y causèrent de grands dommages.

Le traité de paix fait avec les Anglais fut l'époque de l'érection du Berri en duché-pairie, sous le règne de Jean II, qui fut fait prisonnier à la bataille de Poitiers, et qui resta en Angleterre jusqu'à la paix de Bretigny, conclue le 13 mai 1360.

Le prince Jean fut nommé duc de Berri. Il fit sa

résidence dans la ville de Bourges; sa maison de plaisance était le château ancien de Mehun-sur-Yèvre, qu'il avait fait réparer; il fit construire à Bourges un palais, et la Sainte-Chapelle, qui était un monument des arts digne d'être conservé, mais qui a cessé d'exister sous le pontificat du cardinal de la Rochefoucault.

Le duc Jean ne survécut que onze ans à ces fondations; il mourut le 15 juin 1416, en son hôtel de Nesle, à Paris, âgé de soixante-seize ans. Son cœur fut porté à l'église de Saint-Denis, et son corps en l'église de la Sainte-Chapelle, à Bourges, où il avait ordonné d'être inhumé. Charles VII, son neveu, lui fit élever un tombeau magnifique, décoré de figures portant tous les attributs de la douleur, avec cette inscription :

Quid sublime genus, quid opes, quid gloria præstant
Prospice; mox aderant hæc mihi, nunc abeunt.

Sa devise était : *Oursine, le temps venra;* pour signifier qu'avec un courage aussi héroïque que le sien, il était capable de tout entreprendre et de tout exécuter.

Agnès Sorel, maîtresse de Charles VII, naquit au village de Fromenteau en Touraine, diocèse de Bourges. Elle mourut le 9 février 1449. Bien des gens ont cru qu'elle avait été empoisonnée, et le malheureux Jacques-Cœur fut même soupçonné d'avoir contribué à sa mort.

Jacques-Cœur naquit à Bourges, à la fin du quatorzième siècle. Il devint le confident du roi, au point qu'il était admis à sa table, et très-souvent à sa couche royale. On connaît sa vie, sa fortune, ses malheurs et sa mort.

La Pragmatique Sanction a été dressée à Bourges du temps de Charles VII en 1438.

Louis XI monte sur le trône en 1461; Charles de France, son frère, est fait duc de Berri. Ce dernier, mécontent de son apanage, se met à la tête d'une ligue puissante. Retiré dans la ville de Bourges, il s'y défend contre le roi, qui est obligé de céder.

L'Université fut fondée par Louis XI.

La duchesse Jeanne se retira, sous Louis XII, à Bourges, avec deux illustres princesses. Elle y institua l'ordre de l'Annonciade. Elle y mourut en odeur de sainteté, et Louis XII vint visiter son tombeau; il y fut reconnu, et obligé de recevoir des hommages.

François I succéda à Louis XII en 1515, et vint à à Bourges la première année de son règne.

Sous le règne de Henri II, successeur de François I, le duché de Berri fut donné à Marguerite de France, sa sœur; elle fut, comme sainte Jeanne, protectrice de l'Université de Bourges, qui fut de son temps la plus fameuse : pendant long-temps elle attira, par ses bienfaits, les Doneau, les Cujas, les Leconte; alors l'Université de Bourges devint le centre de réunion de tous les plus grands maîtres, ce qui a fait dire à un auteur célèbre du 16ᵉ siècle : « Qu'elle
» n'avoit pas sa pareille dans toute la France et
» qu'elle étoit la mère des hommes les plus sa-
» vants. »

Les élèves de toutes les nations s'y rendaient.

Frédéric II, surnommé le Sage, duc de Bavière, y envoya son fils.

Sous Charles IX, les protestants célébrèrent la cêne dans une des salles du palais de Bourges, et y commirent mille excès.

L'armée de Charles vint au secours de Bourges; elle en forma le siége sous le commandement du duc de Guise, et l'officier qui y commandait la rendit au roi par composition. Charles IX y fit son entrée triomphante.

Journée de la Saint-Barthelémi, commencée le 24 août 1572, et exécutée à Bourges les jours suivants.

Siége de Sancerre, 19 mars 1573. Capitulation, le 25 août suivant. Les horreurs furent telles, que, manquant de tout, on mangeait de la paille broyée, des coquilles de noix et de l'ardoise pilée, dont on faisait une sorte de pain; on fut jusqu'à manger ses propres excréments. On dit qu'un vigneron et sa femme furent convaincus d'avoir égorgé leur enfant et d'en avoir dévoré la tête, le foie et les poumons, et d'avoir fait cuire les restes du corps dans des pots en réserve pour leur nourriture journalière; ces malheureux furent condamnés au supplice du feu.

Henri III succède à Charles IX en 1574. Sous son règne furent établis les Jésuites à Bourges. Cujas y professait alors le droit.

Maldonat, jésuite, qui avait de fréquents entretiens avec ceux de la religion prétendue réformée, et qui voulait en avoir sur cette matière avec ce grand homme, lui fit une visite, suivi de six cents écoliers. Cujas le reçut, ainsi que sa suite, avec la dignité dont il fut capable; mais il lui rendit le lendemain les mêmes honneurs avec encore plus d'appareil. Il se fit suivre par plus de huit cents écoliers. Maldonat sentit toute l'inutilité de sa politique, et il n'imposa pas à Cujas. Plein de respect pour sa doctrine, chacun se retira dans les bornes de la circonspection.

Naissance de la Ligue en Berri; mort d'Henri III en 1589. Henri IV lui succède. Continuation de la Ligue. On publie à Bourges la bulle d'excommunication contre Henri IV, et on y proclame roi le jeune duc de Guise.

Pendant tous ces troubles, Henri IV transfert à Sancerre le bailliage de Bourges, et à peu près à la même époque on propose un accommodement. Le duc de Mayenne s'y oppose; l'archevêque de Bourges plaide la cause du roi; enfin Henri IV est reconnu.

Ce prince donne en apanage le Berri à Louise de Lorraine, veuve de son prédécesseur. Après sa mort, le duché est réuni à la couronne. Louis XIII succède à Henri IV en 1610. Mort du maréchal de La Châtre, en son château de la Maison-Fort. Description de sa pompe funèbre dans l'église cathédrale de Bourges. Le prince de Condé succède au maréchal de La Châtre dans le gouvernement du Berri. Il fit son entrée solennelle à Bourges. Plus de mille gentilhommes, distribués en compagnies, furent à sa rencontre, ou vinrent le recevoir à la porte de la ville, et le conduisirent ainsi à la cathédrale. Sous son gouvernement, la fosse des Arênes fut convertie en une place publique (le Marché au Blé ou Place Bourbon).

La ville de Bourges est affligée de la peste.

Louis XIV monte sur le trône en 1643. Les Berruyers se montrent fidèles au roi contre le prince de Condé, qui avait cherché à les soulever. Fermeté de Claude Biet, maire de la ville de Bourges; il essuie du prince de Conty une prison rigoureuse, d'abord dans la Grosse-Tour, et ensuite au château de Mont-Rond, où il éprouve les traitements les plus durs.

Louis XIV arrive à Bourges. Il y ramène le calme troublé par les guerres de Condé. Il confirme les priviléges de la ville. Il ordonne la démolition de la grosse tour, et le siége du château de Mont-Rond, qui est obligé de se rendre à composition. Claude Biet, sorti de captivité, est dignement récompensé.

Louis XV confirme les priviléges de Bourges, supprime la Sainte-Chapelle et la réunit à la cathédrale.

A l'avènement de Louis XVI, en 1774, le Berri est donné en apanage au comte d'Artois.

Essai d'une administration provinciale en 1778 et années suivantes.

―――

Depuis la Révolution, commencée le 14 juillet 1789, Bourges, ainsi que toutes les autres villes de l'empire, en a éprouvé les effets. De plus de quarante églises, couvents et monastères qui y existaient, il ne subsiste que les églises paroissiales de St.-Étienne, de St.-Pierre-le-Guillard, de St.-Bonnet et de Notre-Dame, autrefois Saint-Pierre-le-Marché; encore la tour de Saint-Bonnet, menaçant ruine, a été abattue l'an 1809.

D'après le nouveau système politique et religieux, toutes les autres, devenant inutiles, ont été vendues au profit du domaine national.

A ces différents établissements ont succédé une division militaire et une cour royale.

Pendant l'administration de M. de Barral, préfet du département du Cher, il a été fait des fouilles sous les gros murs de ville qui environnent la grande caserne (autrefois le Grand Séminaire) et les jardins de la Préfecture. Il s'y est trouvé des pierres énormes dans les fondements, dont l'architecture et quelques inscriptions attestent que ces pierres proviennent de démolitions d'anciens temples, palais ou monuments romains, qui ont été employées à l'élévation de ces murs et tours qui environnaient la ville de Bourges pour sa défense.

Sous l'administration du même préfet, une très-ancienne porte de Saint-Ursin, sur laquelle existent différents bas-reliefs qui attestent son antiquité, et portant ces mots :

GIRAVLDVS FECT ISAS PoRAS.

Ce qui signifie :

> *Girauldus fecit istas portas.*
> Girauld a fait ces portes.

Cette porte, dis-je, pour sa conservation, a été placée ailleurs et forme la porte de derrière de la préfecture, à côté de la porte de fer d'entrée de la place Séraucour.

Sur cette porte est un calendrier antérieur à celui réformé par le pape Grégoire ; l'année y commence par le mois de février.

La fête de l'Ane se célébrait dans l'église de Notre-Dame-de-Sales, près l'ancien petit séminaire. On a trouvé dans un ancien livre de chant de cette église la prose qu'on y chantait. Les chanoines représentaient les prophètes qui ont annoncé l'arrivée du Messie ; parmi eux figurait principalement Balaam, qui, monté sur un âne richement harnaché, entrait dans le chœur et faisait lentement trois fois le tour du pupitre. Pendant cette étrange cérémonie, on chantait la prose suivante :

PROSE DE L'ANE.

> *Orientis partibus*
> *Adventavit asinus*
> *Pulcher et fortissimus*
> *Sarcinis aptissimus.*
> Hez, sire asne, ça chantez ;
> Belle bouche, rechignez ;
> Vous aurez du foin assez
> Et de l'avoine à plantez.

Lentus erat pedibus
Nisi foret baculus.
Et eum in clunibus
Pungeret aculeus.
Hez, sire, etc.

Hic in collibus Sichem
Enutritus sub Ruben
Transiit per Jordanem
Saliit in Bethleem.
Hez, sire, etc.

Ecce magnis auribus
Subjugalis filius,
Asinus egregius,
Asinorum Dominus.
Hez, sire, etc.

Saltu vincit hinnulos,
Damas et capreolos;
Super dromedarios
Velox madianeos.
Hez, sire, etc.

Aurum de Arabiâ,
Thus et mirrham de sabâ
Tulit in ecclesiâ
Virtus asinaria.
Hez, sire, etc.

Dum trahit vehicula,
Multâ cum sarcinula,
Illius mandibula
Dura terit pabula.
Hez, sire, etc.

Cum aristis hordeum
Comedit, et carduum;
Triticum à paleâ
Segregat in areâ.
Hez, sire, etc.

Amen dicas, Asine.
Jam satis de carmine.
Amen, amen, itera
Aspernare vetera.
Hez va! hez va! hez va hez!
Bialx sire asnes, ça allez;
Belle bouche, ça chantez.

Il y avait autrefois, dans la ville de Bourges, une société d'hommes des meilleures familles du pays, qui instituèrent un ordre de chevalerie sociale, sous le titre de chevaliers de la Table-Ronde; cet ordre fut établi au mois de mai 1486, et subsista jusqu'en 1508.

Jean de Cucharmois, un de ces principaux citoyens, en fut le premier chef. Cet ordre fut d'abord composé de quatorze chevaliers, non compris le grand maître, et deux ans après, il fut porté à vingt-quatre. Les réglements furent écrits sur vélin, sur lequel étaient peintes les armes des chevaliers, entourées du collier de l'ordre. Dans leurs festins et leurs assemblées particulières, ils étaient assis autour d'une table ronde tournant sur un pivot, pour éviter toute discussion entre eux sur la préséance.

Voyez les Antiquités de Chenu, imprimées à Paris, chez Robert Fouet, 1621.

Le marché public se tenait autrefois à Bourges dans une place qu'on appelait *le Poirier*. Comme le service des chanoines de la Sainte-Chapelle en était troublé, ils obtinrent la translation de ce marché. L'ordonnance de translation donna lieu à une pasquinade. *Marforio* demande pourquoi ce changement; *Pasquin* lui répond : C'est pour empêcher que les chanoines ne hurlent avec les ânes.

Ne asini et canonici simul ululaverunt.

Cette anecdote donna lieu à un poète, contemporain de Catherinot, de mettre en vers cette histoire.

    Dans une église renommée,
    Un chapitre des plus fameux
    S'égosilloit à qui mieux mieux
    Pour chanter la note sacrée.
    Près de là tenoit le marché,
    Lorsqu'un gros de bêtes asines,
    Par son chant bruyant enroué,
    Vint par malheur troubler Matines.
    Grand bruit aussitôt s'éleva
    Dans le sanhédrin en colère;
    Et tant et tant il clabauda,
    Qu'à la fin on jugea l'affaire.
    En bref, voicy le prononcé
    Que le Bailly au front austère,
    D'un ton aussi sec que sévère,
    Sur le plumitif a dicté :
    « Faisons très-expresse deffense
    » A tous les ânes de la France
    » De s'assembler dorénavant
    » Dans le parvis du presbytère,
    » Et leur interdisons de braire
    » Avec les chantres de céans;
    » Un bardot mangeant son avoine
    » Ne doit pas trancher du chanoine. »

Anciennement les seigneurs de Sancerre en Berri avaient, ainsi que les autres seigneurs, le droit de se faire la guerre; ce droit fut aboli, et pour en conserver la mémoire, les habitants de Sancerre et ceux de Saint-Satur se faisaient annuellement une petite guerre; et après avoir fait un prisonnier, ils le livraient au prévôt, qui, dans les fêtes de Pâques, lui donnait la liberté, comme fit autrefois Pilate à l'égard de Barrabas. Cette coutume bizarre fut abolie; mais elle fut remplacée par une autre non moins absurde. Tous les ans, les jeunes gens de Sancerre, ayant l'un d'eux à leur tête, qu'ils appelaient le Roi des Jeux, descendaient, le lundi de Pâques, au bourg de Saint-Satur, et y tuaient tous les chiens qu'ils rencontraient dans les rues, ce qui excitait des querelles toujours funestes. Cet usage fut encore anéanti par ordonnance du mois de mars 1209, rendue par le comte Guillaume.

On lit encore, dans les archives du château de Diors en Berry, une lettre originale de saint Bernard, par laquelle il promettoit au seigneur du lieu une place dans le ciel d'autant d'arpents de terre qu'il en donneroit à son ordre. *Catherinot.*

Le droit de marquette était un droit en argent que le mari était obligé de payer au seigneur pour l'empêcher de coucher avec la nouvelle mariée, la première nuit de ses noces. Ce droit tirait son origine d'Ecosse. Le roi Eugène VIII, prince dissolu dans ses mœurs, l'établit pour lui, pour ses successeurs et les seigneurs de sa cour, en 763, et il l'exerçait réellement. Mais Millecolumbe III, l'un de ses successeurs, fit cesser ce désordre; il régla, en 1047, que, pour se redimer de cette première nuit, les maris donneraient une pièce d'argent d'un demi-marc, appelée *marquette*, qui a donné le nom à ce droit singulier.

Papon, dans son Recueil des arrêts, dit que cette licence s'était glissée en France, et notamment en Auvergne; en Picardie et en Berri: et il cite un exemple de l'évêque d'Amiens, qui, par arrêt du 10 mai 1409, fut débouté du droit de percevoir une somme d'argent qu'il exigeait des nouveaux mariés, pour tenir lieu du droit de coucher avec leurs femmes la première nuit de leurs noces, malgré l'allégation d'une possession immémoriale.

Il y a eu dans la ville de Bourges un droit qui se percevait sur les nouveaux mariés, qui était de 7 s. 6 d. et qu'on appelait le droit joly ou de julie, et plus vulgairement le droit de cuissage. Ce droit n'était établi que sur la possession, et paraît être un reste du droit de marquette; mais l'Hôtel-Dieu de cette ville, qui le faisait percevoir par ses préposés, n'avait point d'action contre les refusants. Ceux qui le payaient ne le regardaient point comme une redevance, mais comme une aumône volontaire; c'est ainsi que quelques mois après mon mariage,

qui a eu lieu le 9 février 1779, j'ai acquitté cette redevance.

Note intéressante et inédite sur l'ancienne église du Château, fondée vers 450.

En 1795, cette église a été démolie par le sieur Clouet, architecte de la ville, à qui elle appartenait comme l'ayant acquise du gouvernement. Il a remarqué : 1° que les deux premiers piliers de la nef pénétraient dans les deux gros piliers de la tour, du côté de l'église; d'où il a conclu que la tour, quoique très-ancienne, avait été construite postérieurement aux piliers de cette nef; 2° que cette tour, portée sur quatre gros piliers, avait soixante-huit pieds de hauteur, et paraissait être le reste d'un ancien château, la porte ayant été construite pour y poser une herse; 3° qu'il y avait au-dessus du portail, une plate-forme qui paraissait destinée au service de la herse; au-dessous de la voûte d'arête était le beffroi et les cloches; on descendait dans l'église par cinq marches, qui commençaient à la porte au-dessous de la herse.

Après la démolition de l'église, comme on eut à pratiquer une cave à l'endroit où avait été le sanctuaire, il a été trouvé, à quatre pieds au-dessous du carrelage de l'église, un carrelage plus ancien et qui se nivelait avec les bases des piliers de la nef, lesquelles avaient été enterrées sous les décombres, lors de l'incendie général de Bourges qui atteignit cette église; et trois pieds au-dessous de l'ancien carrelage, on a découvert trois tombes entières dont le couvercle était d'une pièce à recouvrement, comme on peut le voir par la figure planche 4, n° 3, qui reproduit à peu près la coupe de la plus grande de ces tombes.

C'est dans celle-ci qu'il a été trouvé un anneau, que M. Clouet a cédé à M. de Cambry, président de l'académie celtique, qui était alors à Bourges. Cet anneau est d'or, grossièrement travaillé; dans le chaton est incrustée une petite émeraude sur laquelle est parfaitement gravé en creux un cerf très-bien fait : suivant toutes les apparences, cet anneau était celui d'un chevalier gaulois. Voici à peu près la forme de cet anneau, tel que je l'ai vu, et dont j'avais offert trois louis à M. Clouet. Voy. planche 4, n° 4. Il y avait bien de l'or pour quarante francs.

Les trois corps trouvés dans ces trois tombes avaient des brodequins en maroquin qui paraissait encore rouge; la forme des semelles était très pointue. Ces corps étaient vêtus chacun de deux tuniques de laine de couleur qui paraissait brune, ce qui n'était peut-être que l'effet du temps; celle de dessus était brochée de fleurs d'or de quinze à dix-huit lignes de diamètre, en forme de rosette à cinq feuilles et une sixième au milieu; au bas était une bordure d'environ huit lignes de large, dont le dessin, aussi en or, formait des losanges. Il est à remarquer qu'une quatrième tombe a été trouvée engagée dans les fondations du mur latéral du sanctuaire, posée obliquement, dont un tiers sortait en dedans du mur, et les deux autres tiers étaient pris dans la maçonnerie qui y pénétrait. On n'y a rien trouvé que la maçonnerie qui la remplissait. Cette maçonnerie paraîtrait postérieure au placement de ces tombes, les trois autres pouvant n'avoir pas été connues. Comme M. Clouet ne s'est pas trouvé à l'ouverture des deux premières tombes, il n'a pu savoir que par la relation des ouvriers ce qu'elles contenaient, leur avidité ayant dispersé ce qu'ils avaient pu y trouver. Il a assisté à l'ouverture de la troisième, qui avait extérieurement six pieds huit pouces de long sur deux pieds quatre pouces de large par les pieds, et deux pieds six pouces du côté de la tête, sur deux pieds six pouces de hauteur sans le couvercle, qui avait huit pouces d'élévation. Dans le milieu, sur toute sa longueur, les quatre côtés étaient taillés en talus. L'impatience, la curiosité et la superstition des ouvriers et des assistants ont détruit tout ce qu'il aurait désiré conserver ; il ne lui est resté que l'anneau trouvé à la main gauche dans le doigt annulaire.

Babou, notaire, était très-proche parent de Philibert Babou, cardinal de la Bourdaisière, qui étoit fils de Philibert Babou, sieur de la Bourdaisière. Il y a eu à Bourges quatre notaires de ce nom de Babou et de la même famille. Laurent Babou, en 1456; Simon, 1592; François, 1515, et Guillaume-Laurent, qui semble avoir été l'ayeul du cardinal. Simon étoit son oncle. Ce dernier étant mort sans postérité, Philibert lui succéda, et entre autres biens eut l'hôtellerie où pend l'enseigne burlesque de la *Truye qui file*. Cette famille est si véritablement berruyère, que leur enquête de noblesse fut faite à Bourges vers 1600, pour l'ordre de chevalerie. Il semble même que ce n'est pas un déshonneur (car dans ces temps quelques professions, quelqu'honorables qu'elles fussent, dérogeoient) de descendre d'un notaire, puisque le roi permet aux notaires du Châtelet de se qualifier ses conseillers, et que les secrétaires du roi ne rebutent pas ce titre ; et qu'enfin le sieur Archambaud, sieur du Monceau, ci-devant échevin de Bourges, a fait voir démonstrativement, par une curieuse dissertation, la compatibilité du notariat avec la noblesse. *Catherinot.*

Testament de M. Cujas, décédé à Bourges, le jeudi 4 octobre 1590.

« Au nom du Père, du Fils et du Saint-Esprit. *Amen.*

» Je, Jacques de Cujas, ai escrit ce testament qui s'ensuit en cette sorte :

» Je veux qu'il ne soit veu d'autres personnes que de ma femme et de son père, lesquels je fais les exécuteurs d'yceluy.

» Et après mon trépas, je veux estre inhumé en la paroisse sans que l'on fasse ni qu'il n'y ait aucun convoy, ni autre que le curé et le porte-croix.

» Mes livres ne soient vendus tous ensemble à un ou à plusieurs, mais un livre après l'autre, et prix fait, selon ce qui est porté par l'inventaire que j'en ai fait.

» Que l'on ne vende nul de mes livres à Jésuites, et que l'on prenne garde à ceux à qui l'on en vendra, qu'ils ne s'interposent pour lesdits Jésuites.

» Qu'on rende les livres à M. de Bourges, moyennant ce que j'ai fourni pour les racheter.

» Ma femme prendra sur ce peu de bien que je laisse ce que je lui ai accordé par son contrat de mariage.

» Le reste, elle le gardera fidèlement pour notre commune fille, qui est ma légitime héritière, jusques à ce qu'elle soit mariée.

» Les instruments[1] des rentes qui me sont duës et autres dettes sont dans ma malle de bois; que l'on en poursuive le payement.

» Que le procès commencé contre le sieur de Galifard et sa femme soit poursuivi, afin que mon héritière soit déchargée, d'autant que je n'entendis jamais m'obliger et que je fus véritablement inséré dans leur contrat sans mon sceu.

» Les 25, 26, 27 livres de mes Observations seront

---

[1] *Titres.*

délivrés à M. François Pithou, avocat en la cour, mon ami, pour les faire mettre au net et vendre à l'imprimeur.

» Si les héritiers de ma première femme demandent mille livres qu'elle apporta, il faut deffendre, et dire que je les ai gagnées selon la coutume de Toulouse, que nous suivons en notre contract.

» Je ne sache point d'autres qui vous puissent demander.

» Passez cette vie en paix, louant et craignant Dieu sans cesse; ne faites mal à nul, bien à tous sans distinction de personnes; fuyez l'antechrist et les insinuations et suppots d'yceluy, qui, sous le nom d'église, gourmandent, brigandent, corrompent et persécutent la vraie église, de laquelle la pierre fondamentale est Jésus-Christ, seul notre sauveur et seigneur, et suivez sa sainte parole de point en point, sans y rien ajouter ni diminuer.

» Dieu soit avec vous et vous conduise après cette vie temporelle à l'éternelle par sa sainte grâce, comme je le supplie, au nom de Jésus-Christ, notre sauveur, bientôt me faire jouir d'ycelle, prenant garde à ses miséricordes et non à mes démérites. Ainsi soit-il.

» Signé Jac. de Cujas. »

Transcrit sur la copie faite d'après celle écrite de la main de M. François Ragueau, intime ami et conseil de Cujas, docteur et professeur en droit, commentateur de la Coutume de Berry et auteur de l'Indice des droits royaux.

La seconde femme de M. de Cujas se nommait Gabrielle Hervé.

La première se nommait Magdeleine de Roure, née le 27 septembre 1537, à six heures quatre minutes après midi. Elle se maria à M. de Cujas le 24 mai 1558. C'est Jean Brunet, avocat à Valence, qui rapporte ceci dans un recueil de nativités et d'horoscopes, au 184ᵉ feuillet.

Il a laissé une fille nommée Suzanne Cujas ou de Cujas. Cette belle, mais trop fameuse demoiselle, naquit à Bourges, en l'hôtel de Salvi, rue des Arênes, sur la paroisse de Saint-Pierre-le-Guillard, en 1587.

On dit que le père curieux tira l'horoscope de sa fille, et qu'il souhaitait de pouvoir arrêter l'accouchement de sa femme, pource que l'étoile n'était point encore heureuse ; ayant lu dans les astres que si elle accouchait d'un fils, il mourrait par les mains d'un bourreau, et que si c'était une fille, elle serait une débauchée. Elle vécut réellement en débauchée, et mourut misérable à l'Hôtel-Dieu de Bourges, le 23 janvier 1648.

La bibliothèque de M. Cujas fut inventoriée en octobre 1590, et vendue en octobre 1593 ; elle était répandue en six ou sept chambres ; elle était fournie de quelque cinq cents volumes manuscrits, qui servirent aux libraires de Lyon à couvrir des rudiments. Elle était autant propre à un théologien, médecin, historien, géographe ou philologue, qu'à un jurisconsulte. Les seules Basiliques en grec furent vendues à M. Joubert, conseiller de Bourges, quatre cents écus ; il les revendit à M. du Faur de Saint-Jori, président au parlement de Toulouse. Elles sont à présent dans la bibliothèque du roi ; et M. Fabrot les traduisit et fit imprimer en sept volumes, à Paris, l'an 1647.

Mademoiselle de Cujas disposa de cette belle maison dans la suite, et comme une bonne ménagère à contre-poil, de son fonds elle fit son revenu, car le prix lui en fut payé à petites parcelles.

Mademoiselle de Cujas ayant atteint l'âge de quinze ans, M. le président de Thou prit le soin de l'établir ; il la maria à François de Bonacorci, sieur de la Harpinière, gentilhomme du Blaisois très-accompli ; mais cette alliance ne fut pas fort heureuse, car cette demoiselle, qui avait eu des relations amoureuses dès sa tendre jeunesse, avait devancé le mariage, et continua si ouvertement sa débauche depuis son établissement, que son mari, cet honnête gentilhomme, en mourut de chagrin. De ce premier mariage sortirent néanmoins un fils et une fille qui vécurent peu : aussi cette demoiselle ne méritait ni mari, ni enfants, mais quelque rigoureuse clôture.

Elle se consola aisément de cette mort, en contractant un second mariage ; elle épousa un autre gentilhomme florentin, nommé Fabio Bernardi, qui savait la profession de fontenier. Cette belle épouse ne voulut point faire de jalousie entre ses deux maris ; car elle vécut aussi licencieusement dans le second mariage que dans le premier, et si licencieusement, que, quand Fabio Bernardi passait dans les rues de Bourges, les artisans le nommaient en criant : *Fabio Cornuti.* Il s'en consolait, et se vengeait néanmoins en leur recriant en français écorché de l'italien : Oui, je suis *cornuti* par la *força*, mais vous l'êtes par la *volunta.* Elle pouvait néanmoins se défendre par l'exemple de son frère de père, car il mourut de débauche dans sa tendre jeunesse. Bernardi et sa femme vendirent à M. Bonnet, avocat à Bourges, le fief de la Périsse sous Dun-le-Roi, pour le prix de 850 liv., par contrat du 16 juillet 1632, passé par M⁰ Pierre Archambault, notaire. Ils l'avaient acquis par échange avec Hiérome du Verger, natif de Bourges, trésorier de France à Toulouse, et descendu de MM. Gassot, de Bourges, par contrat du 2 septembre 1616, passé à Lavaur, en présence de Desvoisins, notaire.

M. Durand, avocat du roi à Bourges dès 1616, trésorier de France en 1642, et maire de la ville en 1643, allant voir, en 1620, ce mari et cette dame en leur maison de la Périsse, les surprit nuds, faisant une espèce d'orgie, et sacrifiant un coq devant leur foyer. On fit, sous Henri II, un procès au poète Jodelle pour une cause à peu près semblable et qui faillit avoir une issue véritablement tragique. Bernardi mourut après quelques années ; et mademoiselle Cujas resta veuve pour la seconde fois, mais si misérable, qu'elle ne subsistait que de charités, et elle les ménageait si peu, que les gens de bien lui taillèrent ses morceaux, ne lui donnant que par mois, par semaine, et souvent par jour. Elle continua néanmoins sa débauche dans le sein de la misère. Les folâtres écoliers qui la courtisaient appelaient cela *Commenter les œuvres de Cujas*. Plusieurs, toutefois, par respect pour la mémoire du père, se sévraient de tout commerce avec elle.

Voyez Catherinot, *dans ses opuscules sur Cujas et sur la vie de mademoiselle de Cujas.*

———

Vers qui suivent la description que Chaumeau donne de la ville de Bourges, dans son Histoire du Berry, imprimée à Lyon en 1566.

  Bourges, cité par deçà des Itales,
  Est des Gaules l'une des principales.
  Son fond est mis par nature en défense,
  Droict au milieu de l'empire de France,
  Bien équippé et garni de rempars,
  D'eau, de fossés et murs de quatre pars.
  L'antiquité de ses lois et domaines
  Est ès escriptz des histoires romaines;
  Car dès le temps de Prisque Tarquin, roy,
  Qui gouverna, sous un piteux arroy,
  Les sénateurs et peuples des Romains,
  Ceux de Bourges tenoient lors en leurs mains
  L'état, l'honneur et magistratz royaux,
  Et les Gaulois comme sujets loyaux.
  L'autorité de tout ce tenement
  Estoit gardée sous leur gouvernement,
  Dont dépendoyent plusieurs châteaux et villes
  Payant tributz et les tailles serviles.

———

Léopard de Marvileau, sieur des Buards, fondant, vers 1550, une maison dans le prieuré de Saint-Baudel, devant l'église du Château, que nos anciens appelaient du Chau et puis du Chou, *de Castro* et non pas *de Caule sive Brassica*, trouva, à deux toises de profondeur, plusieurs bières ou monuments de pierre, longs de neuf à dix pieds, et plusieurs ossements dedans, et entre autres ceux d'un homme haut de huit pieds.

Le R. P. Poisson, de l'Oratoire, disait, en mars 1685, que les ossements croissaient en terre.

M. Jean Arnauld, procureur du roi à Bourges, montrait, vers 1555, à M. Jean Chaumeau, sieur de Lassay, historien du Berri et son grand oncle maternel, dans la cour de son logis, situé en face de la chapelle des Pains et au-dessous de l'église de Saint-Hippolyte, à présent de l'Oratoire, des bases et colonnes grosses et moyennes, des chapiteaux à volutes et à feuillages, et plusieurs morceaux de marbre gris et blanc, qu'il avait fait tirer en creusant sous l'ancien mur de la ville.

Vers 1650, les Augustins de Bourges, faisant creuser derrière leur grand autel pour y faire un souterrain, trouvèrent, à deux toises en terre, l'ancien à demi-calciné et les vieux fenestraux de l'ancienne église. Le P. Jacques Hommey, savant et laborieux religieux de cet ordre, m'a renouvelé la mémoire de cette antiquité.

Les Bénédictins du monastère de la Nef, à présent de l'abbaye de Saint-Sulpice, faisant creuser, vers 641, la fosse pour inhumer dans une bière saint

Sulpice-le-Pieux, archevêque de Bourges, leur fondateur, trouvèrent une médaille d'or qui représentait un empereur romain.

Un particulier, vers 1510, creusant dans le fossé au-dessus de la porte de Charlet, trouva une bière ou tombe de pierre, et dans cette bière un cercueil de plomb, et dans ce cercueil un homme armé à la romaine, ayant son écu pendu au col. *Voy*. Chaumeau, liv. vi, chap. 6, pour cet article et les suivants.

Vers 1530, M. Jacques Colin, abbé de Saint-Ambroise, trouva, en creusant près des murs de la ville pour conduire un petit canal dans les jardins de son abbaye, un pareil cercueil dans lequel était un homme tout armé, et plusieurs médailles et monnaies anciennes.

M. Pierre de Village, faisant creuser une cave dans sa maison près des Carmes, contiguë à la boucherie de la Porte-Neuve, à côté de l'impasse du Chat, trouva la base d'une colonne corinthienne qui portait plus de quatre pieds de diamètre. Il trouva aussi des architraves, frises et corniches, comme aussi plusieurs bosses et statues. Cette maison est maintenant (c'est-à-dire du temps de M. Catherinot) appartenante au sieur Asse, huissier des décimes. Là était autrefois l'une des quatre anciennes portes de Bourges, nommée la Porte-Saint-André. Ce même sieur Asse fesant creuser, vers 1667, en sadite maison, pour y voûter une cave, trouva plusieurs colonnes cannelées.

Vers 1540, on trouva dans la cour des prisons de

Bourges des marbres ouvragés, comme bases, sous-bases, colonnes, chapiteaux, frises, corniches, architraves et compartiments, gravés de lettres romaines, dorés en fond, et plusieurs carreaux de jaspe, porphyre et autres couleurs, presque tous brisés. Cette maison servait de Chambre des comptes au duc de Berri, en 1370, et à Charles VII, en 1422.

Vers 1541, M. Germain Colladon, avocat à Bourges, faisant creuser un puits dans sa maison sise derrière l'église des Carmes, et qui est à la tête de la rue Coursalon et de la rue des Trois-Trompettes, et qui servait d'église aux Bénédictins de Saint-Sulpice de Bourges, vers l'an 900, trouva plusieurs fragments de marbre, une statue de marbre, une urne mortuaire et plusieurs médailles romaines. Cette maison est à présent (toujours du temps de Catherinot) à M. de La Chapelle, doyen de nos antécesseurs.

Vers 1655, M. Gassot de Deffens, faisant creuser pour construire un corps de bâtiment, dans l'ancien hôtel de Mathé, situé rue de Coursalon, dans le voisinage de Notre-Dame-du-Fourchaud, et qu'il avait acquis de M. Le Bègue, président, trouva, à la profondeur de deux toises, une chambre carrelée de marbre.

M. Du Guai, ancien notaire à Bourges et gradué, faisant creuser, en 1660, dans son logis situé aux Quatre-Piliers, y trouva un fût de colonne à feuillages.

Le fermier du prieuré de Saint-Paul, fondé par sainte Eustadiole, vers 630, faisant extirper de vieux noyers, trouva, à une toise de profondeur, les ossements de cinquante corps inhumés côte à côte : les têtes étaient aussi amples que des quarts de boisseaux.

M. Riglet, sieur de Mourie et d'Yvry, conseiller vétéran au présidial de Bourges, faisant creuser, vers 1665, dans son écurie, rue des Bons-Hommes, trouva une chambre carrelée à deux toises de profondeur.

M. Guibert de Pesselières, *de Piscariolis*, chancelier de l'église et de l'université de Bourges, faisant creuser un puits dans son hôtel de la chancellerie, bâti vers 1400, par Pierre de La Chapelle, son prédécesseur en dignité, trouva un aqueduc dont j'ai parlé dans mes Antiquités Romaines du Berry. Le sieur Toubeau, libraire et imprimeur, et depuis prévôt des marchands et échevin de la ville, eut la curiosité d'y descendre et d'y faire quantité de remarques.

M. de Choüy, chanoine de Notre-Dame-de-Sales, faisant bâtir son hôtel en face de Montermoyen, vers 1670, trouva dans les fondations trois gros billots de marbre, pesant chacun plus d'un tonneau de vin ; l'un était parien ou blanc, l'autre serpentin ou verd, et le troisième était comme d'albâtre combustible et de trois couleurs, blanc, rouge et bleu. Il trouva aussi un Hercule de pierre, énorme par sa taille ; mais la dépense pour le tirer du fond l'effraya.

M. Thierry, curé de Saint-Médard, faisant creuser, vers 1670, un puits contigu au mur de son église, trouva, à deux toises de profondeur, un demi-relief qui représentait une chasse au cerf.

M. Descayeux, curé de Sainte-Croix, faisant creuser, vers 1670, un puits contigu au mur de son église, trouva, à trois toises de profondeur, deux cercueils de pierre, qui avaient servi ou à deux de nos archevêques inhumés en ce lieu, saint Sénecien, mort vers 296, et saint Viateur, mort vers 354; ou à Robert et Ade, sa femme, qui rétablirent cette église vers 1065.

M. Bécuau, sieur de Colombe, conseiller au présidial de Bourges et ancien maire de la ville, faisant faire, en 1672, dans l'ancienne Chambre des comptes, rue Narrette, son grand portail, trouva dans les fondations plusieurs carreaux de marbre blanc. *Voyez* Chaumeau, liv. vi, ch. 6.

Le sieur Bureau, maître de grammaire à Bourges, faisant creuser, vers 1670, dans son jardin, rue de Saint-Ambroise, du côté des Carmélites, y trouva une base de colonne à une toise de profondeur.

M. Poncet de la Rivière, intendant de Berry, faisant creuser, vers 1678, une glacière dans le logis du roi, les fossoyeurs y trouvèrent quelques médailles des Antonins, qui étaient de grand bronze.

M. Gallus, sieur des Riouberts, conseiller au présidial de Bourges, ayant acquis des héritiers de M. Lesyeur l'ancien hôtel de Castello, et y faisant creuser, vers 1680, trouva, à deux toises de profondeur, une chambre carrelée, mais d'un carreau fort grand et fort épais.

M. de Phelippeaux, archevêque de Bourges, faisant creuser, vers 1680, dans son palais, pour fonder un superbe bâtiment du côté de Notre-Dame-de-Sales, on y trouva, à deux toises de profondeur, une médaille hébraïque de bronze, un bezant d'or, plusieurs petites médailles romaines et gothiques de bronze, un aqueduc de fort grosses pierres et des grains de blé brûlés. M. de Maubranche acheta le bezant des maçons; il pesait quelque six livres et il représentait des caractères arabes.

Le même archevêque de Bourges, en 1685, faisant démolir sous son palais quelques toises des anciens murs de ville, y trouva plusieurs morceaux d'architecture, comme bases, colonnes cannelées, chapiteaux à la corinthienne, frises et architraves; ces murs sont du siècle d'Auguste, et épais de deux toises dans les fondements. On estime que ces anciennes pierres ont été tirées de quelques palais et temples de notre Avaric; de là on peut inférer la vérité de ce qui se lit dans César, que Bourges était presque la plus belle ville des Gaules : *Pulcherrima penè totius Galliæ urbs.*

MM. du Séminaire, faisant creuser, vers 1681 et depuis, pour fonder leur grand bâtiment, trouvèrent, à cinq à six toises de profondeur, des colonnes de marbre et de pierre, et plusieurs médailles romaines de grand et petit bronze, en outre une de Justinien II, qui était d'or et qui néanmoins ne pesait que cinquante sous ou trois livres. « Je l'avois, dit Catherinot, par la libéralité de M. Guenois de Prunay, lieutenant particulier, qui l'avoit achetée d'un maçon écrasé, une heure après, par la chute d'une muraille ; mais elle s'est échappée de mon cabinet, et je l'ai perdue ou égarée. » Ce Justinien II avait été détrôné et puis remis sur le trône, après avoir été mutilé du nez ; il en conserva un si grand ressentiment, que, toutes les fois qu'il se mouchait, il faisait décapiter un de ses rebelles, dont il tenait un grand nombre en réserve.

Le Bureau des finances, qui fait actuellement partie de la maison de madame de Scévole, héritière de M. Catherinot de Barmond, située rue de l'Équerre, est aussi profond qu'il est élevé ; les fondations ruinèrent le sieur Gilbert, qui s'était chargé de sa structure en 1630.

L'hôtel d'Amboise, contigu à celui de Jacques-Cœur (hôtel-de-ville) et qui en dépend actuellement, était fécond en médailles ; on ne bêchait jamais le jardin sans y faire quelque bonne rencontre.

L'hôtel du Sauvage, situé rue de Bourbonnoux, fut refait vers 1660. Les paveurs y trouvèrent un trésor de quelque cent pièces d'or qui avaient cours vers 1450.

L'hôtel de La Haye, depuis de Champroi, rue du Mont-Chevry, ou de Saint-Sulpice, est en partie soutenu de caves sur caves ; c'était la maison de M. Catherinot.

La tour de Clamecy, qui fait partie de l'hôtel de Cambray, rue Jacques-Cœur, et qui est un fief, duquel cinq à six autres mouvaient, compte cinq étages et est fort profonde et ancienne, car elle est du siècle d'Auguste, aussi bien que les autres qui bordent l'ancienne ville.

L'île Anjorrant, environnée de la rue des Toiles, de celle des Auvents et de celle de Sainte-Croix, compte trois caves les unes sur les autres, dont la plus profonde est aussi creuse que le grenier est élevé.

Il existe encore dans ce moment (1836), au-dessus d'une petite porte d'une des maisons de cette île, des armoiries sculptées sur pierre, soutenues par des anges priant, *angeli orantes*, devise de la famille des Anjorrant; cette petite porte joute la rue des Auvents et fait face aux murs de la maison appartenant à M. Devaux, député et conseiller d'état.

Le logis de M. de Bois-Rouvray a servi au vitrier de la Sainte-Chapelle de Bourges, vers 1400; car la plus basse cave de cette maison est jonchée de verre cassé. *Voyez* Catherinot, *Bourges souterrain*.

―――――

Le Berry fut inondé ou envahi par les Allemands en 262 et 272; par les Visigots, en 455; par les Normands, en 860; par les Hongrois, en 935 et 941; par les Anglois, en 1200.

Bourges fut brûlé en 612, pillé en 763, brûlé en 867, rebrûlé en 916 et le 23 juin 1252, en 1353, et en 1465, le 7 mai, et en 1487, le 17 juillet. Issoudun brûlé en 1135, en 1504, en 1651. Vierzon brûlé en 1067 et démoli en 1197. Châteauroux brûlé en 1088. Déols brûlé en 1052. La Châtre, Châteaumeillant et

Cluys, brûlés en 1152. Massay brûlé en 1128. Châteauneuf pillé en 1037.

Catherinot, *Diplomatie du Berry*.

On croit qu'à l'occasion de l'érection de l'Aquitaine en royaume, Bourges devait porter dans son écu, non pas trois moutons, mais trois lions, comme capitale des trois Aquitaines.

Il reste quelques monnaies du temps de Lothaire, de la fabrique de Bourges.

Ordonnance de paver les rues de Bourges, en 1210.

En 1180, sous le règne de Philippe-Auguste, charte pour la primatie de Bourges.

Lettre de 1211 à Innocent III, en faveur de la primatie de Bourges.

En 1307, sous le règne de Philippe IV, commission au bailli de Berri pour le fait des Templiers.

913, 938, 1311, 1336, conciles à Bourges.

Vers 880, le 10 mai, à deux lieues de Bourges, martyre de sainte Solange, par Bernard, comte de Bourges, fils d'autre Bernard, comte de Poitiers et de Belichildis. *Solangia* est un nom corrompu de

Solemnis, comme *Genovefa* de *Zenobia*. Quant à sainte Véronique, c'est le nom corrompu de *verum icon*, vraie image, figure ou portrait.

Vers 260, le 6 novembre, décès de saint Léocade, sénateur romain. On prétend qu'il est le fondateur de la ville de Déols, et qu'il donna son palais de Bourges à saint Ursin pour y bâtir l'église de Saint-Étienne. Sa châsse était encore dans l'église de St.-Hippolyte de Bourges en 1530, car elle y fut portée en procession le 7 mai. Les princes de Déols se prétendaient descendus de saint Vectius Épagathe, martyrisé à Lyon le 2 juin 179.

Les vignes dites Plantes-Baston, section Bourbonnoux, ont emprunté leur nom à la famille Baston, issue d'une ancienne famille originaire d'Angleterre, de laquelle les armes se voyoient, dès 1450, dans le couvent des Cordeliers, et dans celui des Carmes, en 1490. Le surnom du lieu de la Bastonnière ou *Folie-Baston*, près Bourges, a la même origine.
Catherinot.

Ambigat, berruyer, était empereur des Celtes au temps du vieux Tarquin, roi de Rome. Bourges, au rapport de *Tite-Live*, la capitale de l'empire, fournissait les dignes sujets pour remplir le trône celtique, c'est-à-dire des Aquitaines; selon quelques-uns, des Gaules; mais, selon le P. Monet, c'est-à-dire de Bretagne, Normandie, Mans, Anjou, Poitou, Saintes, Languedoc, Chartres, Lizieux, Touraine, Limousin, Périgueux, Quercy, Paris, Rouanne, Auvergne, Rouergue, etc.

Depuis Ambigat jusqu'à Jules César, on n'a pu trouver aucun roi ou empereur qui ait dominé le Berri; de tous les princes qui suivent, le seul Vercingétorix semble être à nous[1].

Suivant Chaumeau, liv. 1, ch. 2, les habitants de Bourges étaient appelés *Bituriges Iolsci*, par Pline, au 14e ch. du II° liv. de l'Histoire Naturelle, à cause d'un Iolcus, fils d'Amicus, qui fut fils de Neptune et de la nymphe Melies. Cet Amicus ayant été vaincu par Pollux au combat pyctalien, ledit Iolcus fut tellement fâché de la défaite de son père, qu'il s'absenta de son lieu et vint par deçà avec quelque nombre d'hommes; lequel n'étant accoutumé à la nourriture du bétail dans le Berri, fit enseigner ses sujets en la pastoralité, dressa un mouton pour idole, qu'il adorait à cause de la fertilité d'iceux et

---

[1] Ce fut l'an du monde 3350, du temps de Tarquin-l'Ancien, qu'Ambigat, roi des Berruyers, voyant que la population des états sur lesquels il régnait s'était excessivement agrandie, désirant décharger son royaume d'une partie de ses habitants, fit publier en conséquence qu'il avait résolu d'envoyer Ségovèse et Bellovèse, enfants de sa sœur, ès terres qu'il plairait aux Dieux lui enseigner par les augures.

pour la mémoire de la toison, pour la conquête de laquelle il s'associa avec Hercule et les autres princes argonautes. Il érigea en armoiries et signe de perpétuelle noblesse aux bourgeois de Bourges, en champ d'azur dentelé de gueules, trois moutons à grandes cornes élevées en ostentation.

Cet Iolcus, duquel nos ancêtres furent appelés Iolces, engendra Hermain, puissant en armes et en conseil, qui fit bâtir trois forteresses bien munies de remparts, dont l'ancien château était l'une, mais totalement détruite depuis long-temps; la seconde était en cette grande ouverture où est la fosse des Arênes, qui est également abattue; et la troisième au Mont-Hermain, qui fut abattue par César, et depuis réédifiée. Elle a retenu, avec le quartier de la ville où elle est située, le nom de Hermain.

Cet Hermain eut un fils nommé Cubus, duquel Strabon et Pline, au IV° liv., chap. 19, nous appellent Biturigeois Cubes libres. Ce Cubus eut un fils nommé Biturix, tant débonnaire et bien morigéné, que tous les princes de la Gaule recouraient à son conseil comme à un port assuré, duquel la ville a confirmé son nom comme d'un prince et roi bien voulu et regretté après sa mort. Dès cette époque la ville de Bourges était considérée comme la première des Gaules, ce qui annoncerait qu'avant Ambigat il y aurait eu d'autres rois à Bourges.

Le même Chaumeau, page 78, dit que lors de l'invasion d'Attila en Italie et dans les Gaules, Attila étant déjà vers Toulouse, ceux de Bourges firent construire une grosse et forte tour sur les fondements de celle que César avait ruinée, qui a les murailles épaisses de trois toises, et de hauteur deux cents coudées, non moins forte et belle que fameuse ; on l'appelle communément la grosse tour de Bourges. (C'est celle dont Chaumeau parle au 2ᵉ chap., liv. 1, qui est assise au Mont-Hermain.)

Les Berruyers en firent dresser une autre grosse et belle en Berri, près la ville de Sancerre. Or, ce fut un seigneur de Vèvre, nommé Gondobal, qui en fit achever le bâtiment. Elle avait été fondée pour la défense du pays berruyer, vers le côté de la Loire où il a ses limites. Elle a été depuis enrichie de logis. Son assiette est en lieu marécageux de grande profondeur, environnée de doubles fossés, ayant les murailles de neuf toises de longueur de chacun côté en carré, et de dix pieds d'épaisseur, avec quarante-cinq de hauteur, couverte en pavillon. Ce qui me fait dire qu'elle fut réparée ou mieux ornée long-temps après par Gondobal, quelques vers latins insculpés en la salle de ladite tour ici mis, m'en ont donné l'opinion :

> *Christo nato quingentis et tribus annis*
> *Gondobal à Veura Veuream cognomine turrim*
> *Me vocat, ædificans Clodovei tempore regis*[1].

Cependant il y a un distique ancien des deux tours qui contient :

---

[1] Cinq cent trois ans après la naissance de Jésus-Christ, Gondobal, seigneur de Vèvre, bâtit, du temps du roi Clovis, la tour de Vèvre, ainsi nommée du nom de sa seigneurie.

*Veurcam et Biturim complectitur alta Bituris,
Quas duo struxerunt Attilæ tempore fratres* [1].

Voici ce que le P. Labbe dit dans son éloge panégyrique de la ville de Bourges, page 14, paragraphe 3 :

Pour ce qui est des autres rois qui ont manié le sceptre des Gaulois dans la ville de Bourges, soit devant, soit après notre Ambigat, *ii regem Celtico dabant*, je n'en puis rien dire d'assuré, car autrement je croirois débiter de pures rêveries et les songes creux de Bérose et de Manethon, Je ne parlerai donc point des rois Cubes, Biturix et autres semblables, ni du fabuleux Iolque, petit-fils de Neptune, compagnon de Jason en la conquête de la Toison-d'Or.

Suivant le même auteur, « l'archevêque de Bourges avoit non seulement le Diocèse le plus étendu, mais encore les plus grands privilèges. Il avait pour suffragants onze Evêques, et sous sa dépendance 35 Abbayes, 34 Eglises collégiales, une infinité de Prieurés, Chapelles, Maladreries, Hôpitaux, et près de 900 Paroisses. Il avait seul en France le droit de porter devant lui la Double-Croix. »

---

[1] Le Haut-Berri comprend deux grosses tours, l'une dite de Bourges, l'autre dite de Vèvre, qui toutes deux furent construites du temps d'Attila.

Barthelémi Aneau, un des auteurs les plus féconds du 16e siècle, a fait la description de l'église de St.-Étienne en beaux vers latins. Elle est insérée tout entière dans l'Histoire du Berry de La Thaumassière, depuis la page 105 jusqu'à la 108e inclusivement. Ce poète latin et français était natif de Bourges. Il fut principal du collége de la Trinité à Lyon. En 1561, une pierre fut jetée d'une fenêtre de ce collége sur le prêtre qui portait le Saint-Sacrement en procession, le jour de la Fête-Dieu. Les catholiques irrités entrèrent sur-le-champ dans le collége, et ayant trouvé Aneau qu'on regardait comme un calviniste, l'assommèrent et le mirent en pièces. On a de cet auteur des Chants royaux, un mystère de la Nativité, imprimé en 1559; *Lyon, Marchand, satyre françoise*, 1542, in-16, et plusieurs autres opuscules en vers et en prose. Les curieux recherchent son *Alector* ou *le Coq*, histoire fabuleuse, Lyon, 1560, in-8°.

Le département du Cher est situé entre les 46e et 48e degrés de latitude septentrionale, le 1er degré de longitude occidentale et le 1er degré de longitude orientale du méridien de Paris. Il est composé de la partie nord de l'ancienne province du Berri, dont la généralité comprenait les départements de l'Indre et du Cher, et parties de ceux de la Creuse, de l'Allier et de Loir-et-Cher. Sa longueur, depuis la commune d'Argent, extrémité nord, et celle de Préveranges, extrémité sud, est de vingt-neuf lieues ou de douze myriamètres huit kilomètres neuf hectomètres. Sa largeur, depuis la commune de Graçay, située à l'extrémité ouest, et celle de Cours-les-Barres, située à l'est, est de vingt-cinq lieues, ou onze myriamètres un kilomètre un hectomètre. Sa superficie est, d'après M. Bottin, de 701,661 arpents métriques, et de 731,000 d'après la statistique de M. Butet. L'aspect extérieur du sol est montagneux dans la partie nord-est, qui comprend le Sancerrois et le canton d'Henrichemont; plat dans les parties de l'est, sud et ouest; boiseux dans les parties nord et sud du 2e arrondissement, qui comprend les cantons de Vierzon et Saint-Martin; dans les parties est et nord du 1er arrondissement, et dans la partie est-sud-est du 3e arrondissement; découvert dans la partie de l'est et du nord-ouest du 2e arrondissement et dans la partie nord du 3e arrondissement; cultivé parfaitement dans les environs de Bourges, Saint-Amand et Sancerre, et en partie à bras, mais particulièrement dans la commune de Saint-Amand, dans le village d'Asnières, près Bourges, et dans la commune de Saint-Martin; aride dans une grande partie des cantons de la Sologne, où il se trouve néanmoins beaucoup de pacages et quelques terres à blé; varié dans la partie sud et nord-est du 2e arrondissement et dans la partie sud du 3e arrondissement.

On pêche dans le Cher la lamproie marbrée, l'anguille, la perche, la loche, le saumon, le brochet, l'alose, la carpe, le goujon, la tanche, le gardon, la brême, le barbeau ou barbillon, le meunier ou têtard, la vandoise ou courcille, le carbot ou carbotin, le veron. A l'exception de la lamproie, du saumon et de l'alose qui ne se pêchent que dans le Cher, où ils remontent, on trouve dans les autres rivières du département les mêmes espèces, et de plus des truites excellentes dans la Grande-Sauldre.

Les montagnes de Sancerre produisent des plantes vulnéraires, telles que la bugle, la sanicle, la véronique, la pervenche, le pied-de-chat, la bétoine, le bec-de-grue, la pulmonaire, etc.; des fébrifuges, tels que la petite centaurée, la germandrée, la gentiane.

On trouve partout l'armoise, la bardane, la mauve.

L'École de Salerne dit de la mauve que, quiconque a de la mauve dans son jardin, a de quoi se guérir d'une infinité de maux.

Le châtaignier était autrefois cultivé dans les environs et très-abondant. Les charpentes des anciens édifices, de beaucoup de maisons, et notamment de l'église de Saint-Étienne, sont construites de ce bois auquel les araignées ne font jamais leur toile.

Les principales villes du département sont : Bourges, Saint-Amand, Sancerre, Aubigny, Vierzon et Dun-le-Roi.

Bourges, cette ville chef-lieu du département du Cher, était la capitale de l'ancienne province du Berri. C'était le siége des anciens rois d'Aquitaine, et l'une des plus anciennes de la Gaule : les rois de la Gaule-Celtique, au rapport de Tite-Live, y faisaient leur résidence. C'est l'*Avaricum-Cuborum* des anciens, qu'on a nommé aussi *Biturix*, dit Duchesne, à cause de deux tours bâties par deux frères qui divisèrent le pays entre eux.

Voyez Duchesne, *Antiquités des villes de France*.

Quoi qu'il en soit de son origine, cette ville est très-ancienne ; elle était déjà une des plus belles de la Gaule en la 45ᵉ olympiade de Rome. Tite-Live ajoute que sous le règne de Tarquin-l'Ancien, la monarchie des Celtes était dans cette ville, dont Ambigat était souverain. Catherinot dit que les descendants de Japhet fondèrent Bourges, métropole des Celtes vers l'an 2000. *Voyez* son opuscule de *Fondateurs du Berry*.

Ce sont les Celtes, dont partie, sous la conduite de Bellovèse, et l'autre sous celle de Ségovèse, neveux d'Ambigat, qui se répandirent, les uns sous Bellovèse, dans l'Italie, dont ils envahirent la moitié, d'où ils pénétrèrent jusque dans l'Asie, et dont quelques-uns se fixèrent dans la Grande-Bretagne ; les autres, sous Ségovèse, dans l'Allemagne, dans la Bohême, et partie sur les bords du Danube, dans la Frise et la Westphalie : d'où sont sortis nos anciens Francs, qui, plus de mille ans après, repassèrent le Rhin, sous la conduite de Pharamond et de Clodion, pour reconquérir les pays qui étaient la demeure de leurs ancêtres.

Ce fut après la ruine de Bourges par César, et lorsqu'il eut abandonné la Gaule pour se rendre maître de l'empire romain, que ces peuples se rallièrent et se retirèrent sur les bords de la Garonne, où ils bâtirent Bordeaux, qui fut la capitale de la deuxième Aquitaine, dont les habitants prirent le nom de *Bituriges Vivisci*, pour se distinguer de ceux du Berri, proprement dits *Bituriges Cubi*.

Voyez le P. Labbe.

L'assiette de l'antique cité qui était appelée *Avaricum*, est un peu pendante sur le côté qui regarde les marais; on en voit encore les murs presque tout entiers, qui sont très-puissants, faits et construits de si bonne matière et forte composition, que ceux qui ont voulu les démolir pour y faire des caveaux, n'en ont pu arracher qu'à grande peine. Et se comportent et étendent lesdits murs, depuis la grosse tour passant au travers de l'église de Saint-Étienne et le long de la grande rue de Saint-Jean-des-Champs et Porte-Gordaine, jusqu'à la porte qui se nommait de Saint-Andrieu ou de Saint-André et de la Porte-Neuve, le long des Arènes ou Amphithéâtre, jusqu'à la Porte-Turonoise.

Voyez Chaumeau, *Histoire du Berry*.

A travers les nuances qui différencient les habitants du Cher, on reconnaît toujours le caractère général qui existait autrefois et qui est rappelé dans une inscription gravée sur l'une des portes de Bourges :

> *Ingredere quisquis*
> *Morum candorem*
> *Affabilitatem*
> *Et sinceram religionem amas*
> *Regredi nescies.*

Bourges, l'une des villes des plus centrales de la

France, est à cinquante-quatre lieues anciennes environ au sud de Paris, avec lequel elle communique par deux routes, l'une par Orléans, et l'autre par Montargis; elle est située sur les rivières d'Auron, d'Yèvre et d'Yèvrette, dont aucune n'est navigable. Vue des portes d'Auron, Saint-Bonnet et Saint-Sulpice, elle se présente en amphithéâtre; son enceinte est d'une lieue, et sa population d'environ 20,000 ames. L'époque de la fondation de cette ville ne peut pas plus être assignée que celle de toutes les villes dont l'origine est ordinairement fabuleuse, et sur lesquelles il a été fait une multitude de discours qui ne nous apprennent rien. Tout ce que l'on peut dire, c'est que Bourges est très-ancien, et dire cela ce n'est pas fixer l'époque de sa fondation; d'ailleurs tous les auteurs en parlent d'une manière incertaine; la gloire, au surplus, que César a acquise en s'emparant de cette ville, atteste sa force, son étendue et la valeur de ses habitants. L'orgueil satisfait de César de voir ce pays en son pouvoir, fait autant la gloire du pays que celle du héros, qui a peut-être su, autant par la persuasion que par la force, se rendre maître de cette nation superbe. Bourges, la capitale des Gaules, tombée au pouvoir des Romains, vit 40,000 Gaulois passés au fil de l'épée.

On a donc vu Bourges passer de la domination des Romains sous celle des Visigots; peu après sous celle de Clovis, premier roi de France, et enfin faire partie de l'empire français.

On lit dans Duchesne, *Antiquités des villes de France*, liv. 1, que *Biturix* est, suivant quelques-uns, un nom grec qui fut imposé aux Berruyers à cause de leur force naturelle, et que, suivant d'autres, les Berruyers sont grecs d'origine, ou que du moins les premiers fondements de cette ville ont été jetés par les Grecs, qu'un *Yolce* ou *Iolce* (et non Idole, comme il est dit dans l'Annuaire du département du Cher de l'an 12 de la République, 1803 à 1804), fils d'Amycus, thessalien, quittant son pays après la défaite de son père par les Argonautes, passa en Gaule et s'adonna dans cette contrée à la nourriture du bétail; que son fils, appelé Hermain, fit bâtir trois forteresses au lieu où est maintenant la cité de Bourges, l'une desquelles était l'ancien château, l'autre en la fosse aux Arênes, et la troisième au Mont-Hermain; que de cet Hermain naquit Cubes, de Cubes Biturix, prince estimé pour son conseil et qui donna le nom de Biturix aux Berruyers.

L'an 1464, le pape Paul second du nom, du consentement et à la sollicitation du roi Louis XI et de son frère Charles, pour lors duc de Berri, établit et érigea en la ville de Bourges, dota et enrichit de très-beaux priviléges une université complète. *Voy.* Labbe, *Éloge historique de Bourges.* Cette université a joui d'une grande réputation; elle aurait, suivant La Thaumassière, surpassé tout ce que les temps anciens et modernes ont présenté de plus illustre en fait d'écoles, et produit des hommes qui ne le cédèrent à aucun par la profondeur et l'étendue des connaissances. L'université de Bourges devait particulièrement sa célébrité à son école de droit, qui a compté parmi ses professeurs les jurisconsultes les plus éclairés des temps anciens, entre autres Alciat de Milan, qui fut appelé à Bourges par François I; les frères Mercier de Bourges, Leconte, Duaren, le plus habile jurisconsulte après Alciat. Enfin, Cujas, le plus fameux de tous les jurisconsultes, parut; son savoir était tel, qu'il inspirait la plus grande vénération; les juges, sur leurs tribunaux, portaient la main à leur bonnet toutes les fois qu'on le citait. Né à Toulouse, il vint se fixer à Bourges, où il professa le droit jusqu'en 1590, époque de son décès. Non content de prodiguer ses instructions aux nombreux élèves qui le suivaient et qui venaient de toutes les parties de l'Europe, il les comblait de sa générosité, en fournissant à beaucoup d'entre eux les livres et l'argent qui leur étaient nécessaires. On voit encore dans la rue des Arênes la maison qu'occupait Cujas; on y remarque des bas-reliefs sculptés avec beaucoup de soin, dont le détail et le fini indiquent des artistes des plus exercés; il y avait aussi des peintures à fresques sur une partie des murs de la cour, dont il ne reste plus que de légers fragments.

A l'époque où l'université de Bourges jouissait de toute sa splendeur, et que les étrangers y affluaient de toutes parts pour y faire leurs cours, arriva l'événement malheureux que nous allons rapporter.

En 1536, le fils du duc et électeur de Bavière, jeune prince âgé de quinze ans, qui faisait ses études en l'université de Bourges, périt dans la rivière d'Auron, où il s'était précipité pour aller délivrer son chien qu'il voyait embarrassé dans les joncs. Son domestique, en voulant le secourir, éprouva le même sort. Le prince fut inhumé avec solennité dans l'église des Jacobins, proche le grand hôtel. Tous les corps de justice et de la ville assistèrent à son convoi. La fosse où périrent ces deux personnes prit, depuis cet événement, le nom de fosse des Allemands, qu'elle conserve encore.

La décadence de cette fameuse université, surtout de son école de droit, ne doit pas être attribuée aux professeurs qui en ont été témoins, et n'ont jamais cessé de se montrer dignes de leurs prédécesseurs, mais au temps, qui élève et renverse tout.

La ville de Bourges fut prise et pillée par les protestants, conduits par le comte de Montgomery. Les édifices du culte catholique, et notamment l'église cathédrale, furent ravagés; les statues, tableaux et morceaux d'architecture, furent mutilés ou détruits. Les riches tombeaux de saint Ursin, de saint Guillaume, de sainte Jeanne, du duc Jean et autres, furent renversés et profanés. Le comte de Montgomery emporta lui seul six cent cinquante-un marcs d'or et d'argent, provenant des reliquaires, autels et couvents qu'il avait spoliés. Pendant trois mois que dura cet affreux pillage, les beaux-arts firent en la ville de Bourges une perte irréparable.

C'est en 1566 qu'eut lieu la publication de la première Histoire du Berry, par Chaumeau, avocat au présidial de Bourges. Ce fut au milieu des convulsions politiques excitées par les guerres civiles de religion, que cet auteur estimable eut la gloire d'offrir à ses concitoyens le premier corps d'histoire de cette province, ouvrage qui nécessitait de grandes réformes et qui fut remplacé, plus d'un siècle après, en 1689 par celui de M. de La Thaumassière, qui laisse encore beaucoup à désirer, cet auteur ayant trop négligé la partie historique. Nous devons espérer qu'il apparaîtra quelques historiens qui, profitant des travaux de leurs prédécesseurs et de quantité de matériaux accumulés depuis, nous donneront enfin une histoire complète telle qu'on peut la désirer.

Bourges est le berceau de Barthelémi Aneau, poète célèbre en son temps ; de Joseph d'Orléans, du père Bourdaloue, du père Labbe, de M. Sigaud de Lafond, notre contemporain, auquel nous devons l'hommage de dire qu'il a honoré sa patrie, autant par ses talents que par ses mœurs et sa sociabilité. Ami des hommes, il en était aimé. Né à Bourges en 1730, il y est décédé le 26 janvier 1810. Sa digne épouse, qui, par ses moyens et ses encouragements, avait contribué à sa célébrité, est décédée plus de dix ans après lui; l'un et l'autre ont été regrettés du public appréciateur des vertus.

Bourges a produit encore quantité de personnages illustres de tous genres. *Voyez* à cet égard

Chaumeau, La Thaumassière, Chenu, Labbe, et tous ceux qui ont écrit sur le Berri.

———

Ce fut sous Henri d'Avaugour, qui fut chargé de l'administration du diocèse en 1421, que se tint, à Bourges, l'assemblée des états où furent rédigés les articles de la Pragmatique Sanction, promulguée en 1438. Ce fut aussi sous son archiépiscopat, le 3 juillet 1425, que Louis XI naquit à Bourges et fut baptisé à Saint-Étienne.

———

A Alichamp, petite commune située sur la rive droite du Cher, à sept lieues sud de Bourges, trois lieues environ nord-ouest de Saint-Amand, on a trouvé, à différentes époques, une grande quantité de tombeaux, d'inscriptions et de débris d'armes, de vases et de médailles, qui prouvent d'une manière incontestable qu'il y existait anciennement une ville importante. Des fouilles sérieuses conduiraient sans doute à des découvertes précieuses. On a trouvé, entre autres choses, à Alichamps, une colonne milliaire, qui est maintenant placée à l'entrée du village de La Celle, au milieu de la grande route; cette colonne indiquait la distance du lieu où elle était primitivement dressée à quelques-unes des villes de l'Aquitaine, *Avaricum*, Bourges, quatorze lieues gauloises; *Mediolanum*, Châteaumeillant, douze lieues gauloises; *Neris*, Néry, vingt-cinq lieues gauloises ; or la lieue gauloise équivaut à environ une demi-lieue ancienne, et la distance d'Alichamp à ces différentes villes est exactement celle déterminée par cette colonne, dont l'inscription est ainsi conçue :

AVAR. L. XIV. MEDI. XII. NERI. XXV.

On prétend qu'il n'existe qu'une autre colonne semblable à celle-ci dans le royaume de Naples. Cette colonne prouve qu'une voie romaine partait de Néry pour venir à Bourges, en passant par Alichamps, ou aboutissant à l'emplacement de la colonne, et qu'une autre se dirigeait de ce point jusqu'à Châteaumeillant. Au reste, on ne peut pas révoquer en doute l'existence de cette route, dont on voit encore les traces en différents endroits; on l'appelle la Chaussée de César, attribuant ainsi à ce grand homme tout ce qui a pu être l'ouvrage des Romains qui sont venus après lui dans les Gaules. Cette voie romaine n'est pas la seule dont il reste quelques traces ; on reconnaît parfaitement celles qui conduisaient de Bourges à Sancerre, à Dun-le-Roi, à Sancoins, à Argenton, etc. Toutes, comme celle d'Alichamps, reçoivent la dénomination commune de Chaussées de César.

C'est à Drevant, petit bourg situé à trois quarts de lieue au midi de Saint-Amand, sur la droite de Montluçon, qu'on trouve les ruines les mieux conservées. On y reconnaît parfaitement les restes d'un ancien théâtre disposé, suivant Caylus, selon les règles et proportions prescrites par Vitruve ; il pouvait avoir trente toises de diamètre. Les gradins, destinés à recevoir de nombreux spectateurs, étaient en amphithéâtre, construits en briques et pierres, et supportés par des voûtes appuyées sur des piliers épais qui formaient sous l'amphithéâtre quatre rangs de portiques. Dans l'épaisseur du petit nombre de piliers qui subsistent, on voit quelques loges qui ont dû servir pour les animaux destinés à combattre entre eux ou contre les gladiateurs. La voie romaine qui allait de Néry à Bourges, et qui est indiquée par la colonne milliaire dont on vient de parler, passait au nord de cette ville. Presqu'en face de Drevant, on voit l'emplacement bien distinct d'un camp romain situé sur une espèce de cap qui s'avance dans le Cher; il y a dans l'intérieur du camp un puits qui était destiné à l'usage des troupes.

M. de Barral, ancien préfet du Cher, a trouvé en 1810 ou en 1811, dans un domaine, à deux lieues de Bourges, commune de Trouy, du côté de Saint-Amand, un fragment de colonne antique qui portait une inscription. Il a cinq pieds ou cinq pieds six pouces de hauteur, sur dix-huit pouces de diamètre dans sa partie inférieure, et est évidé en auge par derrière; il était employé comme auge à porcs dans le domaine. L'inscription fait connaître que c'était un monument élevé pour perpétuer le souvenir de la réédification d'un pont et de la réparation d'une route par *Germanicus* et *Caius Julius Verus*. Cette pierre, qui sans doute avait été transportée dans ce lieu, où on ne voit ni pont, ni rivière, a été placée depuis, par les soins de M. de Barral, dans le jardin de la préfecture de Bourges, et l'inscription qu'on y lisait a été ainsi restituée :

IMP. CÆSAR. CAIUS. JULIUS. VERUS. MAXIMUS
PIUS. FELIX. AUGUSTUS. P. M. TR. P. II
GERMANICUS. MAXIMUS
ET. CAIUS. JULIUS. VERUS. MAXIMUS. NOBILISSIMUS
CÆSAR. PRINCEPS. JUVENTUTIS
VIAS. ET. PONTES. VETUSTATE
COLLAPSOS. RESTITUERUNT.

On montre aux environs de Bourges, entre Nohant et Maubranche, l'emplacement du camp qu'on dit avoir été celui de Vercingétorix; on y distingue encore des restes de retranchements.

On trouve en plusieurs endroits, au sud-ouest de Bourges, les ruines d'un aqueduc qui allait chercher les eaux au loin pour les amener dans le cirque qui existait alors à Bourges. Si cet aqueduc romain, que l'on dit être dans un état de conservation parfait, pouvait être réparé, on assure que cette réparation amènerait sur tous les points de la ville de Bourges des eaux de première qualité. On prétend que cette réparation ne serait pas absolument dispendieuse, et qu'elle serait bien compensée par les grands avantages qui en résulteraient.

On a trouvé, en 1816 ou 1817, sur la route d'Issoudun, près Bourges, dans un champ à gauche de cette route, et tout près du faubourg, un caveau sépulcral. Il y avait, aux extrémités, deux niches au-dessous desquelles était un petit trou rond, de dix pouces de diamètre sur un pied de profondeur. Ce trou, creusé dans la terre sans revêtissement de maçonnerie, était rempli de cendres; l'une des niches contenait une tête de vieillard sculptée grossièrement, et l'autre un reste d'enfant. Ces deux têtes étaient de petite dimension et en pierre tendre du pays. On y avait découvert aussi des fragments de lacrymatoires en verre, de poterie antique et de tuiles romaines. Ces fragments de lacrymatoires en verre annonceraient assez que les Gaulois, gouvernés pendant cinq cents ans par les Romains, auraient adopté beaucoup de leurs usages, particulièrement celui de louer des pleureuses dans les cérémonies funèbres, auxquelles on distribuait de ces urnes ou fioles lacrymatoires.

On voit à Vorly, distant de deux à trois lieues de Bourges, les ruines assez bien conservées d'un château construit dans les bois et habité par Agnès Sorel. Elle lui avait donné le nom de Sir-Aimé, dont on a fait depuis, par corruption, Sir-Amé, et maintenant Bois-Siramé.

Aucune des rivières qui arrosent le département du Cher et qu'on peut regarder comme lui appartenant (la Loire, le Cher et l'Allier ayant leurs sources dans des départements plus ou moins éloignés), n'est navigable; cependant des restes d'anciens ouvrages qu'on rencontre en différents endroits, annoncent que quelques-unes avaient pu l'être autrefois, et surtout, sans aucun doute, la rivière d'Auron. Il est constant que, sous Charles VII et avant, elle était navigable et portait des bateaux de quarante à cinquante pieds de longueur. Quelques exemplaires encore existants d'un plan perspectif de Bourges, fait en 1566, l'attestent; on trouve en outre dans les archives la création et la suppression des commissaires à la navigation d'Auron. La confection du canal, tel qu'il a été conçu, pourra réaliser, un jour, tous les avantages qui devront en résulter pour le département, et combler ainsi les espérances dans lesquelles on l'a maintenu jusqu'à ce jour.

On trouve dans les vieilles chartes du Berri que le duc Jean, fondateur de la Sainte-Chapelle de Bourges, allant un jour à la chasse, rencontra un grand nombre de vignerons dans un état si misérable, qu'il les interrogea amicalement et en eut pitié. Il apprit d'eux qu'on les faisait travailler jusqu'à quinze et seize heures par jour; et pour abolir cette coutume, il ordonna qu'ils n'eussent à se rendre au travail qu'à six heures du matin et qu'ils pussent en revenir à six heures du soir en été, et à cinq heures en hiver. Le duc ne voulut pas que cette promesse fût illusoire, et il enjoignit à ceux qui étaient le plus près de la ville, et qui par conséquent entendaient les premiers sonner l'heure, d'en prévenir leurs voisins, qui devaient l'annoncer aux plus éloignés, « tellement, dit l'auteur de ce récit, qu'en toute la contrée s'entendoit une grande *huée* et clameur, par laquelle chacun étoit finalement averti qu'il falloit faire retraite en sa maison. Tous donnoient cet avertissement en *tintant* avec une pierre dessus leur *mare;* c'étoit alors le nom de leur instrument de labour, *comme la bêche* l'est aujourd'hui. Il serait possible que depuis on eût appelé *tintamare* en général tout ce qui rappelait un bruit de ce genre.

Voyez Pasquier, *Recherches de la France,* édition de 1607, in-4°, page 1059, où cet article est intitulé : Origine du mot *Tintamare.*

Lorsque l'archevêque de Bourges entrait, pour la première fois, dans son église pour en prendre possession, le peuple était, de temps immémorial, dans l'usage de se jeter sur la chape du prélat, qui ne tenait qu'à un fil de soie, et de la mettre en pièces, chacun se battant à qui en aurait un morceau. C'est de cet usage qu'est venu le proverbe : *Disputer,* ou *se débattre de la chape à l'évêque,* pour contester une chose où l'on n'a point de droit.

Voyez Napoléon Landais, *Dictionnaire,* au mot *chape.*

Guillaume Postel, né l'an 1510, fut un des génies les plus étendus de son temps. François I et la reine de Navarre le regardaient comme la merveille de leur siècle. Il est auteur de quantité d'ouvrages, dont quelques-uns sont recherchés des bibliophiles, en autres *l'Apologie contre les Détracteurs de la Gaule*. Ce petit ouvrage, qui renferme des choses singulières, est à la suite d'un autre peu commun, qui a pour titre : *Histoire mémorable des Expéditions depuis le Déluge, par les Gaulois ou François*. L'auteur dit, page 10 de l'édition de 1552, in-16 : « La première expédition a été faite par les Cimbres, ou Gimbres, ou Gomerites, depuis la Gaule, peu à peu par toute l'Europe, en allant vers l'Orient, etc. La seconde fut de Bourges en l'Allemagne et en Italie jusqu'à Rome, et en Friul, là où fondèrent les plus belles et les plus fortes cités de la province, dite depuis *Gallia Cisalpina*, et aujourd'huy la Lombardie, Romagna et Friul. La tierce, partant de Sens, alla jusques en Asie, passant et saccageant l'Italie et la Grèce, tant qu'elle planta son siége en Galatie, province de l'Asie-Mineure, et jadis en la jurisdiction de ses ancestres constituée, et des Cimbres ou Cimmériens regagnée. Depuis permettant Dieu pour les tyrannies et désordres qui sourdoient en la Gaule, finalement elle cheust sous la puissance des Romains, parce que César-le-Dictateur l'avoit deffendue de trois mortelles incursions faites contre ycelle, par ses enfants aisnés, les Suisses, Allemands et Picards, dont combien que sous les Césars elle feist de très-grands faits vers l'Orient;

néanmoins, parce qu'elle ne obéissoit pas à prince ou chef en ycelle élcu, je ne mettrai en nombre lesdites expéditions. Pour la quatrième donc, et plus noble de toutes celles qui oncques furent, nous mettrons celle qui fut faite pour recouvrer la Terre-Sainte, de qui fut motif dom Pierre-l'Hermite, de laquelle principalement parlerons. Au cinquième lieu, sera celle par laquelle l'empire de Constantinopoli fut conquesté et délivré de la tyrannie des Grecs, et maintenu sous cinq empereurs françois. La sixième eust desjà eu son lieu ou en Hongrie contre les Turcs, ou à Baruthi, sous Chauvet, si elle eust eu, ou l'une ou l'autre, quelque bonne conduite ; mais l'arrogance en Hongrie, et la témérité en Surie ayant montré la vanité d'ycelles, mérite que toutes telles exécutions ou entreprises servent à la postérité d'exemple meilleur à fuyr que à ensuyvir : n'y ayant aulcune controverse desdites expéditions, que toutes en Gaule ne ayent prises leur fondement et exécution, sauf que de la première. Avant que je vienne à particulière description, je veux monstrer comment les Cimbres vraiment sont la vraie race originale et premier nom des François ou Gaulois. »

Page 14. « La grande multitude de Cimbres, lesquels Marius desfeit, estoient Celtes ou Gaulois, ce qui ne peut estre escript par ignorance de la gent ni du pays, ne pas avoir esté conduits de capitaines françois ou gaulois, car ils avoient peu de temps avant saccagé toute la Gaule. »

Page 26. « Durant le règne de Tarquin l'Ancien,

le règne et gouvernement de la Gaule-Celtique estoit entre les mains de ceux de Bourges; de là se faisoit le roy de la province celtique, lequel roy, pour lors, estoit Ambigatus, homme en biens, vertu et puissance, tant privée comme publique, fort puissant et excellent, parce que durant son empire le pays se trouvoit si très-plein de bleds et autres biens et de personnes, que il sembloit très-difficile de gouverner une telle multitude. Lui donc estant jà d'aage, et désirant de décharger le royaume, d'une telle multitude envoya Sigovèse et Bellovèse, ses deux neveux, à la teste de deux armées puissantes composées de Berruyers ou habitants du Berry, d'Auvergne, de Sens, d'Autun, Nivernois, etc., tous connus sous le nom de Bituriges. Le sort, dans ce temps usité, donna à Sigovèse la forest Hercinia et pays d'Allemagne, et à Bellovèse l'Italie, etc. »

Page 39. « Les Gaulois étant en grande abondance dans leur pays, en sortirent au nombre de trois cent mille, desquels une partie demeura en l'Italie, qui brusla Rome; l'autre portion ayant prins conseil des sacrifices, augures et choses sacrées (car les Gaulois sont excellentissimes en religion), passa et habita la Pannonie dite Autriche. Leurs force et courage estoient tels, que leur secours estoit réclamé partout; rien ne leur résistoit. »

Page 41 verso. « Attalus fut le premier qui leur résista en Asie. Les Gaulois ont régné en Orient en si grande foy, qu'ils estoient et la force des guerres voisines et la garde des princes : ce qui se peut jusques au temps de Cleopatra veoir, car elle avoit quatre cents Gaulois pour sa garde. Les Gaulois ont tenu presque toute l'Europe avant les Romains. »

Page 49. « Et n'eust esté les querelles, tyrannies et dissensions que havoient entre eux les Gaulois en la Gaule, jamais n'eussent esté vaincus de nul, et eussent vaincu tout le monde. Par la sentence de l'immunité, se veoit que la force gallique et supérieure et inférieure, ou céleste et corporelle, estoit trop plus puissante que des Romains. »

Page 79. « Or est-il pour certain par histoires puniques, qui sont extraites des phéniciennes et n'ont rien de commun avec les latines ou grecques, et par les latines et grecques, et par les hébraïques et chaldéennes, que les Gaulois sont les premiers peuples qui à tout le monde, depuis le déluge, ayent esté manifestés, et par mémoire publique guardez. Bochus, punique auteur, en faisoit foy, quand Solin, romain, l'allégua là où il dict que les Umres ou Umbres, peuples les plus anciens qui de mémoire de lettres latines ayent esté en toute l'Europe, et qui par cela portent le nom, selon la grecque étymologie, des eaux du déluge, sont de la race ou génération des Gaulois; par quoi fault nécessairement que lesdits Gaulois soyent ceux-là qui sont du déluge délivrés, et qui de l'autre monde qui fut avant le déluge sont en cestuy-ci passés. Car si entre les Umbres et le déluge n'y a rien d'espace, il fault que le nom gaulois feust pour le moins institué dedans le déluge. C'est pourquoi Caton, dedans les origines, dict que Janus, premier roy et dieu de l'Italie, y vint après le déluge, estant parti de l'Arménie, là où fut la première habitation depuis ledit déluge, et y amena les Gaulois qui sont progéniteurs des Umbres. C'est pourquoi Bérose dict que le nom de Gal ou de Gaulois est avite ou des ancestres, ayeulx et bisayeulx; lequel nom, Noë voulut qu'il feust donné seulement à Gomer et à sa succession, alors habitant en l'Umbrie, à cause de l'aisnesse du monde et du miracle. Car le bon saint père Janus, dict Noë, voulut que la maison de l'aisnesse du monde portast deux noms, l'un qui est le premier du divin miracle et bénéfice de Dieu, qu'il a fait en délivrant toute sa créature du déluge, aussi grand comme quand il créa le tout et l'amena du chaos et confusion, ou du non estre à l'estre. Donc le nom de *Galli* veult dire fluctuaire ou échappé des flotz les plus grands du monde; lequel nom je ne fais doute que depuis cent ans avant le déluge, depuis qu'il fut divinement décrété, ne fust institué et mis et décerné qu'il seroit guardé en la maison de l'aisné de Japet qui, à cette cause, fut dit auteur de la génération humaine. »

Page 80. « Par quoi est de nécessité que, avant Romulus et avant les Grecs, les Gaulois eussent esté en souveraine estime en l'Occident, parce que Strabon escript que les Gaulois estoient les plus illustres peuples de tout l'Occident. »

La construction du clocher à jour de l'église de Bourges fut terminée en 1543. Ce clocher dominait au-dessus du grand toit, et était placé au milieu de la voûte principale. Cet édifice se faisait remarquer par la délicatesse du travail; il était d'une belle hauteur et revêtu de piliers à claire-voie ornés de feuillages d'or et d'azur. On voit encore dans les greniers au-dessus de la grande voûte les deux murs qui portaient ce clocher, et au dehors les quatre arcs-boutants qui soutenaient ces murs, et qui sont plus élevés que les autres arceaux entourant si élégamment ce vaisseau magnifique.

Ce clocher fut détruit en 1716.

Le portique principal et central de la cathédrale est décoré d'un bas-relief représentant le jugement dernier; et les autres sont ornés de diverses sculptures dont les sujets sont pris dans l'ancien et le nouveau Testament.

En 1558, les Jésuites, tenant alors le collége de Bourges, obtiennent que l'église et le prieuré de la Comtal leur soient cédés par le titulaire, et les réunissent au collége de Bourges qui manquait d'emplacement. L'église servit long-temps pour les assemblées et les élections des maires et échevins. Ce vieil édifice fut détruit en 1804, et sur son emplacement fut construite la grande salle du collége, où se tiennent les assemblées électorales et où se fait la distribution annuelle des prix aux élèves du collége.

Dans les fouilles faites, en 1758, par M. Pajonnet, prieur d'Alichamps, ancienne paroisse du diocèse de Bourges, sur la rive droite du Cher, à huit lieues au sud de Bourges, à un quart de lieue au nord de Bruère, à deux lieues nord-ouest de Saint-Amand, et à trois lieues de Drevant, le grand chemin de Bourges à Saint-Amand, passant à trois cents pas du clocher d'Alichamps, on a trouvé, dans tous ces environs, beaucoup de tombeaux de pierres et d'inscriptions. Le plus considérable de ces monuments est une pierre sur laquelle on lit cette inscription, écrite en très-beaux caractères romains :

FELICI. AUG. TRIB. P COS. III.
PP. PROCOS. AVAR. L.XIIII.
MEDI. XII. NERI. XXV.

Cette pierre a six pieds de longueur, un pied neuf pouces de largeur. Elle a été creusée en forme de tombeau sur la surface opposée à l'inscription. On ne peut douter que, avant d'être employée à cet usage, elle n'ait été érigée pour servir de colonne milliaire; mais, pour en faire un tombeau, il a fallu couper une des extrémités de la colonne : le malheur est tombé sur la partie supérieure, et l'on n'a conservé que les trois dernières lignes de l'inscription, dans laquelle on voyait sans doute le nom de l'empereur qui l'avait fait élever. Ce qui prouve que cette pierre était une colonne milliaire, et ce qui rend ce monument précieux, c'est que le fragment marque les distances itinéraires en lieues gauloises, depuis l'emplacement de cette colonne jusqu'à trois villes ou lieux considérables de l'ancienne cité des Bituriges, savoir, à Avaricum (Bourges, la capitale), quatorze lieues gauloises : *Avar. leugas XIIII;*

à Mediolanum (Châteaumeillant), douze lieues gauloises, *Medi. XII;* à Néris, vingt-cinq lieues gauloises, *Neris XXV.* La lieue gauloise, de quinze cents pas, était environ égale à une demi-lieue commune de France, ou de onze cent quarante toises. On n'avait encore découvert dans l'étendue de l'ancienne Gaule aucune inscription qui ressemblât à celle-ci.

M. de Caylus, dans ses Antiquités Gauloises, volume III, page 371, fait mention de cette inscription. En l'an V (1797), les administrateurs du département du Cher et le commissaire engagèrent feu M. de Béthune-Chârost à réédifier cette colonne. Elle a été placée sur la route de Bourges à Saint-Amand, vis-à-vis Bruère et à peu de distance de la jonction des trois routes romaines. La réédification de cette colonne a eu lieu en l'an VII (1799). M. le duc de Chârost, pour la faire connaître aux voyageurs qui ne peuvent y lire l'inscription, se proposait d'y en faire mettre une lisible qui aurait été sur une table de marbre.

Fontaine de Saint-Firmin, dite actuellement **Fontaine de Fer**, située faubourg de **Saint-Privé**.

Je ne dois (dit Chenu dans ses Antiquités et Priviléges de Bourges, édition de 1621, page 99) obmettre l'une des singularités de nostre ville, à sçavoir la fontaine Saint-Firmin, fontaine médicale participant de plusieurs minéraux, et douée de beaucoup de vertus et facultés pour la guérison de plusieurs grandes maladies.

Cette fontaine a esté par un long temps inconnue à nos devanciers, qui, n'ayant observé telles vertus, l'ont laissée et méprisée comme chose vulgaire et de nul prix. Mais peu à peu, par l'observation que l'on a faite d'an en an, elle est venue en tel bruit et honneur, que ceux mesme qui estoient nos adversaires et ennemis des fontaines de Pougues et Saint-Pardoux, vaincus par les expériences qu'ils ont reconnu en celle-cy ont été contraints de luy déférer.

Il y a quelque cinquante ans que l'on a commencé à en avoir la connoissance, auquel temps on en usoit seulement pour les opilations de foye et ratelle. Depuis trente ans elle a esté plus en vogue, et a-t-on remarqué qu'elle estoit de grande efficacité pour la pierre et néphrétique, pour la jaulnisse et autres grandes maladies, tellement qu'elle estoit lors fréquentée par grand nombre de peuple de toute la ville qui y avoit recours. Et est maintenant si fréquentée, que cette année 1613, par l'affluence et concours du peuple qui s'est présenté pour en boire, elle a esté presque souvent espuisée. Et ont esté contraints MM. les maire et eschevins de cette ville, d'establir un et deux hommes destinés pour puiser l'eau d'icelle et en distribuer à qui voudroit en avoir, pour empescher le désordre qui s'y faisoit par ceux qui la vouloient puiser eux-mesmes de leur main, et y plongeoient souvent toute la main et le bras.

Elle se nomme vulgairement la Fontaine de Saint-Firmin, selon la coutume louable du temps passé qui célébroit les lieux rares, et où il se faisoit quelques miracles et choses dignes de mémoire par le nom de quelque saint, afin de leur donner quelque autorité. Ainsi, en Nivernois, celles de Pougues ont eu le nom de Saint-Marcel et de Saint-Légier, et en Bourbonnois, celle qui est située sur le chemin de Cérilly vers Bourbon-Archambault, porte le nom de Saint-Pardoux.

Les eaux potables, outre les marques que nous avons descriptes cy-dessus, sont tant plus saines, tant plus elles viennent de sources pures et nettes, et sont puisées de fontaines et rivières sabloneuses et pierreuses, claires et limpides; les eaux médicales et minérales sont d'autant plus à priser, qu'elles sont douées de rares et remarquables qualités, et passent par des mines de divers métaux et minéraux : celles-là pour la conservation et usage de la santé ; celles-cy pour la défense, précaution et extirpation des maladies. D'où il advient que celles-là sont exemptes de saveur, couleur, odeur et autres qualités, sinon celles qu'elles doivent avoir de nature, qui sont la froideur et humidité ; celles-cy sont plus participantes des qualités, saveurs, couleurs, odeurs et facultés des métaux et minéraux par les mines desquels elles coulent, et sont dites ou salées, ou nitreuses, ou alumineuses, vitrioleuses, ou soulfreuses, bitumineuses, ferrugineuses, plombeuses ou autrement, parce qu'elles rapportent la qualité, saveur et faculté du sel, nitre, alun, vitriol, soulfre, bitume, fer, plomb et autres.

Les eaux salées sont propres pour les intempératures froides et humides, et pour les maladies produites d'excès de froid et humidité, pour les hydropisies, douleurs de nerfs causées de froid, les gouttes, paralysies, asthmes, fluxions sur la poictrine, douleurs et maladies d'estomac froid et humide, tumeurs froides et pituiteuses, et gratelle.

Les nitreuses ont les mesmes effets, et sont encore plus fortes, sont toutefois moins astringentes et plus détersives ; guérissent les grateleux, les ulcères des oreilles ; discutent les tumeurs d'ycelles, et chassent le bruit, le bourdonnement et tintement des mesmes.

Les alumineuses servent à ceux qui crachent et vomissent le sang, sont propres au flux des hémorrhoïdes, sont profitables aux sueurs trop profuses et excessives, et aux varices des jambes.

Les vitrioleuses dessèchent et sont astringentes, toutefois en détoupant les viscères pleins d'obstructions et eschauffés, rafraischissent et sont propres pour ouvrir et désopiler le foye, la ratelle, les reins et la vessie; ouvrent les hémorrhoïdes et les resserrent aussi; et sont fort convenables aux vices de tous les viscères du ventre inférieur, purgent ces viscères de toutes obstructions, et sont propres aux escrouelles, à la pierre et gravelle.

Les soulfreuses sont propres à reschauffer les nerfs refroidis, à les ramollir et en appaiser les douleurs; affoiblissent et subvertissent l'estomac, effacent toutes tumeurs durettes et vices du cuir; sont recommandables pour l'hydropisie, gale, psore, vieux ulcères, défluctions sur les jointures, tumeurs et durettes de ratelle, obstructions du foye, paralysies, sciatiques et toutes gouttes.

Les bitumineuses remplissent le cerveau de vapeurs, offensent les instruments et nerfs des sentiments, eschauffent et ramollissent principalement la vessie et gros intestins, et sont propres à l'hydropisie.

Les ferrugineuses sont propres à l'estomac, à la ratelle, aux reins, aux obstructions desdits viscères du foye et de la matrice; purgent les reins, chassent la pierre, ouvrent les veines des hémorrhoïdes, fortifient et corroborent les parties par lesquelles elles passent.

Les plombeuses sont propres aux fièvres quartes,

aux chancres, aux fistules et vieux ulcères malins, à l'éléphantie ou ladrerie; rafraischissent fort et tempèrent l'ardeur des viscères.

Celles qui viennent des mines de cuyvre aydent aux gouttes, et douleurs de joinctures, aux asthmatiques, néfrétiques, et ulcères malins.

Celles qui tirent leur source des mines d'airain sont propres aux maladies des yeux, aux tumeurs des toufilles et amigdales, aux inflammations et ulcères de la bouche, et à la luette abaissée et relaxée.

Celles qui sortent des mines d'or subviennent aux douleurs de colique, inflammations des intestins gresles, fistules, gouttes et ulcères malins.

Celles qui ruissellent des mines d'argent sont propres à purger les humeurs grossières et visqueuses, à la gale, démangeaisons, ulcères, tremblement de cœur et puanteur de bouche.

Celles qui coulent des mines de mercure ou de vif-argent sont propres pour résoudre les tumeurs froides, guérissent les ulcères durs et calleux, purgent le cuir des pustules et exitures pituiteuses.

Entre tant de sortes et espèces d'eaux minérales et métalliques, il y en a qui participent de plusieurs minéraux, tellement qu'elles peuvent estre plombeuses, vif-argenteuses, alumineuses, nitreuses et soulfreuses tout ensemble, et participer du naturel de plusieurs métaux et minéraux, et produire beaucoup d'effets dépendant des facultés desdits métaux et minéraux, et mesme des terres par lesquelles elles passent.

Comme celle de Saint-Firmin, de laquelle nous entendons traiter et faire description, qui, sortant d'une mine ferrugineuse et un peu vitrioleuse, passe encore outre ce par une espèce de mine de rubrique et terre rouge, de laquelle en sa résidence elle porte couleur et saveur.

Pour cette raison estant ferrugineuse, est propre à désopiler les viscères, principalement du ventre inférieur, desquels elle oste les obstructions, comme ainsi soit que le fer et l'acier ont une grande propriété d'ouvrir lesdits viscères et les délivrer d'obstructions, et ayant quelque admistion et meslange de rubrique, outre la faculté de desséscher qu'elle tire du fer, elle est encore davantage dessicative et astringente, propre à fortifier et roborer les voyes par lesquelles elle passe; par le moyen de la rubrique de laquelle le naturel est de desséscher et retreindre en desséchant, comme fait le bol, duquel ce terroir icy est si abondant, qu'il en fournit presque par toute la France par les colporteurs qui viennent s'en charger en nos carrières, et d'autres sortes de terres de diverses couleurs de non moindre efficacité que celles que l'on apporte du Levant, qui sont pour la pluspart sophistiquées et falsifiées.

Et par-dessus toutes ces vertus elle déterge, rafraischit médiocrement et oste toutes obstructions, ce qu'elle tient de quelque part de vitriol meslée avec le fer et la rubrique dont elle abonde.

Cela se cognoist tant par la distillation d'icelle qui la rend un peu aigrette et vineuse, que par la consomption qui s'en fait en la cuisant à perfection, en laquelle il se trouve comme une certaine poudre et terre rouge de goust aigret et acide, qui donne à cognoistre qu'outre la rouille du fer qui a la vertu du crocus martis, elle passe par une rubrique et par une mine de vitriol. Se cognoist aussi par l'odeur que rapporte le vitriol, par l'insolation, escume et ustion, qui sont espèces de coction, par lesquelles cela est tout manifeste.

Mais encore davantage par la résidence d'icelle en un vaisseau de verre au fond duquel vous remarquez quelque matière rougeâtre, une autre comme un peu visqueuse tirant du verd sur le jaulne pardessus ladite résidence rougeâtre, qui est le flegme aigret dudit vitriol impur et non séparé. Et outre si vous mettez de la poudre de noix de gale dedans icelle, incontinent elle se fait noire comme l'eau où aura été dissoult du vitriol, par-dessus lequel vous mettrez de la poudre de gale pour en faire de l'encre, et fait les excréments du ventre noirs.

Il peut encore avoir quelques portions de nitre et alun, mais en fort petite quantité, d'où s'augmente la vertu dessicative et astringente qu'elle a.

Et outre tout ce, on y remarque une certaine taye grasse surnageante en la superficie d'icelle de diverses couleurs meslées et représentant celles qui se voyent en l'arc-en-ciel, que quelques-uns pourroient rapporter au bitume, qui engendre une telle taye grasse; mais je pense que cela se doit plutost rapporter à quelque portion de soulfre, qui estant un peu gras comme il est, et se recognoist au toucher lorsqu'il est vif et non encore cuit, facile à concevoir le feu et la flamme à cause de sa matière grasse et onctueuse, estant allumé représente un feu de plusieurs couleurs meslées, semblables à celles qui paroissent en l'arc-en-ciel.

Tellement que lesdites eaux estant pour la plus grande part ferrugineuses, rapportent quant et quant la vertu de la rubrique, vitriol, nitre, alun et soulfre, par les veines et mines desquels minéraux elles passent.

Par conséquent elles sont propres à toutes les maladies auxquelles servent lesdits métaux et minéraux, spécialement à la subversion et foiblesse de l'estomac, provenant de cause froide et humidité; aux obstructions et intempérature chaude et sèche du foye, à la jaulnice, aux opilations et durettes de ratelle, à la mélancolie hypocondriaque, aux cakexies et pasles couleurs, à la pierre et colique néphrétique, à la colique bilieuse, aux ulcères de reins, à la difficulté d'urine, à l'hydropisie non confirmée, au flux des hémorrhoïdes, à la suppression d'iceluy, mesme à la scabie, gratelle, psore, ou mal Saint-Main; bref, à toutes maladies du ventre inférieur et autres externes, provenant de l'intempérature d'iceux, et abondance de flegme salé espandu au cuir tant prises par dedans, que par dehors par bains, lavements et irrigations, à quoi elles sont très-profitables.

Ce que nous a montré depuis vingt-cinq ans en ça l'expérience d'une infinité de personnes qui ont été guéries et soulagées de toutes lesdites maladies par l'usage desdites eaux, ayant rendu grande quantité de pierres et gravelle, et ayant esté remises au premier estat de leur santé par l'usage d'icelles.

Qui désirera apprendre plus amplement les facultés de nostre fontaine médicale, lise un discours que défunt maistre Jean Bernard, vivant docteur-médecin en nostre ville, fit imprimer en l'an 1585; et un autre de maistre Étienne Mercier, aussi docteur-médecin, imprimé en l'an 1613, et depuis en cette présente année 1619, duquel j'ai tiré la plupart de ce discours.

La ville des Aix, en latin *de Aiis*, *Aiæ* dans une charte de l'abbaye de Saint-Ambroise, de l'an 1012; *Haiæ*, dans une autre de la même abbaye, de l'an 1097, était autrefois renfermée de fossés et de murailles. Elle a été souvent ruinée par les guerres. Elle est distante de quatre lieues de Bourges et six de Sancerre, en territoire fertile, abondant en prairies, en terres grasses et pays de froment. Il y a un Hôtel-Dieu dans cette ville. La petite rivière de Colin passe près de la ville et arrose les prairies d'alentour. Tous les mardis, il y a un marché très-fréquenté. Il est fort difficile de rapporter l'origine et le nom de son premier fondateur, et de savoir si elle fut une des vingt villes que les Gaulois brûlèrent à la venue de César; car c'est une pure fable qui lui donne pour fondateur *Sulliacus*, fils d'Ajax, que Chaumeau fait aussi fondateur de la ville de Sullysur-Loire, à laquelle il donna son nom, et celui de son père à celle des Aix. Le mot de *aia* ou *haia* signifie forteresse ou château, ce que l'on peut confirmer par les capitulaires de Charles-le-Chauve, chap. 31. Ainsi, les Aix-d'Angilon signifie la forteresse de Gilon; ce qui fait présumer que c'est Gilon de Sully qui a bâti le château des Aix, aussi bien que celui de la Chapelle-d'Angilon, car il est certain que la châtellenie des Aix a toujours eu les mêmes seigneurs que les baronies de Sully et de la Chapelle.

La ville des Aix, département du Cher, est chef-lieu de canton; les communes qui en dépendent sont les Aix, chef-lieu; Aubinges, Brécy, Morogues, Parassy, Rians, Saint-Céols, Saint-Michel-de-Volangis, Saint-Germain-du-Puits, Sainte-Solange et Soulangis. Il y a, outre la justice de paix, un receveur d'enregistrement et deux notaires.

Depuis long-temps les hommes curieux de connaître les restes de l'antiquité parcouraient l'Europe pour dessiner les monuments qu'elle renferme, et la publication de leurs collections nombreuses réveillait et entretenait le goût, par la comparaison des ouvrages anciens avec les modernes. Mais les bons esprits ne se sont pas contentés de prononcer sur le mérite des œuvres de l'antiquité et des derniers temps : il ne leur a point suffi de juger la supériorité des unes ou des autres ; ils ont cherché à reconnaître le caractère particulier du peuple, des institutions, des individus qui leur ont donné naissance. C'est ainsi que l'étude des mœurs et l'étude des arts se prêtent des secours mutuels et éclairent les hommes. Aujourd'hui que l'observation de l'antiquité est devenue un besoin, non pour satisfaire notre curiosité, mais pour mieux comprendre les siècles écoulés, pourrions-nous ne pas applaudir aux travaux qui tendent à faire revivre en quelque sorte les faits, les institutions dont furent contemporains ces édifices, si intéressants par leur grand âge et par les souvenirs qu'ils nous retracent ?

Dans plusieurs parties de la France on a déjà donné connaissance au public des richesses que l'on possède en ce genre, et le public a secondé de tous ses moyens les auteurs de si utiles entreprises. Dans Bourges, riche de monuments anciens, on vient de publier plusieurs lithographies de l'église Saint-Étienne.

L'origine de cet édifice remonte, dit-on, au

deuxième siècle ; mais c'est seulement vers la fin du huitième que furent jetés les fondements de l'église actuellement existante, et plus de cinq cents ans s'écoulèrent avant qu'on y mît la dernière main. En effet, on retrouve dans cette basilique à la nef si vaste, aux colonnes si nombreuses, aux voûtes si élevées, à la construction si hardie, tous les genres d'architecture qui furent en usage depuis Charlemagne jusqu'à Philippe-le-Bel. Ainsi, le premier de ces monarques ayant pris goût en Italie aux formes lombardes, c'est à lui que nous devons les voûtes ogives et alongées, les faisceaux de colonnes élégantes qui les soutiennent, les flèches hardies qui décorent nos vieux monuments, tandis que, pour n'en citer qu'un seul exemple, les roses ou rosettes dont est orné le portique occidental de St.-Étienne, appartiennent au treizième siècle, époque où elles furent introduites pour la première fois dans nos temples.

La partie la plus ancienne de la cathédrale de Bourges, et qui rappelle l'enfance de l'architecture gothique parmi nous, est l'église souterraine. Elle servait jadis à célébrer certaines fêtes particulières où l'on se proposait de frapper les esprits par les ténèbres, le silence, le recueillement. La forme en est circulaire. Elle est placée sous le rond-point de de l'édifice, et les piliers qui en soutiennent la voûte forment la base d'un nombre égal de colonnes de l'église supérieure. On en jeta les fondements sous Charlemagne.

Ce fut seulement après la mort de ce prince que

se continuèrent, sous la servitude féodale, les édifices commencés auparavant sous la liberté religieuse. La puissance papale était près de son apogée, et chacun s'empressait de contribuer à des fondations pieuses.

Les travaux de l'église de Bourges surtout durent se poursuivre avec activité. Le roi Louis VII, qui y fut sacré, les papes Lucius III et Urbain III, qui sortirent de son sein à la fin du douzième siècle, répandirent sur elle leurs faveurs souveraines, et la dotèrent de nombreux priviléges.

Cependant, à l'imitation des rois et des papes, les grands voulurent à leur tour embellir la métropole des Aquitaines, et tandis que par leurs soins elle était décorée de vitraux en mosaïque représentant les prophètes, les saints, les apôtres, un homme dont la renommée croît chaque jour, qui sauva la monarchie et périt victime de l'avidité insatiable des courtisans, Jacques-Cœur, en fit bâtir la sacristie : l'architecture de ce petit édifice, qui tient à l'enceinte de l'église, se distingue principalement par la délicatesse des ornements que l'on y a prodigués. Ainsi fut fini ce temple gigantesque, non moins remarquable par le caractère imposant de son architecture que par son élévation.

Le frontispice surtout mérite de fixer l'attention. L'ensemble en est majestueux, les détails bien appropriés et faits avec goût. Cependant l'œil s'arrête désagréablement sur sa partie inférieure; elle est dépouillée de ses hautes et nombreuses statues qui remplissaient le vide de ses entre-colonnements, et les sculptures dont on avait orné les cintres des portiques sont entièrement mutilées. Ces dégats furent faits par les protestants, lorsqu'en 1562 ils demeurèrent maîtres de Bourges pendant plus de trois mois. Effet remarquable de la persécution!

Ce frontispice immense est couronné par deux tours d'inégale hauteur. Peu de personnes ignorent que l'énorme et lourde masse qui contreboute la tour du midi ne fut élevée que pour en empêcher la chute. On sait moins généralement peut-être pourquoi la tour du nord porte aussi le nom de *Tour de Beurre*. En 1506, on venait de la construire. A peine achevée, elle s'écroula, et il fallut la relever; mais probablement le trésor de Saint-Étienne était pauvre, et l'archevêque s'adressa au pape Pie III. Le pape, qui sans doute était pauvre aussi, ordonna aux chefs de famille du Berri de payer à la fabrique de la métropole cinq deniers chacun pour la reconstruction de la tour, et leur accorda, à cette condition, la permission de se nourrir en carême de lait et de *beurre*.

Tels étaient encore au commencement du seizième siècle les rapports qui existaient entre le peuple et le clergé : l'un vendait, l'autre achetait la rémission des péchés. Cependant la différence était grande entre le douzième et le seizième siècle. En effet, ce fut en 1183 que Henri de Sully, archevêque de Bourges, obtint du pape Urbain III, que, dans la cérémonie de son installation, il serait porté dans sa chaire pontificale, depuis l'abbaye de Saint-Sulpice jusqu'à la porte Jaune, par les neuf barons du

Berri, savoir : les nobles et puissants seigneurs de Mehun, de Saint-Palais, d'Aubigny, de Montfaucon, de Lignières, de La Châtre, de Chantelle, de Fontenai et de Bomiers; et ce fut en 1572 que l'archevêque Antoine Vialard exerça cette prérogative pour la dernière fois.

J'ai dans ma bibliothèque des heures à l'usage de Bourges, imprimées à Paris, par Guillaume Godard, libraire-juré, en très-beaux caractères gothiques rouges et noirs, ornées de magnifiques gravures et vignettes sur bois, précédées d'un almanach fait pour quinze ans, à les compter de 1541 jusqu'en 1555, également orné de douze autres très-jolies gravures sur bois au-dessus de chaque mois, qui représentent, outre le signe du zodiaque qui lui convient, un sujet curieux et relatif aux pratiques ou exercices de ce mois.

On lit au-dessous de chaque mois le quatrain ci-après sur les phases de la vie :

Janvier.

Les six premiers ans que vit l'homme au monde
Nous comparons à janvier droictement ;
Car, en ce mois, vertu ne force abonde,
Non plus que quand six ans a ung enfant.

Febvrier.

Les six d'après ressemblent à febvrier
En fin duquel commence le printemps ;

Car l'esprit se ouvre prest à enseigner,
Et doulx devient l'enfant quant a douze ans.

Mars.

Mars signifie les six ans ensuyvant
Que le temps change en produisant verdure;
En celui aage s'adonnent les enfants
A maintz esbatz sans soucy ne sans cure.

Avril.

Six ans prochains vingt-quatre en somme
Sont figurés par avril gracieux,
Et sous cet aage est gay et joli l'homme,
Plaisant aux dames, courtois et amoureux.

May.

Au mois de may, où tout est en vigueur,
Aultres six ans comparons par droicture
Qui trente sont; lors est l'homme en valeur,
En sa fleur, force et beauté de nature.

Juin.

En juin les biens commencent à meurir,
Aussi fait l'homme quant a trente-six ans.
Pour ce, en tel temps doit-il femme quérir,
Se lui vivant, veult pourvoir ses enfants.

Juillet.

Sage doit estre ou ne sera jamais,
L'homme quant il a quarante-deux ans;
Lors sa beauté décline désormais,
Comme en juillet toutes fleurs sont passants.

Aoust.

Les biens de terre commence on à cueillir
En aoust, aussi quant l'an quarante-huit
L'homme approche, il doit bien acquérir
Pour soutenir vieillesse qui le suit.

Septembre.

Avoir grands biens ne fault que l'homme cuide,
S'il ne les a à cinquante-quatre ans
Non plus que cil qui a sa grange vuide
En septembre; plus de l'an n'aura riens.

Octobre.

Au mois d'octobre figurant soixante ans,
Se l'homme est riche, cela est à bonne heure :
Des biens qu'il a nourrist femme et enfants;
Plus n'a besoin, qu'il travaille ou labeure.

Novembre.

Quant à soixante-six ans l'homme vient,
Représenté par le mois de novembre,
Vieux et caduc et maladif devient,
Lors de bien faire est temps qu'il se remembre.

Décembre.

L'an par décembre prend fin et se termine,
Aussi fait l'homme aux ans soixante-douze
Le plus souvent : car vieillesse le mine,
L'heure est venuë que pour partir se houze.

On lit encore à la fin de ces heures la vie en vers

de sainte Marguerite, vierge et martyre, avec son oraison.

―――◦◦◦―――

L'abbaye de Saint-Sulpice, de l'ordre de Saint-Benoît, fut fondée par le roi Clotaire II, dit le Grand, environ l'an 613, sous le nom de Notre-Dame de la Nave ou de la Nef. Ce célèbre monastère a été plusieurs fois ruiné et démoli de fond en comble : 1° par l'irruption des Normands, l'an 868, sous Charles I, qui ruinèrent la ville de Bourges, pillèrent et démolirent les églises et ledit monastère; ce qui avait été prédit devoir arriver après la mort de saint Jacques-l'Hermite, religieux mort en cette abbaye; 2° par les Anglois, l'an 1410, sous Charles VI. Ne pouvant prendre la ville, ils brûlèrent les faubourgs et l'abbaye de Saint-Sulpice, dont les religieux sauvèrent les reliques du saint, les ayant jetées avec la châsse dans un puits qu'ils comblèrent de terre. Elle fut rétablie par les religieux, qui rentrèrent le 7 mai 1612. Elle a été démolie de nouveau en 1801. On regrette la destruction du grand bâtiment qui donnait sur le jardin, dont il n'existe plus qu'une très-petite partie. Ce bâtiment, qui était beau, méritait d'être conservé; on l'aurait facilement utilisé.

On voyait la seconde destruction de cette abbaye sur une épitaphe, dans l'église, ainsi conçue :

Me quam Crudelis DextruXerat hæresis olim, 1410, sous Charles VI.

en MoDo pietas sublimis ConstruXIt In œvum.
1612, sous Louis XIII.

Voyez l'explication du chronogramme et de son calcul à l'article de la Sainte-Chapelle.

Charles, roi d'Aquitaine, second fils de Charles-le-Chauve et d'Ermentrude, qui mourut, près Buzançais, d'une blessure à la tête, le 29 septembre 866, fut inhumé en l'église de l'abbaye de Saint-Sulpice.

Extrait de l'histoire de Charles VII, attribuée à **Alain Chartier**, mais reconnue pour être de **Jacques Le Bouvier**, dit **Berry**, héraut d'armes de ce roi.

En l'an mil quatre cent soixante, environ le commencement du mois de juillet, fut semé certain langage par gens pleins de zizanie, et disoit-on qu'on vouloit empoisonner le roy estant à Mehun-sur-Yèvre ; de laquelle chose, après ce qu'il en fut informé, ficha tellement ledit empoisonnement en son cœur, qu'oncques puis n'eut joye ni santé. Mais pour ce qu'il en avoit été averti par un capitaine qui bien l'aimoit, y ajouta pleine foy, et se desconforta tellement qu'il en laissa le boire et le manger par l'espace de sept jours ou environ, qu'il ne s'osoit fier à homme de ses gens, ne prendre aucune réfection. Et jusques à ce que les physiciens lui dirent que s'il ne mangeoit, il estoit mort, pourquoi adonc se pena de manger; mais il ne pouvoit, car ses conduits estoient jà tous retraits. Et adonc depuis se confessa et ordonna comme bon catholique doit faire, et adonc voyant sa maladie engregier, et ses jours décliner, reçut bien et dévotement ses sacrements, et fit ses dernières ordonnances et legs, tels que bon lui sembla, et ordonna à ses exécuteurs qu'il vouloit estre sépulturé en l'église de Saint-Denis en France, en la chapelle où son père et son grand-père sont enterrés; et ainsi fina ses derniers jours le jour de la Magdeleine, en l'an et mois dessus dits, en la dessus dite ville de Mehun-sur-Yèvre.

Parmi les villes du Berri qui furent brûlées à l'arrivée de César, si l'on s'en rapporte toutefois à la tradition orale, à Chaumeau et à quelques autres écrivains du pays, on compte les Aix-d'Angillon, Lury, Issoudun, Vierzon, Concressault, qui n'est pas le *Concordiæ Saltus* de l'itinéraire d'Antonin, comme l'a fort bien remarqué La Thaumassière, auxquelles il faut peut-être ajouter le Vinoux et Espinis : toutes les autres sont absolument ignorées.

Il faut encore observer que les fortifications des Celtes différaient essentiellement de celles des Romains et des autres nations : 1° en ce que leurs murs de ville étaient presque tous, comme ceux de Bourges, à l'abri du feu et à l'épreuve du bélier, étant construits de poutres transversalement posées en forme d'échiquier, les interstices remplis de pierres, et le parement extérieur formé de gros rochers ; 2° ceux qui n'avaient pas de pièces de bois étaient composés de pierres énormes ; 3° ces murs étaient si peu élevés, que les femmes de Gergovia pouvaient, sans risques, se précipiter en bas, et qu'il fut facile, lors du siége de cette place par César, à Lucius Fabius, l'un des centurions de la huitième légion, de parvenir au haut, en se faisant soulever par trois de ses soldats ; or, on sait que les Romains n'étaient pas de haute stature, et il serait impossible de supposer à cette muraille plus de quatre mètres de hauteur ; 4° les Gaulois avaient coutume de se retrancher entre la ville assiégée et l'ennemi, ainsi qu'ils le pratiquèrent à Gergovia et à Alise, par un mur en pierres sèches d'environ deux mètres d'élévation, ce qui formait comme une seconde enceinte ; 5° enfin, les Gaulois connaissaient à peine les tours. Il en était autrement en Grèce, en Espagne, en Italie, ainsi que nous l'apprend Tite-Live, en parlant des siéges de Githées, de Vergium, des effets du tonnerre à Capoue et ailleurs. Celles que les Berruyers élevèrent sur les remparts de Bourges ne le furent qu'à l'imitation des Romains. Elles n'étaient que de bois, puisqu'ils les couvraient de cuirs pour les garantir du feu.

Voyez les Recherches sur l'ancienne ville de Néris, département de l'Allier, sur les ruines de plusieurs autres villes romaines de l'ancien Berri, etc., par J.-F. Baraillon ; Paris, Dentu, 1806.

Sancerre, chef-lieu de sous-préfecture du premier arrondissement. Cette ville est placée sur une montagne, au pied de laquelle est un vallon fertile baigné par la Loire. Quelques-uns prétendent qu'elle se nommait jadis *Sacrum Cereris*, parce que Cérès y était adorée; d'autres *Sacrum Cæsaris*, ou Oratoire de César. Jean de Léry, auteur de l'Histoire mémorable de la ville de Sancerre et contemporain de son siége, dit :

« Touchant l'antiquité de la ville de Sancerre, on ne lit point en auteur digne de foy qu'elle soit si ancienne qu'aucuns le veulent, encore moins qu'elle ait esté bastie par Jules César, et pour cette cause, comme ils disent, d'autant qu'il y faisoit ses sacrifices, appelée *Sacrum Cæsaris;* car on ne trouvera un seul mot de tout cela en ses commentaires. Il y a plus d'apparence de dire qu'elle ait esté bastie durant les guerres des Bourguignons; mais laissant disputer aux autres de son ancienneté, je m'arresteray seulement à descrire sa situation.

» Elle est assise au milieu et comme au centre du royaume de France, au pays et duché de Berry, sur une haute et roide montagne, et n'y peut-on arriver sans monter de toutes parts, tellement que le lieu et la place sont naturellement forts. L'endroict le plus accessible est entre le midy et occident tirant à Bourges. Elle est en ovale, voire presque ronde; à cause de quoy elle est bien peu flanquée par dehors : et n'y avoit mesme avant sa ruine que huit ou neuf tours à l'entour de la muraille, comprenant celles des portaux des portes de la ville.

» Elle a environ deux mille cinq cents pas de tour, et quatre portes presque vis-à-vis et opposites l'une de l'autre ; à savoir : Porte-Feuchard, appellée vulgairement Porte-César, du costé de septentrion, au plus haut, et Porte-Vieille au plus bas, devers le midy, qui est la longueur de la ville, qui est d'environ sept cents pas ; sa largeur, depuis Porte-St.-André, du costé d'occident, jusques à Porte-Oison, du costé d'orient, est d'environ cinq cent cinquante pas. Le chasteau est situé au plus hault et sommet de la montagne, entre Porte-César et Porte-Oison, servant en cet endroict de muraille à la ville, à laquelle il commande presque comme une citadelle. Il y a une autre montagne plus haulte, appellée l'Orme-au-Loup, si proche de la ville, qu'elle peut commander dedans. Elle est environnée de tous costés d'autres montagnettes et collines, lesquelles (comme aussi celle où est assise la ville) sont presque toutes plantées de vignes, où il croist des meilleurs vins de la France. La rivière de Loire passe à un quart de lieue du costé du levant : et y a un port sur le bord, appellé Saint-Thibaut, où y a dix ou douze maisons. Entre la montagne et ladite rivière, y a une petite campagne de prairies et terres labourables : et à un traict d'arc tirant à la ville, un beau grand bourg renfermé de murailles, appellé Saint-Satur, du nom de l'abbaye assez ancienne qui y est.

» Un peu plus hault et au pied du mont, est situé le village de Fontenay, ainsi appellé à cause des belles fontaines qui y sont, où les Sancerrois (combien qu'ils ayent plusieurs puits dans la ville) vont ordinairement quérir de l'eau, et laver les lessives. Menestréol, qui est un autre bourg en remontant de l'autre costé de la montagne, en est à un quart de lieue. Il y a plusieurs autres villages proche et à l'environ, comme Chavignol, Verdigny, Sury-en-Vaux, Bué, et autres lieux et places. »

Cette ville, suivant Duchesne, page 555, 1er vol. de ses Antiquités, fut prise par les Bourguignons sur les Orléanois pendant le siége de Bourges; et depuis, en 1568, elle fut assiégée par Martinengue, Entrague, La Châtre, gouverneurs de Gien, d'Orléans et de Bourges, parce qu'elle donnoit asile à plusieurs familles de la religion réformée. Elle soutint plusieurs assauts et servit de retraite aux réformés en 1572, après les massacres de Bourges, Orléans, etc.; ce qui fut cause qu'elle fut de nouveau investie.

Le 9 novembre de la même année, le château fut surpris par le frère du sieur de Fontaine, qui fut contraint d'en déloger vingt-quatre heures après, au moment où ledit Fontaine attendoit du renfort. Mais ayant été de nouveau assiégée en 1573, bloquée et réduite à l'extrémité, les habitants se virent forcés de composer avec le sieur de La Châtre, commandant pour Charles IX, et se retirèrent avec armes et bagages.

Cette ville fut le berceau de Thaumas de la Thaumassière, historien du Berry, et de Louis de Sancerre, ami et compagnon d'armes de Duguesclin.

Le vin forme à Sancerre la branche de commerce

la plus étendue, et ce commerce ouvre un débouché assuré aux forêts voisines pour le merrain, les échalas et les cercles. Ce vin se transporte au loin, dans le Berry, le Bourbonnois et le Nivernois; mais la plus grande partie passe à Paris, par la Loire et par le canal de Briare, qui est d'une utilité infinie pour le pays. Des habitants de Sancerre envoient leur vin jusques en Angleterre et en Écosse. Les meilleurs vins de Sancerre sont ceux de Fricambault, de Larrey, du Pavé, de Creux, vins moëlleux; du Thou, de Champbraste, des Roches, de Caillery, vins secs. Les villages de Chavignol et d'Amigny, paroisse de Sancerre, produisent, tant en rouge qu'en blanc, d'excellents vins d'une vivacité particulière. Les paroisses de Saint-Satur, de Verdigny, de Bué, de Crézancy, font aussi d'excellent vin rouge et blanc; le rouge de Saint-Satur est potable dès qu'il est fait; il est le plus vif du pays : défiez-vous-en, il porte à la tête. Celui de Chêne-Marchand et de Chamaran, le meilleur de Bué, est ferme et acquiert une qualité supérieure quand il est gardé. Les meilleurs vins blancs du pays sont ceux de la Perrière, de Verdigny, de l'Épée, de Bois-Raffin, de Bouffant, de Chasseigne, de Chavignol, paroisse de Sancerre, et ceux de Saint-Satur. Il seroit difficile de choisir entre les vins de ces différentes côtes. Cinquante pas de plus ou de moins suffisent, d'une vigne à une autre, pour y mettre de la différence. On préfère ceux de l'Épée et de la Perrière; le premier est ambré et plus doux, le second plus blanc et plus vif. On trouve encore de bons vins dans les vignobles de Ménétréol et de Sury-en-Vaux, qui approchent de la qualité dont on vient de parler.

La bonté du vin contribue bien à la santé et à la gaîté des habitans du Sancerrois. On n'éprouve presque jamais dans ce vignoble le ravage des maladies épidémiques ; on n'y voit point de poitrinaires ; la vivacité de l'air y est tempérée par les brouillards que les croupes de montagnes y arrêtent ; les gens y ont naturellement de l'esprit et une certaine gaillardise que l'on ne trouve pas communément ailleurs. Il n'y a pas jusques aux paysans qui ne soient pleins de bons mots et de saillies qui égayent. Les vignerons de Chavignol, surtout, se distinguent en ce genre. Dans ce pays, où l'on n'est pas ivrogne, malgré l'abondance et la bonté du vin, on oublie facilement ses peines ; on y est badin, peu sérieux, peu appliqué ; le petit peuple y est fou de la danse ; de ce caractère résulte peut-être qu'à peine y trouveroit-on, dans l'espace d'un siècle, une action de quelque atrocité.

L'an 1659, le sieur Catherinot, avocat du roi à Bourges, fit présent à La Thaumassière, l'auteur de l'Histoire de Berry, d'une pièce de monnoie de Sancerre, de laquelle Duchesne fait mention. Cette pièce de monnoie étoit de Guillaume de Champagne, cardinal du titre de Sainte-Sabine, dit le cardinal *aux blanches mains*, archevêque de Rheims, et tuteur de Guillaume, comte de Sancerre, son neveu. Elle présentoit, d'un côté, une croix et ces mots *Sacrum Esari* ; et de l'autre un visage avec un bonnet carré et une étoile à côté, et autour les lettres VVL. C. T. T. Sce. S. A. R., qui signifient *Willelmus, cardinalis, tituli Sanctæ-Sabinæ, archiepiscopus Rhemensis*. Le comte Étienne fut le premier qui fit battre monnoie à Sancerre, sous le règne de Philippe-Auguste; Ducange en rapporte la figure. Elle présentoit d'un côté une croix et ces mots autour : *Sacrum Cæsaris*, et de l'autre une tête couronnée avec ces mots autour : *Julius Cæsar*; c'étoit une maille à trois deniers seize grains argent du roi, vingt-deux grains le poids, à raison de deux cent six pièces au marc. Cette monnoie avait cours dans tout le comté de Sancerre.

Sancerre porte d'azur à la herse d'or liée de gueules.

Voyez Poupard, autre historien de Sancerre, chap. 9, page 38, liv. I.

En tête de l'histoire mémorable de la ville de Sancerre, par Jean de Léry, imprimée en 1573, sans nom de lieu ni d'imprimeur, se trouve le sonnet ci-après :

SONET.

> Qui voudra voir une histoire tragique,
> Ne lise point tant de livres divers
> Grecs et latins, semez par l'Univers,
> Monstrans l'horreur d'Amérique et d'Afrique;

> Qu'il jette l'œil sur Sancerre l'Antique :
> Il y verra des ennemis pervers,
> Canons, assaux, coups à tort, à travers,
> Et tous efforts de la guerrière pique;

> Combat terrible et plus cruelle faim,

Où de l'enfant la chair servit de pain.
O ciel! ô terre! ô grand Dieu! quel outrage!

Qu'en moins d'un an un seul lieu fasse voir
Plus de pitiez que ce que peut avoir
Tout l'univers de hideux en partage!

En 927, Raoul-le-Large, fils d'Ebbes de Déols, abandonne aux religieux de Déols le bourg et seigneurie de ce nom, et se retire au château qu'il fit bâtir dans le voisinage, et qui fut appelé de son nom *Château-Raoul*. Les constructions qui, depuis ce temps, furent successivement faites aux alentours de ce château, sont l'origine de Châteauroux.

Déols est une petite ville sur la rivière d'Indre, à demi-quart de lieue de Châteauroux, dont on attribue la fondation à Léocade, sénateur romain. Elle était la capitale du Bas-Berri et de la seigneurie déoloise, où les princes faisaient leur séjour ordinaire, en l'ancien château que le même Léocade, chef et auteur de leur illustre maison, avait bâti, jusqu'à ce que Raoul-le-Large l'eût abandonné aux religieux de l'abbaye de Déols, qu'Ebbes-le-Noble, son père, avait fondée.

Il y avait autrefois, en cette ville, trois églises paroissiales : Saint-Étienne, que l'on estime avoir été construite par Léocade, à la prière de saint Ursin, où sont encore à présent les tombeaux de ce prince et de saint Ludre, son fils, dans deux petites voûtes attachées à l'église, dont celle où est le tombeau de saint Ludre subsiste encore tout entière; l'église de Sainte-Marie, dont il ne reste que les ruines; et celle de Saint-Germain, maintenant la paroisse générale de la ville, auprès de laquelle était autrefois cette belle et célèbre abbaye, que l'on qualifiait à bon droit l'honneur de la province de Berri, la mamelle de Saint-Pierre, qui est présentement tout-à-fait démolie, et dont il ne reste, aussi bien que de son temple magnifique, que de superbes ruines; la beauté desquelles fait connaître quelle était la magnificence de ces bâtiments, qui sont des marques honorables de la piété et de la puissance de ces anciens princes.

La ville de Châteauroux est assise sur la rivière d'Indre, à demi-quart de lieue de Déols, à sept lieues d'Issoudun du côté d'occident, à quinze de Bourges, à huit de La Châtre, et à douze du Blanc en Berri, en pays gras et fertile, abondant en prairies et en bois. La seule forêt qui dépendait de l'ancien domaine du seigneur, contient sept lieues de tour et deux de large. A l'un des bouts de la ville est un château assis sur une haute motte, regardant le Blaisois, la Touraine, le Limousin et le Berri, au bas de laquelle coule la rivière, le long d'une belle et grande prairie du côté de Blois. A un trait d'arc de distance du château, il y en a un autre appelé le Parc, de très-peu d'importance.

Le pot-aux-roses était un droit féodal bizarre, qui existait à Châteauroux encore au moment de la révolution. La dernière veuve remariée de la rue d'Indre devait se présenter chaque année, le mardi de la Pentecôte, en grande pompe, à la porte du château, ayant sur sa tête un pot garni de roses et orné de rubans. Le seigneur du château, ou son représentant, brisait avec cérémonie le pot, tandis qu'il était sur la tête même de la veuve ; ce droit était le prix de l'abandon fait aux habitants de la rue d'Indre de la dîme que le seigneur percevait sur la prairie où la rue avait été bâtie.

Voyez la France pittoresque, *département de l'Indre.*

La ville d'Argenton, appelée *Argantomagum* dans l'itinéraire d'Antonin, chez Adon et chez le continuateur d'Aimoin, liv. IV, ch. 67, et *Argentonum,* par Frédegaire, est des plus anciennes de la province de Berri. Elle fut assiégée et prise par Jules César, si nous en croyons la tradition du pays, qui est assurément trompeuse, puisque ce docte capitaine, qui a été si soigneux de conserver la mémoire de ses faits héroïques, n'en fait aucune mention dans ses Commentaires. Quoiqu'il en soit, une ancienne chronique fait foi que, l'an 762, après que Pepin eût réduit sous sa puissance la ville de Bourges, il fit construire et rétablir de nouveau le château d'Argenton, assis en la province de Berri, et en commit la garde à Remistanus, oncle de Waifre, dont il avait abandonné le parti pour suivre la fortune du victorieux Pepin, qui le reçut favorablement, l'honora de grands présents, et lui accorda une grande partie du Berri, jusqu'à la rivière du Cher ; mais, nonobstant la fidélité qu'il avait jurée à Pepin et les faveurs qu'il en avait reçues, il quitta son parti, reprit celui de son neveu, et ayant été pris par les troupes de Pepin, il fut pendu pour punition de sa perfidie.

Cette ville est assise sur les fins et limites de Berri vers le Poitou, en un pays assez agréable et rempli de tout ce qui est nécessaire à la vie de l'homme. Elle est séparée en deux par la rivière de Creuse. La ville haute est renfermée par quatre portes, dont l'une lui donne communication avec la ville basse, dont elle est séparée par la rivière, sur laquelle il y a un beau pont récemment terminé. Dans la haute ville est le lieu où se tient le marché, les mercredi et samedi de chaque semaine, l'auditoire où se rend la justice, la chapelle de Saint-Benoît, le collége pour les petites écoles, et une tour servant de prison, dont les fondements sont en partie dans le lit de la rivière de Creuse. Au-dessus de la haute ville, était autrefois un fort château accompagné de plusieurs fortes et hautes tours, dans lequel il y avait une chapelle. Ce château fut démoli pendant les guerres du duc d'Orléans. Il y a encore deux belles et claires fontaines qui sortent du roc. « Il y a appa-
» rence, dit La Thaumassière, que, comme l'a re-
» marqué Chaumeau, la ville d'Argenton étoit an-
» ciennement située dans les vignes appelées les
» Mursins, dans lesquelles on trouve plusieurs ves-
» tiges, fondements et marques de bâtiments, des
» colonnes et des pierres taillées, des tombeaux,
» et des médailles romaines de plusieurs métaux. »

La ville d'Aigurande est assise à l'extrémité du Berri, sur les confins de la Marche, à quatre lieues de La Châtre, du côté du midi et près de la rivière de Creuse. On y voit encore les restes d'un ancien château ruiné. Son territoire est plus propre pour la nourriture du gros bétail que pour les blés ; néanmoins il est assez fertile en seigle et menus grains.

La ville d'Issoudun est appelée, dans les anciens titres latins *Uxellodunum*, et dans d'autres, *Exoldunium*, *Exoldunum*, *Yssoldunum*, et parfois *Soldunum*, comme l'on peut voir en plusieurs chartes et titres anciens. Un historien anglais l'appelle *Ysodunum*; Rigord, *Eisoldunum*; *Exilidunum*, dans le Martyrologe de Saint-Laurent de Bourges ; *Exoldunum*, dans Roger de Hoveden : ce qui réfute suffisamment l'opinion de ceux qui tirent l'étymologie d'Yssoudun de la lettre grecque *ypsilon*, ou des mots *Ys-sous-Dun*, parce que la ville qu'ils appellent *Ys*, était sous un château qu'ils nomment *Dun*; aussi bien que de ceux qui estiment qu'elle a tiré son nom des Silodins, qu'ils disent avoir été autrefois en Gaule hommes très-prudents et sages, ou du nom propre du romain *Auxilius*, que d'autres lui donnent. Cette ville est distante de sept à huit lieues de Bourges, en pays plat et découvert, abondant en toutes sortes de grains, et très-propre à la nourriture du menu bétail, dont il se fait un trafic très-considérable. La ville est divisée en deux parties. Le Château est comme la haute ville et quasi comme une autre ville, séparée de murailles, tours et fossés. La ville d'Issoudun a souffert, comme bien d'autres, divers accidents et disgrâces. Elle a été prise par les Anglais, qui l'ont tenue jusqu'au traité fait entre le roi Philippe-Auguste et Jean, roi d'Angleterre, l'an 1200. Elle fut encore assiégée par les Anglais, qui, ne l'ayant pu réduire en leur puissance, brûlèrent les faubourgs et ruinèrent l'église de Saint-Patier, jadis une église de Bernardins.

Le château et l'abbaye d'Issoudun furent brûlés en l'an 1135, comme rapporte la chronique de Vierzon. Le dimanche 7 juillet 1504, la même ville fut encore affligée d'un horrible incendie, qui consuma plus de cinq à six cents maisons : il y eut plus de soixante personnes brûlées. L'incendie dura depuis sept heures du soir jusqu'à deux heures du matin; ce qui empêcha d'y remédier promptement, ce fut une fausse alarme donnée aux habitants, qui, croyant que l'on voulait surprendre leur ville, abandonnèrent femmes et enfants à l'incendie pour sauver leurs murailles. Il a été tenu, en 1081 et 1082, deux conciles, dont parle Yves de Chartres en ses Épîtres 101, 267 et 268, et la Chronique d'Auxerre, sous l'an 1324. L'Hôtel-Dieu est un des principaux ornements de la ville, et a été établi pour le soulagement des pauvres malades, par les aumônes des habitants et la libéralité de leurs anciens seigneurs. La ville d'Issoudun est en ce moment la seconde du département de l'Indre, qui, avec celui du Cher et parties des départements de l'Allier et du Loiret, formait l'ancienne province du Berri.

Voyez La Thaumassière.

La ville d'Issoudun a donné naissance à François

Habert, poëte. Il fut secrétaire de M. de Nevers, et mourut après, l'an 1561 ; son poëme des Trois Déesses, 1546, in-16, est ce qu'il a fait de mieux.

Voyez le Dictionnaire de Ladvocat.

Elle a vu naître également, en 1732, Pierre-Joseph Luneau de Boisgermain, instituteur zélé et littérateur, qui s'est distingué particulièrement par ses cours sur les langues italienne et latine; ils eurent beaucoup de succès dans leur nouveauté : celui de la langue latine, devenu rare, est encore très-recherché. Luneau est auteur de quantité d'autres ouvrages.

———

La ville de Dun-le-Roi s'appelait autrefois le Château-de-Dun, *Castrum Duni*, qui avait ses seigneurs particuliers qui en portaient le nom. Je trouve par la charte de Geoffroi, vicomte de Bourges, de l'an 1011, que Arnoul était seigneur de Dun ; il fut vraisemblablement père d'Arnoul-le-Tort, seigneur de Dun, et de Thomas de Dun, dont fait mention la charte d'Humbaud et Gillon de Seuly, de l'an 1064. Arnoul-le-Tort épousa Calverone, de laquelle il eut Humbaud, seigneur de Dun, qui, comme je l'estime, fut père d'Eudes-Arpin, seigneur de Dun, vicomte de Bourges, qui vendit l'une et l'autre ville au roi Philippe I, qui les réunit à son domaine. Cette ville est située sur les frontières du Bourbonnais. Le mot de *dun* signifie un fort élevé de terre, ou un château; ce nom est commun à plusieurs villes. Celle-ci, autrefois renommée, était mise, suivant Gaguin, au rang des plus célèbres de l'Aquitaine.

Voyez La Thaumassière.

Du temps de Charles VII, les Anglais brûlèrent les faubourgs, et l'an 1521, la veille de Pâques, cinq cents aventuriers pillèrent la ville. Cette ville est, dans le département, chef-lieu de canton dont dépendent treize communes. Ce sont : Dun-le-Roi, Bussy, Chalivoy-Milon, Cogny, Contres, Cuzay, Lantan, Osmery, Parnay, Raimond, Saint-Denis-de-Palin, Saint-Germain-des-Bois et Verneuil. Dun-le-Roi est situé à six lieues sud-est de Bourges.

Voyez l'Histoire du Berry de La Thaumassière.

La ville de Mehun est assise sur la rivière d'Evre ou d'Yèvre, à quatre lieues de Bourges, en pays très-fertile et abondant en toutes sortes de blés. Le roi Charles VII se plaisait fort en cette ville, où il a fait très-long séjour et est décédé. Il fit bâtir un superbe château au lieu le plus éminent, sur un rocher environné de toutes parts de marais et de la rivière, excepté du côté qu'il tient à la ville, qui a été ruiné par le feu du ciel. On n'en voit à présent que les ruines, par la beauté desquelles on peut conjecturer quel était tout l'édifice. Chaumeau et Ragueau remarquent que le moine Aimoin appelle Mehun *Castrum mediolanense quod nunc Magdunum dicitur, quod significat Castrum Mathildis;* ce que dit aussi Paul-Émile, en la vie de Philippe-de-Valois. Grégoire de Tours l'appelle *Maglodense Castrum.*

Long-temps avant que Mehun appartînt à Mahaut, il s'appelait *Magdunum;* et les seigneurs *de Magduno, Stephanus de Magduno, Tedo de Magduno;* ce qui fait voir que son véritable nom est *Magdunum*, et non pas *Mediolanum*, ni *Mathildis Dunum;* et la raison pour laquelle Chaumeau dit qu'on l'appelle *Mediolanum*, à cause que la laine en cette contrée n'est pas si fine que dans les autres lieux du Berri, est une pure imagination destituée de tout fondement.

Voyez La Thaumassière.

Mehun est actuellement chef-lieu de canton du département du Cher. Dix communes, qui toutes faisaient partie de l'ancienne province de Berri, composent ce canton; ces communes sont: Mehun, Allouis, Bouy, La Chapelle-Saint-Ursin, Foëcy, Marmagne, Saint-Doulchard, Saint-Laurent, Sainte-Thorette et Berry.

La route de Bourges à Vierzon passe à Mehun.

La ville de Vierzon est assise en beau et agréable pays, fertile en blés et en vins, aux bords des rivières d'Yèvre et de Cher, qui s'assemblent un peu au-dessus d'un pont de pierre. L'aspect est borné de divers coteaux, dont le penchant, du côté du septentrion, est couvert de vignes et de bois, de jardins et de vergers, et dans un air subtil. C'est l'une des plus jolies villes de la province, qui a dans son voisinage toutes les choses nécessaires aux commodités de la vie, de manière que ce n'est pas sans raison que, sur l'une de ses portes et en l'une des vitres de l'église, se trouve cette inscription :

Pl. 5.

3 La Tour des Princes.   8 La Chambre d'Agnès.   13 Porte d'entrée.
4 Le Pont levis.   9 L'Infirmerie de la maison.
5 La Tour d'observatoire. 10 La Sépulture du Château.

CHÂTEAU DE MEHUN.

*Virzio villa virens, aliundè pauca requirens,
Silvis ornata, vineis, pratis decorata.*

Guillaume-le-Breton, précepteur de Charlot, fils naturel du roi Philippe-Auguste, a écrit l'histoire de Vierzon en vers.

Quelques-uns tiennent que la ville de Vierzon est le *Brivodurum*, dont parle l'Itinéraire d'Antonin, et qu'elle était ainsi nommée de *Briva* qui signifie *pont* en langage gaulois, et d'*Evra*, qui est la rivière d'Èvre, qui passe sous le pont de la ville. Le mot *Briva* est commun à plusieurs autres villes : *Briva Isaræ*, Pontoise ; *Briva Cursæ*, Brive en Limousin ; Sidonius appelle Brioude en Auvergne *Briva*, comme aussi *Samara Briva, quasi Samaræ Pons*. Et ils prétendent que de *Briva Esvron* est venu Vierzon par corruption, en changeant la lettre B en V.

M. de La Thaumassière, de l'histoire duquel est tiré cet article, ajoute : « J'apprends de M. Gaucher, mon ami, homme curieux et savant dans les antiquités de la province, et qui m'a fourni plusieurs chartes pour cette ville, que c'étoit l'opinion de M. Pétau, très-docte conseiller de la cour. » D'autres tirent le mot de Vierzon de celui de *Versio* ou *Eversio*, à cause des fréquentes ruines de cette ville ; c'était le sentiment de M. Le Bègue. Quoiqu'il en soit, il est très-certain que depuis plus de neuf cents ans cette ville a toujours été appelée en latin *Virzo, Virzio, Virisio, Virzonum*. La ville de Vierzon a souffert réellement plusieurs pertes et dégats ; car, sans parler de l'ancienne tradition qui veut qu'elle fut brûlée par les Gaulois à la venue de César, pour incommoder son armée, la chronique de Vierzon assure que le château fut incendié l'an 1067. En l'an 1196, Richard, roi d'Angleterre, fit appeler en sa cour Guillaume I du nom, seigneur de Vierzon, pour chose dont la connaissance appartenait au roi de France, à la justice duquel ce seigneur eut recours. En haine de ce, Richard courut et pilla toutes ses terres, prit par trahison la ville et le château de Vierzon, et nonobstant la parole qu'il avait donnée de n'y méfaire en aucune manière, il pilla les habitants, ruina et abattit la ville et le château. C'est ce que confirment Nicole Gille, Rigord et Sigebert en sa chronique, comme aussi celle de l'abbaye de Vierzon, et du Tillet, et plus élégamment que tous les autres, le poète Guillaume-le-Breton. Ayant été rebâtie, elle fut de nouveau prise et pillée par le prince de Galles, l'an 1356, qui en même temps courut les pays d'Auvergne, Bourbonnais et Berri, brûla les faubourgs des villes de Bourges et d'Issoudun, comme témoignent Froissart et Nicole Gille; et les Anglais demeurèrent maîtres de Vierzon jusqu'en l'an 1370, qu'elle fut reprise sur eux à la fin d'octobre, par le connétable du Guesclin, qui, en même temps, les chassa de la ville de Reuilly qu'ils tenaient.

La ville de Levroux est très-ancienne, si l'on en croit la légende de Saint-Silvain; elle s'appelait *Ga-*

batum, et fut appelée *Levroux,* à l'occasion d'un prétendu miracle par lequel le seigneur de l'endroit fut guéri de la lèpre; et en mémoire de ce miracle, le peuple changea le nom de la ville et l'appela Levroux, *Leprosum quasi Locus Leprosi.*

Cette ville a été long-temps habitée par les Romains, ce qui se vérifie par les marques et les vestiges qu'ils y ont laissés, comme par la place des Arênes, et l'amphithéâtre qu'ils y avaient bâti. On a trouvé dans les ruines des médailles et des monnaies romaines, et, entre autres choses, une lame de cuivre sur laquelle se lisaient ces mots : *Flavia Cuba Firmiani Filia Colosso Deo Hoc Signum Fecit Augusto*, en belles lettres romaines, ce qui démontre le séjour que les Romains y ont fait autrefois. D'autres pensent que Levroux a été bâti par Raoul de Déols, fondateur de Châteauroux, et qu'il s'appelle en latin *Loco-Radulphum* ou *Locum-Radulphi*, Leu-Raoul, et par corruption Levroux, comme Château-Raoul, Châteauroux. Cette opinion, qui n'a point prévalu, a paru contraire aux anciens titres, chartes et auteurs, qui appellent toujours cette ville *Leprosum* ou *Lebrosum*.

Le château de Levroux fut assiégé et pris par le roi Philippe-Auguste, l'an 1188, pendant les guerres de France et d'Angleterre. Durant le siége, il arriva une chose assez remarquable ; il y avait un torrent devant le château, où il y avait ordinairement abondance d'eau, et qui pour lors était à sec, à cause des excessives chaleurs, de manière que l'armée était grandement incommodée faute d'eau. Alors, contre l'attente de tout le monde, il survint une telle abondance d'eau, que les chevaux en avaient jusqu'aux sangles. Par ce moyen, l'armée eut de quoi apaiser sa soif et abreuver les chevaux.

La ville de Saint-Amand. Treize communes, toutes dépendant de l'ancien Berri, composent ce canton. Ces communes sont : Saint-Amand, Bouzais, La Celle-Bruère, Colombiers, Drevant, Farges, Alichamps, Lagroute, Nozières, Marçais, Meillant, Orcenais et Orval.

Saint-Amand, chef-lieu d'arrondissement et de canton, est une très-jolie ville située sur le Cher, à dix lieues sud-est de Bourges. Godin des Odonais a pris naissance dans cette ville, où il est mort au commencement de la Révolution.

Antoine-Eugène Gaulmier, poète, est également né à Saint-Amand, en 1795; il est mort à Bourges, le 25 septembre 1829. Ce que nous avons de lui indique le rang distingué qu'il aurait pris parmi les poètes et les littérateurs de la France.

Voyez la Notice sur sa vie, en tête de ses OEuvres posthumes, imprimées à Paris, en 1830, en 3 vol. in-18.

St.-Amand était autrefois un simple emplacement où se tenaient les foires d'Orval; mais, en 1410, le château de Mont-Rond et Orval, qui était un gros bourg, ayant été assiégés par les Anglais, Orval fut pris et brûlé. Le connétable d'Albret fit construire sur la place de foire des baraques où se retirèrent les habitants d'Orval; bientôt ces baraques se convertirent en maisons; la population augmenta, et en 1434 Saint-Amand fut clos de murailles. On voit près de Saint-Amand les ruines du château de Mont-Rond. Ce château, qui passait autrefois pour une des places les plus fortes du royaume, avait été primitivement fortifié par le duc de Sully, pendant les troubles qui agitèrent le royaume en 1650, 51 et 52; il était occupé par les partisans des princes armés contre l'autorité royale : il se rendit, en 1652, au comte de Palluau, et fut démoli. Le Cher traverse, en tirant du sud à l'ouest, l'extrémité sud-ouest de ce canton, qui est en outre arrosé par la Marmande, le Chignon et plusieurs autres petites rivières. La route de Bourges à Montluçon passe à Saint-Amand, et traverse une partie de ce canton. Les produits de ce pays sont en général les céréales de toute espèce. Dans Meillant et quelques autres communes on récolte une assez grande quantité de châtaignes. St.-Amand, Drevant, La Celle-Bruère et Orval renferment un vignoble assez étendu, qui produit un vin léger, froid, faible, et qui n'est pas, dit-on, susceptible de se garder plus de quatre à cinq ans. Il existe dans la commune de La Celle des carrières de pierres qui résistent parfaitement à la gelée : on en fait des dalles, des carreaux et des réservoirs. On a découvert, il y a quelques années, à Meillant, une carrière de plâtre que l'on commence à exploiter. On compte dans le canton deux fourneaux, treize moulins à blé mus par l'eau, un moulin à foulon, sept tuileries et une brasserie.

Le canton de Châteauneuf, qui faisait entièrement partie de l'ancienne province du Berri, se compose de treize communes, qui sont : Châteauneuf, Alichamps, Chambon, Serruelles, Chavannes, Crezançay, Saint-Loup, Saint-Symphorien, Saint-Julien, Vallenay, Venesme, Corquoy et Uzay-le-Venon. Le chef-lieu, Châteauneuf, à six lieues de Bourges et de Saint-Amand, est un gros bourg situé sur le Cher et traversé par la route de La Châtre à Bourges. Ce canton renferme beaucoup de bois, dont la plus grande partie est exploitée pour l'usage des usines qui sont dans le voisinage, notamment par la forge et le fourneau de Bigny, situés dans la commune de Vallenay.

Le canton de Nérondes est composé de treize communes, qui faisaient partie de l'ancienne province du Berri; ces communes sont : Nérondes, Ignol, Tendron, Ourouer, Croisy, Flavigny, Menetou-Couture, Cornusse, Blet, Charly, Mornay, St.-Hilaire-de-Gondilly et Lugny. Le chef-lieu est à sept lieues de Bourges et dix de Saint-Amand.

Le canton de La Guerche est à l'extrémité du département; il comprend neuf communes, qui sont : La Guerche, Patinges, Germigny, La Chapelle-Hugon, Le Chautay, Cuffy, Saint-Germain-sur-Aubois, Cours-les-Barres, Apremont et Dampierre-sur-l'Aubois. Il existe dans ce canton cinq fourneaux; savoir : celui de Grossouvre, commune de La Chapelle-Hugon; ceux de La Guerche, celui du Chautay et celui de Torteron, commune de Patinges; et treize moulins. La Guerche, chef-lieu de canton, est à dix lieues de Bourges et douze de St.-Amand.

Le canton de Sancoins se compose de dix communes, qui toutes faisaient partie de l'ancien Berri; ces communes sont : Sancoins, Givardon, Jouy, Augy-sur-Aubois, Sagonne, Neuilly, Saint-Agnan, Mornay-sur-Allier, Neuvy-le-Barrois et Vereaux. Sancoins, chef-lieu, est à douze lieues de Bourges et dix de Saint-Amand.

Le canton de Charenton se compose de onze communes, qui sont : Charenton, Arpheuille, Bannegon, Bessais, Changy, Chaumont, Coust, Meslon, St.-Pierre-des-Étieux, Thaumiers et Vernais. Toutes ces communes faisaient partie de l'ancienne province du Bourbonnais, mais dépendaient de la généralité de Bourges. Charenton, chef-lieu, est à deux lieues de Saint-Amand et dix de Bourges. Il y a deux forges dans ce canton, celle de Charenton et celle de Boutillon. Il sort annuellement de ces usines 800,000 livres de fer qui se conduisent par voiture, partie à Montluçon, partie au port du Veurdre, situé sur l'Allier. Outre ces usines, il existe dans ce canton vingt-trois moulins à blé et un moulin à foulon.

Le canton de Saulzais-le-Potier se compose de douze communes, qui toutes faisaient partie de l'ancien Berri; ces communes sont : Saulzais-le-Potier, Ainay-le-Vieil, Arcomps, La Perche-Urçay, La Celette, Épineuil, Faverdines, Loye, Saint-Georges-de-Poisieux, Saint-Vitte, Soye-l'Église et Vesdun.

Saulzais-le-Potier, chef-lieu, est à treize lieues de Bourges et trois lieues de Saint-Amand.

Le canton de Châteaumeillant, à sept lieues de Saint-Amand et dix-sept lieues de Bourges, est situé à l'extrémité méridionale du département; au sud, il est borné par le département de l'Indre; à l'ouest, par celui de la Creuse, et, à l'est, par celui de l'Allier. Il comprend onze communes : Châteaumeillant, petite ville, dont on attribue la fondation aux Romains; Culan, autre petite ville assise sur la crête et le penchant d'une montagne, où l'on remarque les ruines d'un vieux château, que l'on croit appartenir au douzième siècle; Beddes, Saint-Janvrin, Reigny, Préveranges, Saint-Priest, St.-Maur, Sidiailles, Saint-Saturnin et St.-Christophe. Toutes ces communes faisaient partie de l'ancien Berri. Le territoire de ce canton, généralement montueux, est arrosé par l'Arnon.

Le canton du Châtelet, situé à l'extrémité ouest du département, joûte le département de la Creuse. Il se compose de huit communes, qui sont: Le Châtelet, Morlac, Ids-Saint-Roch, Rezay, Saint-Pierre-les-Bois, Ardenais, Maisonnais et Montgenoux. Ces communes faisaient partie de l'ancien Berri. La ville du Châtelet est à onze lieues de Bourges et cinq de Saint-Amand. On remarque, sur une hauteur qui domine le Châtelet, les vestiges d'un ancien château dont on fait remonter la construction au douzième siècle. Ce canton n'est traversé que par des chemins vicinaux; il est arrosé par les petites rivières de l'Arnon, du Portefeuille et de la Simaise.

Le canton de Lignières, situé à l'extrémité du département, renferme onze communes, qui sont : Lignières, Mont-Louis, Saint-Baudel, St.-Hilaire-en-Lignières, Touchai, Villecelin, La Celle, Chezal-Benoît, Condé, Dampierre et Ineuil. Lignières est une petite ville située dans un vallon riant et fertile, à dix lieues de Bourges et cinq de St.-Amand. Cette ville était entourée autrefois de murailles et de fossés, et était une des plus fortes du Berri; elle a servi plusieurs fois de refuge aux familles de Charles VI et de Charles VII, surtout lorsque ce dernier, réduit à la seule province du Berri, voyait le reste du royaume au pouvoir des Anglais. C'est à Lignières que fut élevée Jeanne de France, épouse de Louis XII et fille de Louis XI. Dans les guerres de religion, en 1561, la ville de Lignières fut pillée et brûlée. En 1569, les Calvinistes égorgèrent une partie des habitants. Dans la commune d'Ineuil, on remarque l'étang de Villiers, qui a environ sept lieues de tour. La commune de Saint-Baudel possède l'usine de Forge-Neuve, composée d'un fourneau, deux forges et une fenderie.

On lit dans les œuvres de Clément Marot l'épitaphe des Allemans de Bourges : c'est la vingt-quatrième de ses épitaphes.

Des Allemans de Bourges, récité par la déesse Mémoire.

Qui veult sçavoir grans accords différens,
Les plus nouveaulx qu'on veit entre parens
Long-temps y a, vienne en cest oratoire,
Des Allemans[1] lire la courte histoire.
Mémo're suis, qui, avecques leurs corps,
Ne veulx souffrir enterrer leurs accords :
Ains d'en écrire il me prend appétit.
Jehan Lallemant, et Marie Petit,
Deux autres Jehans en mariage acquirent
Qui en commun en un logis vesquirent :
Et ces deux Jehans deux Janes espousèrent,
Qui dix enfans sur la terre posèrent :
Jane Gaillard espousa Jehan l'aisné,
Une autre Jane eust l'autre Jehan puisné,
Laquelle avoit le surnom de Champanges.
Ainsi en noms conformes et estranges
Furent tous cinq en amytié conflictz.
Et qui plus est, le bon père et ses filz,
Comme de noms, d'étatz furent esgaulx,
Estans tous trois receveurs généraulx.

Le père au faict des Normands travailla :
Puis cette charge au filz aisné bailla ;

[1] L'illustre maison des Allemans, de Touraine, a vu sortir de son sein plusieurs hommes distingués au seizième siècle.

Et le puisné receut charge semblable
En Languedoc. O peuple vénérable!
Les corps humains que j'ai cy déclarez
De mesme estat, et mesme honneur parez,
De mesme nom, de mesme nourriture,
Sont enterrez soubz mesme sépulture.
Faictes à Dieu de bon cœur oraison,
Qu'au ciel leur doint une mesme maison.

On lit dans La Thaumassière, page 1078 et suivantes, que la famille des Allemans a possédé en Berry les fiefs et seigneuries de Marmagne, du Perreau, de Vouzay, Pierrelé, les Moulins-Bâtards, Bury, La Chas, et a bâti le château du Perreau et la belle maison de la ville de Bourges, appelée la Maison des Allemans.

Porte de gueules au chevron d'or, accompagné de trois roses d'argent.

La généalogie de cette famille, qui a formé deux branches, est décrite par La Thaumassière.

Jean Allemant le jeune, sieur de Marmagne, Vouzay, Pierrelé, Chezeau-Brethon et du Préau, receveur-général en Languedoc, chevalier de l'ordre de Notre-Dame-de-la-Table-Ronde de Bourges, maire de la ville de Bourges en 1510, épousa Jeanne de Champanges, qui mourut le 4 août 1523. Elle est inhumée avec son mari, ses beau-père et belle-mère, beau-frère et belle-sœur, en l'église de Saint-Bonnet, en la chapelle des Allemans. On y lit, gravée sur une lame de cuivre, une épitaphe qui, quoique faite dans le même sens que celle ci-dessus, présente néanmoins quelque différence dans sa rédaction.

La maison des Allemans est située rue des Vieilles-Prisons, où se tenait autrefois le bureau des Aides, qui a appartenu à M. Seguin; qui, depuis, a été acquise par la ville, et qui est occupée en ce moment par les sœurs de la Sainte-Famille.

Suivant Catherinot, dans son opuscule sur les coutumes, cette maison des Allemans était située en trois paroisses, qui sont Saint-Bonnet, Saint-Jean-des-Champs et Notre-Dame-du-Fourchaud.

Elle est désignée, dans le plan par terre par N. Defer, sous le nom : *Hôtel des Allemans.*

Voici l'inscription qui existe encore, gravée en lettres gothiques, sur marbre noir incrusté sur l'épaisseur du mur, derrière la porte d'entrée d'une salle qui semble être le vestibule d'une autre grande salle de cet hôtel :

Des Alemans l'hostel
Se peult donner los tel :
Jadis pour moy troys curés prindrent cure;
A estriver qui m'auroit en sa cure;
Mais en l'an mil dix et huit et cinq cens
Notre prélat, qui eut bon et sain sens,
Les accorda d'une façon novelle,
Car par arrest finitif leur revelle
Que chescun d'eulx en son an me tiendra,
Dont Saint-Bonnet le premier obtiendra,
Saint-Jehan-des-Champs le suyvra de bien près,
Puis la Fourchault viendra dernier après;
Et pour jouyr sans l'ung l'autre envyer

Commanceront droict au mois de janvier
Qui ouvre à tous la porte de l'année.
O bon lecteur, par tel chose ordonnée,
Venter te peulx quelque part ou paroisses
D'avoir trové maison de trois parroisses.

On remarque dans cette belle et antique maison :
1° Les plafonds de la grande salle et de la chapelle qui sont de bois bien travaillé et sculpté en relief;
2° Au-dessus de la porte d'entrée de la chapelle, la représentation d'un calvaire aussi sculpté en relief;
3° Au-dessus de la porte d'entrée de la grande salle, un Saint-Christophe portant l'enfant Jésus sur ses épaules, le tout également sculpté en relief sur bois[1] ;
4° Dans la cour, au-dessus d'une porte, le portrait d'un roi sculpté en bosse sur pierre et en forme de médaillon ;
5° Dans la salle d'étude, une cheminée antique dans le genre de celle qui existait à la maison de ville, couverte de sculptures en relief de la plus grande beauté, représentant, sur le devant, divers sujets, entre autres un porc-épic couronné, un renard dans un panier de nattes, et sur les côtés des trophées et enseignes romaines au-dessous desquelles on lit : S. P. Q. R. ;
6° Dans l'une des caves, un puits auquel on des-

---

[1] Le nom de Christophe signifie en grec *porte-Christ*.

cendait autrefois par un escalier ; ce puits est comblé ;

7° Dans la cour, carrelée en belles pierres de La Celle, du côté de la porte, dans l'encoignure, un cabinet en forme de tourelle en saillie, soutenu par une seule pierre énorme taillée en forme de conque, représentant par-dessous un homme sculpté en bosse, portant marotte et autres signes de folie.

Sur les murs de la cour sont, de distance en distance, des ovales sculptés en relief, qui contenaient sans doute des portraits qui n'existent plus.

Enfin, cette maison est belle, bien conservée et bien entretenue.

Elle mérite l'attention des curieux.

Le gui était un objet de vénération chez les Gaulois : on l'appelait le Rameau des Spectres.

— Loi Salique, tit. 35, *de manu mulierum non stringendâ*, condamnait l'homme qui pressait la main d'une femme à une amende de quinze sous d'or ; s'il touchait le bras, l'amende était de trente sous, et du double, s'il touchait le sein.

— Les troubadours se paraient des plumes de faisans qu'on servait sur la table des rois. Les dames de Provence composaient des couronnes avec des plumes de faisan et de paon, et en récompensaient les talents poétiques.

— Les fiançailles s'accomplissaient en faisant boire les deux amants dans une même coupe en signe d'union et d'amour.

— Les sexes étaient entremêlés à table; ils n'étaient assis que sur des bancs, de quelque condition que fussent les convives; d'où est venu le mot *banquet*.

— En l'année 1539, on commença à exécuter à Bourges la fameuse ordonnance de François I, portant que les arrêts, sentences et autres actes de justice et ceux des notaires, qui, depuis la conquête des Gaules par les Romains, étaient écrits en latin, le seraient à l'avenir en français.

La construction de l'Officialité attenant à la cathédrale a été faite en 1538 : c'était une salle de quatre-vingt-dix pieds de longueur, qui servait, dans l'ancien temps, à la tenue des synodes diocésains et autres assemblées; plusieurs, importantes dans notre histoire, y ont été tenues. Elle fut détruite en 1821, pour éviter à la ville la dépense des réparations qui lui étaient nécessaires, et pour démasquer et embellir l'entrée du jardin de l'Archevêché, dans lequel on n'entrait auparavant que par une petite porte, après avoir traversé la cour du palais archiépiscopal. Cette nouvelle entrée est plus avantageuse au public.

— Le 17 février 1534, la cloche de l'horloge de l'église cathédrale a été placée sous une lanterne à jour, surmontée d'un pélican. Depuis trois siècles cet ornement existe encore dans le même état.

— En 1530, Jean Calvin, élève de l'université de Bourges, adopte les erreurs de Luther et des Vaudois, qui faisaient, par leur nouveauté, de rapides progrès dans les esprits; et secrètement formé par Melchior Wolmar, son professeur en langue grecque, il fait l'essai de la prédication de ses doctrines, d'abord dans le village d'Asnières, près Bourges, d'où il passa, en 1532, à Lignières, où il fut accueilli par le seigneur de cette ville, flatté d'entendre prêcher des choses toutes nouvelles. Ainsi, c'est en grande partie de ces deux points obscurs que s'élancèrent les hardies maximes du calvinisme, qui bientôt s'étendirent dans l'Europe entière.

— Ce fut en 1529, le 19 avril, qu'eut lieu l'ouverture de l'Université de Bourges, dans les bâtiments restaurés de l'ancien Hôtel-Dieu. Le célèbre André Alciat, appelé de l'étranger, ainsi qu'une foule d'autres savants, par la duchesse Marguerite, prononça le discours d'ouverture et donna les premières leçons de droit.

— A la prière de l'illustre Pierre de La Châtre, le roi Louis VII abolit à Bourges l'ancien et ridicule usage de mettre au pillage les meubles des archevêques après leur mort.

— Ce fut en 1496 que Guillaume de Cambray fit bâtir le château de Turly, où l'on voit encore ses armes. Ce lieu de plaisance, qui réunissait tant d'agréments, passa depuis à ses successeurs en l'archevêché de Bourges. M. de Phelippeaux, homme gai, libéral et ami du plaisir, avait fait de ce château et de ses jardins un lieu de délices. Ce fut de son temps que commença à avoir lieu l'assemblée qui s'y tient tous les ans, le lendemain du jour de la Pentecôte.

Dans le principe, ce prélat n'avait offert son château et ses jardins aux *cousins* de Sainte-Solange que pour s'y reposer; ce qui eut lieu effectivement la première année; on s'y reposa, on y dansa; la seconde on fit de même, et depuis cette assemblée s'institua comme elle l'est actuellement; ce fut en vain que le propriétaire s'y opposa. C'est ainsi que prévaut l'usage.

— En l'an 1100, Eudes-Arpin, animé du désir de contribuer à retirer Jérusalem des mains des Infidèles, vend au roi Philippe I le vicomté de Bourges, moyennant soixante mille écus d'or, qui lui servent à s'équiper pour se rendre en Asie avec sa suite. Ce seigneur, qui fut le dernier vicomte de Bourges, vint mourir à Cluny, où il se fit religieux, après avoir été un des plus grands héros qui se signalèrent dans cette Croisade. Depuis cette époque, la ville de Bourges demeura réunie à la couronne jusqu'en 1360, que le roi Jean érigea le Berri en duché-pairie en faveur du duc Jean, son frère.

— Dans l'an 52 avant Jésus-Christ, les Berruyers, ruinés par la guerre et chassés de leur patrie par les conquêtes de Jules César, se retirent en partie sur les bords de la Garonne, où leur colonie fonde alors la ville de Bordeaux. Cette ville, en raison de sa situation des plus avantageuses, ne tarda pas à venir plus florissante que Bourges, sa métropole.

— En 1494, Charles VII, se rendant en Italie pour faire la conquête du Milanais, passe par la ville de Bourges avec une partie de son armée.

— C'est en 1486 qu'eut lieu l'institution à Bourges

de l'ordre des chevaliers de la Table-Ronde. Cet ordre dut sa naissance au zèle religieux des notables habitants de cette ville; on en voit les statuts dans La Thaumassière.

— En 1487, le 22 juillet, eut lieu, à Bourges, le grand incendie que l'on désigne encore par le nom d'incendie de la Magdeleine. Le feu prit le soir à la maison d'un menuisier, faisant le coin des rues Saint-Sulpice et des Trois-Pommes, et consuma les deux tiers de la ville, dont les maisons, à cette époque, étaient la plupart construites en bois. La perte fut immense, surtout par rapport aux manuscrits, aux bibliothèques et aux archives. On regretta principalement la perte du prieuré de la Comtal, où étaient tous les titres, papiers et archives de la ville, qui en avait fait le siége de la mairie. La ville perdit tout par cet événement déplorable, dont il faudrait lire les détails, et ne se releva jamais de cette perte.

— En 1488, fut construit l'ancien hôtel-de-ville de Bourges, rue de Paradis. C'est actuellement la maison occupée par la famille Labbe de Champgrand, depuis l'acquisition que fit la ville de Bourges du palais de Jacques-Cœur, en 1683.

— En 1495, M. Bertrand de Chamboran, riche abbé de Massay, employa sa fortune à faire construire la tour de Massay qui existe encore. Sur le frontispice on voit l'inscription gothique qui constate la date de l'élévation de cette tour.

— Le 31 décembre de l'année 1506, à neuf heures du soir, arriva la chute de la grosse tour de l'église de Saint-Étienne, qui entraîna avec elle une partie de la façade de la cathédrale. Le bruit de sa chute, le nuage de poussière qui couvrit toute la ville, la circonstance du dernier jour de l'année et de la dernière heure du jour qui signalèrent cet événement, répandirent une épouvante générale parmi les habitants; les esprits ne furent calmés que le lendemain, en apprenant la cause de la commotion que toute la ville avait ressentie. Cette tour n'était terminée que depuis trois mois, et, selon quelques auteurs, depuis l'an 1490. La nouvelle tour de St.-Étienne, dont la construction commença en 1507, fut terminée en 1538. Cette tour a cent quatre-vingt-dix-huit pieds de haut et domine majestueusement tous les édifices de la ville.

— Ce fut en 252 de l'ère vulgaire que fut fondée la première église cathédrale de Bourges, sur l'emplacement du palais que Léocade, sénateur des Gaules et gouverneur de la première Aquitaine, céda à la sollicitation de saint Ursin, premier apôtre du Berri. Cette église ayant été détruite en 380, saint Palais, l'un des grands prélats du diocèse, la fit reconstruire dans de plus grandes dimensions; elle était ornée de colonnes, et passait, au dire de Grégoire de Tours, pour la merveille des Gaules. Enfin, en 845, la troisième cathédrale de Bourges fut commencée par Raoul de Turenne, archevêque, qui fit construire l'église souterraine telle qu'elle existe encore, et jeter les fondements de tout le reste de l'édifice jusqu'au niveau du sol. Ses successeurs achevèrent cette église, qui passait pour un miracle d'architecture.

Quelques traits historiques sur les prérogatives dont les dames jouissaient chez les Gaulois et les Celtes, doivent figurer nécessairement dans toutes les histoires des peuples de la Gaule, particulièrement dans celle du Berri et de la ville de Bourges, capitale des Gaules et de la Celtique, et leur plus ancienne ville.

Les Gaulois avaient du respect pour les femmes : ils les regardaient comme des divinités; et vers l'an 1177 avant Jésus-Christ, ils formèrent un sénat de femmes pour les gouverner ; environ trente ans après, il en fut aussi établi un en Grèce.

Au rapport de Tacite, hist. IV, les Germains, qui tiraient leur origine des Celtes, connus originairement sous le nom de Scythes, prenaient de tout temps des filles pour prédire l'avenir et en faisaient des espèces de divinités, entre les mains desquelles ils déposaient toute l'autorité civile et politique.

Toute l'histoire dépose de la vénération des peuples du nord pour les femmes. Ces peuples, que l'on regardait comme féroces, rendaient cependant une espèce de culte au sexe aimable qu'on tenait ailleurs en esclavage. Ils voyaient en lui quelque chose de divin; ils lui donnaient l'autorité des oracles, et l'empire de la beauté s'affermissait par une confiance religieuse. Chez les Francs, en particulier, on pouvait librement s'expliquer sur la conduite de ceux qui gouvernaient, mais il était défendu de parler mal des femmes.

Les Gaules, autrefois divisées en soixante cantons, avaient un conseil-général composé, pendant long-temps, des femmes tirées de chaque canton; elles délibéraient de la paix et de la guerre, et jugeaient les différents qui s'élevaient entre les juges de chaque canton.

Ce fut à la suite d'un discours prononcé avec une dignité et une fermeté héroïque par une dame gauloise, sur le choix d'un chef et sur le but que l'on devait se proposer en l'établissant, qu'il fut décidé de créer un tribunal de dames de la nation. C'est par ce conseil qu'étaient gouvernées les Gaules du temps d'Annibal, général des Carthaginois. Dans le traité conclu avec lui, il fut stipulé que si un Gaulois commettait quelque offense contre un Carthaginois, le criminel serait jugé au tribunal des femmes gauloises.

A l'administration des dames succéda celle des Druides, qui crurent devoir conserver à ce sexe quelque autorité; ils firent partager à leurs épouses les fonctions du sacerdoce; elles offrirent même des sacrifices et s'attribuèrent le don de deviner.

A l'époque de la formation du sénat des femmes gauloises, les Éléens, se croyant lésés par les Pisans et ayant inutilement demandé satisfaction à Demophoon, tyran de Pise, convinrent avec les habitants de cette ville, après la mort du tyran, de remettre la décision de leur différent à une cour de seize femmes, qui seraient choisies dans les seize villes des Éléens. Le jugement de cette nouvelle cour plut si fort aux deux parties, qu'elles établirent un collége perpétuel de seize matrones pour présider aux jeux junoniens et assigner le prix à celui qu'elles en jugeraient le plus digne.

A Rome, sous le règne d'Héliogabale, un sénat de femmes fut établi par ce prince, où sa mère Sœmis présidait, et où l'on rendait des arrêts sur les habits, sur les modes, sur les manières et sur les galanteries des femmes. Ce prince fit entrer aussi sa grand'mère Mœsa au sénat, où elle fut placée auprès des consuls, fut écrite comme présente, opina et fit toutes les fonctions de sénateur. C'était aussi un ancien usage en Irlande que, pendant l'assemblée du parlement, qui se tenait à Dublin, les femmes, dans les villes de province et même dans les campagnes, formaient, à l'imitation des hommes, une assemblée de leur sexe, à laquelle elles donnaient aussi le nom de parlement.

On connaît l'existence des Cours d'amour. Il existe un recueil des arrêts d'amour rendus, au nombre de cinquante-un, par Martial d'Auvergne, commenté par Benoist de Court, et suivi de l'édit des Masques.

On trouve dans l'ouvrage de Jean Nostradamus, sur la vie des plus célèbres et anciens poètes provençaux qui ont fleuri du temps des comtes de Provence, plusieurs détails curieux sur ces Cours d'amour; on y trouve même les noms des dames qui les composaient dans les 12e et 13e siècles, ainsi que plusieurs des questions qui étaient agitées dans ces

Cours d'amour. Cet auteur, et tous ceux qui ont parlé de ces cours, attestent qu'il y en avait une à Avignon dans le temps que les papes y siégeaient. On connaît également les noms d'une partie des dames qui y assistaient. Enfin, M. le marquis de Paulmy nous apprend que la mère du duc d'Orléans, père de Louis XII, tenait chez elle, du temps de Charles VI, son beau-frère, qui régna de 1380 à 1422, une espèce de Cour d'amour. Ces Cours étaient tellement dans le goût du temps, que les romanciers en composaient où le dieu d'Amour avait pour barons des oiseaux qui décidaient, par un combat, une question d'amour soumise à leur jugement.

Il paraît que quelques auteurs les appellent des cours plénières ou parlements; car le président Fauchet, dans son histoire des anciens poètes français, tom. 2, p. 578, dit que : « Ces plaids et ces jeux
» sous l'ormel étoient une assemblée de dames et
» de gentilshommes, où se tenoit comme un par-
» lement de courtoisie et de gentillesse, pour vui-
» der plusieurs différens : il y en avoit en différentes
» provinces, suivant qu'il se trouvoit des seigneurs
» et dames de gentil esprit. »

Le débordement de l'Angleterre en France, sous le règne de Charles VII, avait mis ce royaume à deux doigts de sa perte. Il fallut que ce prince regagnât pied à pied son royaume : il avait à combattre le régent Betfort, et ses amis qui étaient devenus pour lui aussi dangereux que ses ennemis; la plupart abusaient de ses malheurs, au point que le comte de Richemont, son connétable, frère du duc de Bretagne, fit étrangler deux de ses favoris.

On peut juger de l'état déplorable où Charles VII était réduit, par la nécessité où il fut d'abaisser, dans les pays de son obéissance, le titre de la monnaie courante ; de telle sorte qu'elle ne désignait alors qu'un 50e de la valeur qu'elle avait désignée peu d'années auparavant.

Il lui fallut bientôt recourir à un expédient plus étrange, à un miracle. Un gentilhomme des frontières de Lorraine, nommé Baudricourt, crut trouver, dans une jeune servante d'un cabaret de Vaucouleurs, un personnage propre à jouer le rôle de guerrière et d'inspirée. Cette Jeanne d'Arc, que le vulgaire croit une bergère, était en effet une jeune servante d'hôtellerie, *robuste, montant chevaux à poil*, comme dit Monstrelet, *et faisant autres apertises que jeunes filles n'ont point accoutumé de faire.* On la fit passer pour une bergère de dix-huit ans, quoiqu'elle en eût vingt-sept, d'après sa propre confession; elle eut assez de courage et assez d'esprit pour se charger de cette entreprise qui devint héroïque. On la mena devant le roi, qui était à Bourges; elle fut examinée par des femmes qui ne manquèrent pas de la trouver vierge, et par une partie des docteurs de l'université et quelques conseillers du parlement, qui ne balancèrent pas à la déclarer inspirée. Soit qu'elle les trompât, soit qu'ils fussent eux-mêmes assez habiles pour entrer dans cet artifice, le vulgaire le crut, et ce fut assez.

Les Anglais assiégeaient alors la ville d'Orléans, la la seule ressource de Charles, et étaient près de s'en rendre maîtres. Cette fille guerrière, vêtue en homme, conduite par d'habiles capitaines, entreprend de jeter du secours dans la place; elle parle aux soldats au nom de Dieu, et leur inspire ce courage d'enthousiasme qu'ont tous les hommes qui croient voir la divinité combattre pour eux; elle marche à leur tête et délivre Orléans, bat les Anglais, prédit à Charles qu'elle le fera sacrer à Reims et accomplit sa promesse l'épée à la main; elle assista au sacre tenant l'étendard avec lequel elle avait combattu.

Ces victoires rapides d'une fille, les apparences d'un miracle, le sacre du roi qui rendait sa personne plus vénérable, allaient bientôt rétablir le roi légitime et chasser l'étranger; mais l'instrument de ces merveilles, *Jeanne d'Arc*, fut blessée et prise en défendant Compiègne. Le régent Betfort crut nécessaire de la flétrir pour ranimer ses Anglais; il feignit de la croire sorcière; l'université de Paris présenta requête contre Jeanne d'Arc, l'accusant d'hérésie et de magie. Cette héroïne fut jugée à Rouen par Cauchon, évêque de Beauvais, cinq autres évêques français et un seul évêque d'Angleterre, assistés d'un dominicain, vicaire de l'Inquisition, et par des docteurs de l'université. Elle fut qualifiée de *superstitieuse, devineresse du diable, blasphémeresse en Dieu, en ses saints et saintes, errant par moult defors en la foy de Christ.* Comme telle, elle fut condamnée à jeûner au pain et à l'eau dans une prison perpétuelle. Elle fit à ses juges une réponse digne d'une mémoire éternelle. Interrogée pourquoi elle avait osé assister au sacre de Charles avec son étendard, elle répondit : « Il est juste que qui a eu part au » travail en ait à l'honneur. »

Enfin, accusée d'avoir repris une fois l'habit d'homme qu'on lui avait laissé exprès pour la tenter, elle fut déclarée hérétique relapse et condamnée au feu.

Ainsi est morte, en 1431, cette héroïne qui aurait mérité des autels dans les temps héroïques où les hommes en élevaient à leurs libérateurs. Charles VII rétablit depuis sa mémoire.

Charles fit son entrée à Paris en 1437. Il fut reçu par les sept péchés mortels: sept filles représentant les sept péchés mortels, et sept autres figurant les vertus théologales et cardinales, avec des écriteaux, le reçurent vers la porte Saint-Denis ; il s'arrêtait quelques minutes dans les carrefours à voir les Mystères de la Religion que des bâteleurs jouaient sur des treteaux. Ce ne fut que vers l'an 1450 que les Anglais furent entièrement chassés de la France.

Charles VII, maître enfin paisible de la France, y

établit un ordre qui n'y avait jamais été depuis la décadence de la famille de Charlemagne. Le commerce y prit un essor inconnu jusqu'alors. Jacques Cœur avait établi le plus grand commerce qu'aucun particulier eût jamais embrassé; il n'y eut depuis lui que *Côme Medici,* que l'on appelle *de Medicis,* qui l'égalât. Jacques Cœur avait trois cents facteurs en Italie et dans le Levant ; il prêta deux cent mille écus d'or au roi Charles VII, sans quoi ce prince n'eût jamais repris la Normandie. Son industrie avait été plus utile pendant la paix, que n'avaient été pendant la guerre Dunois et la Pucelle. C'est une tache à la mémoire de Charles VII, qu'on ait persécuté un homme si nécessaire ; on n'en sait point le sujet.

Le roi le fit mettre en prison, et le parlement de Paris lui fit son procès; on ne put rien prouver contre lui, sinon qu'il avait fait rendre à un Turc un esclave chrétien, et qu'il avait fait vendre des armes au soudan d'Égypte. Il fut condamné à perdre tous ses biens; tous ses commis se cotisèrent pour l'aider dans sa disgrâce.

La fin du règne de Charles VII fut assez heureuse pour la France, quoique très-malheureuse pour le roi, dont les jours finirent avec amertume par les rebellions de son fils, qui fut depuis Louis XI. Ses trésors furent dissipés après sa mort.

La servitude fut abolie de son temps; il fit rédiger les Coutumes des villes : la Pragmatique Sanction fut rédigée et arrêtée à Bourges. Il a travaillé à la destruction du gouvernement féodal. Les grands hommes qui illustrèrent son règne furent les *Dunois*, les *la Trimouille*, les *Clisson*, les *Richemont*, les *Xaintrailles*, les *Lahire*, et plusieurs magistrats de grand mérite.

Les impositions, du temps de Charles VII, indépendamment du domaine, étaient de dix-sept cent mille livres de compte.

Extrait de l'*Essai sur les mœurs* de Voltaire, t. 17 de l'édition de Kehl, et seconde partie de l'édition en un vol. de 1827, page 1349.

L'an mil quatre cent et quatre fut la bataille de sept François aux sept Anglois, devant la place de Montendre en Guyenne, et furent les sept François, messire Guillaume Du Chastel, messire Arnault-Guillaume de Barbazan, messire Guillaume Bataille, messire Clinet de Brabant, le sire de La Champaigne, Archambault de Villers, et Robert de Guerois; et les sept Anglois furent Robert d'Escalles, Richard Herri, Fleury d'Angleterre, Thomas Stilles, et trois autres gentilshommes, lesquels sept Anglois furent desconfits par les dessusdits François, le jour de Saint-Yves, au mois de may : et estoient tous les sept François serviteurs de monseigneur le duc d'Orléans, frère du roy dessusdit. Et furent chefs de l'entreprise messire Guillaume Bataille et messire Arnault-Guillaume de Barbazan : lequel duc d'Orléans, quand ils furent à Paris, les festoya moult grandement pour la victoire qu'ils avoient eue à l'encontre desdits Anglois; et à l'entrée de Paris furent vestus lesdits François tous de blanc : et furent les juges le sire de Harpedenne et le sire de Duras.

Octavien de Saint-Gelais, évêque d'Angoulême, parle aussi de cette bataille, en son Séjour d'honneur, ainsi qu'il suit :

> Après (dit-il) je vy sept nobles preux François
> Armez à blanc, ayant au poing la hache,
> Qui deffirent sept arrogans Anglois,
> Où pas un d'eulx si ne se monstra lache,
> Nul d'iceux n'eut pour lors pié à l'attache;
> Car si très-bien firent sans s'espargner,

Qu'assez en peut Montendre tesmoigner,
Chateau cogneu, où fut l'emprinste faite
Et des Anglois honteuse la deffaite.

Extrait des œuvres d'Alain Chartier, vol. in-4°, 1617.

L'an mil quatre cent et seize mourut le duc Jean de Berry, en l'eage de quatre-vingt-dix ans, et fut enterré en la chapelle de son palais à Bourges, laquelle chapelle il fit faire de son vivant. Iceluy duc fut un noble prince, large et sage et abandonné à tout le monde, et en especial aux pauvres gens et estrangiers.

Voyez les notes des œuvres d'Alain Chartier sur le décès du duc Jean de Berry.

Quelques-uns donnent le surnom de Camus à ce duc; car Sébastien Mamerot de Soissons, en ses chroniques imprimées à Paris pour Antoine Verard, l'an 1503, l'appelle ainsi quand il dit : Item le duc Camus Jean de Berry, oncle du roy, aagé de quatre-vingt-neuf ans, trépassa, etc.; et n'est hors de propos, puisque nous sommes sur sa mort, de rapporter ce qu'il fit de son vivant en mémoire de la mort de Louis, duc d'Orléans, son neveu; car il fit représenter sur la grande porte méridionale de l'église des Saints-Innocents, où est le grand et commun cimetière de la ville de Paris, l'histoire des trois morts qui apparurent à trois vifs chassant dedans une forest. Ce que l'on apprend de quelques vers françois qui se voient encore dessus la sépulture des figures en la frise, ainsi qu'il s'ensuit :

> En l'an mil quatre cent et huit,
> Jean duc de Berry très-puissant,
> En toutes vertus bien instruit,
> Et prince en France florissant :
> Par humain cours lors cognoissant
> Qu'il convient toute créature,
> Ainsi que nature consent,
> Mourir et tendre à pourriture,
> Fist tailler ici la sculpture
> Des trois vifs, aussi des trois morts,
> Et de ses deniers la facture
> En paya par justes accords :
> Pour montrer que tout humain corps
> Tant ait biens, ou grande cité,
> Ne peut éviter les discors
> De la mortelle adversité.
> Dont pour avoir félicité,
> Ayons de la mort souvenir,
> Afin qu'après perplexité
> Puissions aux saints cieux parvenir.

En 1428, au temps de caresme, arriva une jeune fille de l'eage de dix-huit à vingt ans, pardevers le roy, au chastel de Chinon, nommée Jeanne du Lys la Pucelle, laquelle estoit née et nourrie de auprès de Vaucouleurs, d'un village assis dessus la rivière de Meuse, et avoit esté toute sa jeunessse jusques à cette heure à garder les brebis, et vint devant le roy en le saluant, et lui dit ces paroles : Que Notre Seigneur l'envoyoit devers lui pour le mener couronner à Reims, et pour lever le siége que les Anglois tenoient devant la bonne cité d'Orléans, et que Dieu, à la prière des saints, ne vouloit point que ladite cité fût prise ou périe. Et à ces paroles, le roy la fit examiner par plusieurs sages docteurs de son royaume, auxquels elle répondit sagement et par bonne manière, et tellement que tous les docteurs estoient d'opinion que son fait, son dit et ses paroles estoient dites et faites par miracle de Dieu. Et pour ce fut dit et ordonné en grande délibération de conseil, que pour faire et accomplir les choses que elle avoit dites, en intention de commencer et achever au plaisir de Dieu, on lui bailleroit chevaux, harnois, et gens pour l'accompagner et voir son fait, et que ce seroit. Et fut tout fait, conseillé et ordonné audit chastel de Chinon, durant le temps de caresme, que un chacun estoit en dévotion. Et la conduisoit le maréchal de Rieux, et le sire de Culan, l'un maréchal et l'autre amiral de de France.

On lit aux notes, page 830, des œuvres d'Alain Chartier, ce qui suit :

J'ai ajouté ce surnom du Lys suivant l'exemplaire escrit à la main; il ne se trouve point aux imprimés, et pour le bien entendre, il est certain que cette fille, vulgairement dite la Pucelle d'Orléans, s'appelloit Jeanne d'Arc en son vrai nom; mais le roy Charles VII, en considération des grands et signalés services qu'il avoit reçus d'elle et de ses frères, tant à la levée du siége d'Orléans qu'à son sacre, leur permit de porter en leurs armoiries un écu en champ d'azur garni de deux fleurs de lys d'or, d'une couronne au milieu, et de changer le surnom d'Arc qu'ils portaient en celui du Lys : ce qui est authentiquement prouvé par l'article d'un compte rendu, l'an 1444, en la chambre des Comptes, par lequel Pierre, frère de ladite Jeanne, est nommé *messire Pierre du Lys, chevalier*, et non Pierre d'Arc. Au surplus, Guy Pape, conseiller du roy au parlement de Grenoble, environ l'an 1440, parle ainsi de cette pucelle en la question 84 : *Vidi etiam temporibus meis puellam Joannam nuncupatam, quæ incœpit regnare anno quo fui doctoratus, quæ inspiratione divinâ arma bellica assumens de an. D.* 1430, *restauravit regnum Franciæ, Anglicos è regno expellendo vi armatâ et præfatum regem Carolum ad regnum Franciæ restituendo, quæ puella regnavit tribus vel quatuor annis.* Maître Martin Franc, secrétaire de Félix V, la loue aussi fort honorablement, au livre intitulé le Champion des Dames, en ces termes :

De la Pucelle dire vueil
Laquelle Orliens délivra,
Où Sallebris y perdit l'œil,
Et puis male mort le navra.
Ce fut elle qui recouvra
L'honneur des François, tellement
Que par raison elle en aura
Renom perpétuellement.

Tu scez comment estoit apprise
A porter lances et harnois ;

Comment, par sa propre entreprise,
Abattus furent les Anglois ;
Comment, de Bourges ou de Blois,
Le roy saillit sous sa fiance,
Et en très-grant ost de François
Alla devant Paris en France.

Dont vint, et pourquoi et comment,
Tu le scez bien, Si m'en vueil taire.
Mais qui en livre, ou en comment,
Voudra ses miracles retraire,
On dira qu'il ne se peut faire
Que Jehanne n'eust divin esprit,
Qui à telle chose parfaire
Ainsi l'enflamma et l'esprit.

A quoi on pourroit encore ajouter ce qu'en écrivent Martial de Paris, dit d'Auvergne, aux Vigiles de la mort de Charles VII; Octavien de Saint-Gelais, évêque d'Angoulême, en son Séjour d'Honneur, et Perceval de Cagny, en l'Histoire des comtes d'Alençon; mais, pour éviter prolixité, seulement je tiendrai compte d'une circonstance particulière que ce dernier remarque, quand il récite comme elle commença de faire la guerre aux Anglois; car il dit alors, entre autres choses, que ladite Pucelle, voyant que nul n'entreprenoit à donner secours à cette noble place d'Orléans, et cognoissant la très-grande perte et dommage que ce seroit au roy et à son royaume de perdre ladite place, requist au roy qu'il lui baillast de ses gens d'armes, et dit, *par mon Martin* (ce estoit son serment), je leur ferai mener des vivres.

D'un livre intitulé Vies, Actions, Devises et Éloges des Hommes illustres françois, imprimé en 1647, fait par MM. Heince et Bignon, j'extrais ce qui suit :

La devise particulière que portoit la Pucelle avoit pour corps une main tenant une épée, avec ces mots : *Consilio formata Dei,* recueillie d'une médaille d'or qui fut frappée à son honneur, après qu'elle eut fait sacrer et couronner le roy Charles VII à Reims. Ses autres devises sont :

1° Une main tenant un peloton de filet : *Regem educit labyrintho.*

Elle a tiré le roy du labyrinthe.

2° Un faucon : *Mares hæc femina vincit.*

Cette femelle surmonte les masles.

La femelle du faulcon est plus forte et plus courageuse que le masle.

La Pucelle remit le cœur aux François, et ruina les mauvais desseins des Anglois.

3° Une abeille dessus sa ruche : *Regnum mucrone tuetur.* Elle défend le royaume avec son aiguillon.

Les abeilles mettent toujours en faction au-dessus de la ruche une des plus courageuses d'entre elles, afin de défendre leur monarchie de l'invasion des taons et des voleries des autres bêtes.

Cette vaillante fille chassa les Anglois de France avec la pointe de son épée.

4° Un phénix sur son brâsier : *Invito funere vivet.* Il vivra malgré la mort.

Le phénix, pour être consumé par le feu, n'est pas moins immortel, car il renaît plus beau et plus vigoureux de ses cendres.

La vertu de la Pucelle durera éternellement, bien que les Anglois l'ayent brûlée vive, pour tâcher d'étouffer sa mémoire sous les cendres de l'oubli.

Sa statue fut érigée sur le pont d'Orléans, en mémoire de ses actions éclatantes consignées dans toutes les histoires. La ville d'Orléans célébroit des processions solennelles tous les ans. Le roy ne sachant de quelle sorte honorer la vertu de cette glorieuse Pucelle, l'ennoblit, elle, ses trois frères et toute sa postérité, tant du côté des mâles que des femelles.

Outre tout ce qui vient d'être rapporté au sujet de la Pucelle, Mézeray, en son Histoire de France en 3 gros vol. in-folio, imprimée à Paris, chez Mathieu et Pierre Guillemot, en 1646, édition originale contenant les cartons tels qu'ils sont détaillés dans le Dictionnaire typographique d'Osmont et autres bibliographes, rapporte ce qui suit : Ce sont ses dernières paroles au moment du supplice, où elle alla avec le même courage qu'elle alloit au combat, et convertissant, par son admirable constance, cette ignominie en un glorieux triomphe, toute garottée qu'elle étoit, mais animée de l'esprit de Dieu, elle effrayoit ses ennemis et les bravoit encore sur l'échafaud avec ces fières menaces :

« Eh bien! êtes-vous à bout de vos souhaits? M'avez-
» vous enfin amenée en un endroit où vous pensez
» que je ne vous serai plus redoutable? Lâches et
» poltrons que vous êtes, qui avez eu peur d'une
» fille, et qui n'ayant pu être soldats, êtes devenus
» bourreaux! Impies et abominables, qui vous ef-

» forcez en vain de combattre contre Dieu, dites-
» moi, pensez-vous, par votre tyrannie, détourner
» les décrets de sa toute-puissance? Ne restoit-il
» plus, pour comble à votre orgueil et à vos injus-
» tices, qui veulent en dépit de lui ravir la cou-
» ronne de France au légitime héritier, que de faire
» mourir une innocente prisonnière de guerre par
» un supplice digne de votre cruauté? Celui même
» qui m'a donné la force de vous châtier en tant de
» rencontres, de vous chasser de tant de villes et de
» vous mener battant, aussi facilement que j'ai mené
» autrefois un troupeau de moutons, m'a encore, par
» sa divine bonté, donné le courage de craindre
» aussi peu vos flammes que j'ai redouté vos épées.
» Vous ne me faites point injure, pour ce que je
» suis prête de tout souffrir pour sa gloire; mais
» votre crime s'élevant contre Sa Majesté, vous
» sentirez bientôt, vous sentirez la pesanteur de sa
» justice, dont je n'étois qu'un foible instrument.
» De mes cendres naîtront vos malheurs et la puni-
» tion de vos méchancetés. Ne vous imaginez pas
» qu'avec moi soit étouffée la vengeance de Dieu;
» ces flammes ne feront qu'allumer sa colère, qui
» vous dévorera; ma mort vous coûtera deux cent
» mille morts, et, toute morte, je vous chasserai de
» Paris, de la Normandie et de la Guyenne, où vous
» ne remettrez jamais le pied. Puis, après que vous
» aurez été battus en mille endroits et chassés de
» toute la France, vous n'emporterez avec vous en
» Angleterre que le courroux divin, qui, vous pour-
» suivant toujours sans miséricorde et sans relâ-

» che, remplira votre pays de beaucoup plus gran-
» des calamités, meurtres et discordes, que votre
» tyrannie n'en a engendrés dans ce royaume; et
» sachez que vos rois perdront le leur avec la vie,
» pour avoir voulu usurper celui d'autrui. C'est le
» Dieu des armées, protecteur des innocents et sé-
» vère vengeur des outrages, qui vous l'annonce
» par ma bouche. »

La plupart de ses juges et de ses accusateurs périrent d'une mort malheureuse ; l'un fut mangé de
la lèpre, comme un autre Giési ; un autre cheut
dans un privé et fut étouffé dans les ordures ; un
autre tomba roide mort, comme un barbier lui faisoit les cheveux ; et deux autres, qui vécurent jusque sous le règne de Louis XI, furent appréhendés
et pendus pour leur faux jugement. Je m'étonne
donc (continue *Mezeray*) qu'il y ait eu des écrivains
françois si ennemis de la France et de la vertu, que,
sans craindre une pareille punition de Dieu, ils
aient osé diffamer la mémoire d'une fille si divine ;
et, renchérissant sur la calomnie qui la fit mourir,
l'accuser d'impudicité et de prostitution, reproches
dont ses ennemis ne la chargèrent jamais. Les étrangers, bien plus justes qu'eux, en ont parlé en termes pleins d'admiration et de respect.

Voyez ce qu'en dit Vassebourg, lorrain, et Meier,
flamand.

Après l'enterrement de Charles VII, fut crié : Dieu ayt l'ame du roy Charles très-victorieux! puis après : Vive le roy Louys! et adonc les huissiers et autres seigneurs jetèrent leurs verges sur la fosse d'yceluy.

La coutume de donner aux roys tels épithètes et titres d'honneur, après leur décès, est assez commune et fréquente en nos histoires, principalement depuis le temps du roy saint Louys; c'est pourquoi, sans m'y arrêter, je mettrai seulement icy quelques épitaphes faites en l'honneur du roy Charles surnommé le Victorieux. Et premièrement celle-cy, dont l'auteur est contemporain, mais inconnu :

> Cy gist en peu de terre un qui la remplissoit
> Par louange et bon bruit, dont tous autres passoit.
> Ainsi elle se paist du meilleur qu'en elle eust,
> Comprenant tout son bien dedans ce petit fust.
> O bienheureuse terre, estant en toi semé
> Fruict qui rend nuls les autres, tant il est estimé,
> Doncques en toi est mis pour ta félicité
> Ce qui à chacun rend deul et adversité!
> Parquoi, vous qui cherchez chose parfaite à veoir,
> Arrestez cy vos pas, sans plus de peine avoir.

Simon Gréban, qui, avec Arnoult, son frère, a composé le fameux Mystère des Actes des Apostres, est auteur de cette autre épitaphe :

> Jadis fus né en maison triomphant;
> Moult me gréva fortune jeune enfant,
> Mais trop plus par un long temps de mon règne;
> Et depuis Dieu m'a fait roy si puissant,
> Que j'ai chassé le liépard ravissant,
> Et si conquis Normandie et Guyenne.

> Mais pour monstrer que gloire terrienne
> Passe legier, la couronne ancienne
> Laisse aujourd'huy par un dur desarray
> Au propre lieu où je prins mon desray.

Et cette autre encore où il fait particulièrement mention du surnom de *Victorieux*, lequel on donna par honneur à Charles VII, après qu'il fut décédé :

> Cy gist des Francs le puissant protecteur,
> Du veuil de Mars le grant exécuteur,
> Chief de noblesse et le pareil des preux,
> De vieil Meschief nouvel réparateur,
> D'estre nommé *Charles Victorieux*,
> Nom si très-haut, tant clair, tant glorieux,
> Que jà de mort les ars présomptueux
> N'y toucheront; tousiours demourera
> Nom immortel, qui jamais ne mourra.

Il fit, outre ces deux épitaphes, trois autres épigrammes sur la justice, la prudence et la clémence de ce grand roy. Dans la dernière de ces pièces, il cotte le jour, le mois et l'an de sa mort :

> Le jour dolent, que juillet fit courir
> Pour vingt et deux, la mort le vint querir,
> Et trespassa au chasteau de Mehun
> L'an mil quatre cent et soixante et un.

A quoi sont conformes les grandes chroniques de saint Denis, les Martiniennes, et Gui Pape, en la question 94, où il est dit : *Deindè contigit quòd præfatus rex Carolus ab humanis decessit, de anno occurrente Domini* 1441, *et die mercurii xx julii.*

Le règne de Charles VII n'est pas un des moins intéressants dans l'histoire de France. Les apparences presque certaines d'une prochaine dissolution du royaume, de sa réunion à l'Angleterre, l'insolence du comte de Betfort, la facilité des peuples, la défection des armées, la mollesse de Charles VII, tout sembloit annoncer le malheureux sort de ce roi. Comme les Anglois occupoient Paris, Charles étoit presque toujours à Chinon, ville de la Touraine, où le séjour d'un jeune roi, naturellement magnifique, ne pouvoit apporter que beaucoup d'agrément. Ce fut à Chinon que les amours de Charles VII pour la belle Agnès prirent naissance. Qui sait si l'on ne peut pas attribuer à ces amours, aussi bien qu'à l'héroïsme de Jeanne d'Arc, le triomphe de Charles VII et la délivrance de son royaume?

De ces deux femmes, l'une, en profitant de l'amour de son roi, sut l'encourager et lui montrer le chemin de la gloire; l'autre, comme inspirée, combattant, à la tête des François, les ennemis de l'état, sut exciter l'enthousiasme qui fait tout oser, et fit rentrer sous l'obéissance de Charles VII la majeure partie de la France, dont l'Angleterre s'étoit emparée.

On sait l'effet que produisit sur Charles VII le récit que lui fit la belle Agnès de la prédiction qui lui avoit été faite d'être aimée un jour du plus grand roi du monde, et qu'il ne paroissoit pas que ce pût être de lui, vu sa position presque désespérée. Il tenta dès-lors de résister aux Anglois; mais ceux-ci, continuant d'obtenir les plus grands succès, ve-

noient de gagner la fameuse bataille de Verneuil. Les désordres qui en furent la suite donnèrent beaucoup de chagrin à la belle Agnès; cette défaite, néanmoins, ne découragea pas Charles VII; il avoit toujours présent ce que lui dit la belle Agnès au sujet de la prédiction qui lui avoit été faite, et ce qu'elle lui dit encore, malgré son chagrin, après sa défaite à Verneuil : « Si vos troupes ont été vaincues,
» Sire, vous avez un sort pareil à celui des plus
» grands hommes. Les Scipion et les Pompée n'ont
» pas toujours cueilli des lauriers sans épines, et il
» est mille fois plus glorieux d'être vaincu en cher-
» chant à vaincre, que de demeurer dans une tran-
» quillité honteuse. »

Ces discours ne manquèrent pas de faire l'effet qu'une maîtresse toute aimable et ardemment aimée en pouvoit espérer ; et sa conduite étoit si prudente, que les plus envieux n'y pouvoient trouver à redire. Cette fille généreuse ne se servoit donc de sa faveur que pour inspirer au roi ce désir de gloire, dans lequel il a été si bien secondé par l'apparition de cette Pucelle et les talents jusqu'alors paralysés des Dunois, des Poton de Xaintrailles et d'autres fameux généraux, qui surent profiter des vertus de la belle Agnès et du courage héroïque et presque divin de Jeanne d'Arc. On connoît le résultat de l'enthousiasme qui s'empara du peuple et de l'armée : les victoires de la Pucelle, son entrée triomphante dans Orléans, d'où elle ne sort, pour aller se reposer à Chinon, qu'après y avoir établi le calme le plus profond.

« Eh bien ! Sire, disoit alors la belle Agnès, Votre Majesté ne triomphe-t-elle pas suivant mon espérance ? et la confiance que j'avois en la protection du ciel ne présageoit-elle pas les miracles qui sont arrivés ? » — « J'avoue, répondit le roi, qu'ils surpassent de beaucoup mon attente ; mais comment pourrai-je payer les importants services de cette fille extraordinaire qui a tout fait pour moi ? » — « Comme elle est aussi belle que vaillante, reprit la belle Agnès en souriant agréablement, Votre Majesté, qui a le cœur tendre et les inclinations royales, trouvera aisément de quoi s'acquitter envers elle. »

Ce fut donc à Chinon que la Pucelle fut reçue par le roi et la reine ; elle étoit accompagnée du comte de Dunois, de Poton de Xaintrailles et de plusieurs autres officiers d'importance ; elle reçut les caresses du roi, de la reine, de la belle Agnès et de la cour. Tout prospéra ; Charles fut sacré à Rheims, ainsi que l'avoit prédit la Pucelle ; toutes les places se rendirent successivement ; tout, enfin, rentra sous l'obéissance de Charles VII. Le bonheur de la France commençoit ; celui de Jeanne d'Arc finissoit. Blessée, elle tomba, comme prisonnière de guerre, au pouvoir des Anglois ; on connoît sa fin déplorable, qui mit la cour de France dans le deuil le plus profond.

La belle et trop malheureuse Agnès fut empoisonnée, et mourut avec une constance admirable, connoissant bien le genre de sa mort. Telle fut la fin de la plus belle personne que la France eût jamais vue naître. Sa mémoire y fut toujours estimée.

Les auteurs célèbres en parlent avantageusement. Jamais favorite de roi ne fit un usage si généreux de sa faveur, qu'elle n'employoit que pour l'utilité des autres. Les soins qu'elle prit d'inspirer le dessein de la guerre au roi Charles VII, la couvrent de beaucoup de gloire, et le roi François I a rendu à cet égard un témoignage illustre qui la fera vivre éternellement.

Extrait de l'*Histoire des Favorites*, de mademoiselle de La Roche-Guilhen. Amsterdam, Paul Marret, 1697, in-12.

Le septième incendie de Bourges, arrivé en 1487, fut celui dont les suites furent les plus fâcheuses. On fit, dit La Thaumassière, p. 12 du 1er liv. de son Histoire, une ballade qui décrit naïvement tout le mal. Il ajoute qu'il la rapportera dans les preuves; mais elle ne s'y trouve pas. Tous les incendies arrivés à Bourges, continue La Thaumassière, notamment celui de la Magdeleine, en 1487, ont ruiné le commerce de cette ville et plus de deux cents familles de riches négociants, et en chassèrent plusieurs autres.

Jacques Cuer, citoyen de Bourges, étoit fils de Pierre Cuer, marchand pelletier, habitué en la ville de Bourges, originaire de Saint-Pourçain en Bourbonnois, et frère de Nicolas Cuer, évêque de Luçon en 1450, auparavant chanoine de la Sainte-Chapelle, et de Perette Cuer, femme de Jean de Villages, habitant de Bourges, associé de notre Jacques Cuer au trafic du Levant, et qui s'habitua à Marseille, où l'on tient qu'il laissa une grande postérité.

De petit mercier il devint marchand traficant dedans et dehors le royaume jusqu'au Levant. Il amassa de très-grandes richesses, acquit la baronie de Saint-Fargeau, les seigneuries de Menetou-Salon, de Lavau, de la Coudre, de Champignolles, de Merille, de Marmagne, de Maubranches, de la Bruyère, de Saint-Germain, de Meaulne, de Saint-Août, de Boissy en Roannois, Saint-Géran-de-Vaux, et comté de la Palisse; de Barlieu, qu'il acquit de Jacques de Montmorin, seigneur de Chas et de Reillac, pour deux mille écus, le 6 février 1448; il acquit également Toucy, Angerville, la Rivière, Saint-Maurice-sur-Aveyron, Boulancourt, Gironville, la Fresnoye, Fontenelles, Villeneuve et autres.

Il fit construire en cette ville un superbe palais, appelé l'Hôtel de la Chaussée, qui coûta à bâtir, selon le manuscrit d'un vicaire de la Sainte-Chapelle, six vingt quinze mille livres. Aucuns tiennent qu'il en fit bâtir trois autres; l'un en la ville de Sancerre, l'autre en la ville de Marseille, et le troisième en la ville de Montpellier, appelé la Loge, où les marchands tenoient la Bourse. Plusieurs ont cru, à cause de ses grandes richesses, qu'il avoit la pierre philosophale, et que le grand commerce qu'il faisoit sur mer et sur terre, et la ferme des monnoies qu'il tenoit du roi, n'étoient que des prétextes pour mieux cacher son secret ; et ce qui leur le persuade, c'est qu'il a écrit plusieurs livres sur le grand-œuvre, qui sont entre les mains de M. Rudavel, conseiller à Montpellier, et de M. Borel, conseiller et médecin du roi.

Son grand trafic le rendit recommandable et ses richesses nécessaire au roi Charles VII, qui, comme dit Louis Gion, étoit réduit à telle nécessité, que Jacques Cuer lui envoyoit pour son dîner deux poulets et une queue de mouton. Il contribua beaucoup au recouvrement de la Normandie. Il ne fut pas plutôt en cour, qu'il s'insinua dans l'esprit et gagna les bonnes grâces de son maître, qui, ayant goûté son génie propre à tout ce qu'il vouloit entreprendre, lui fit part de ses conseils, lui découvrit ses plus secrètes pensées, l'honora de sa table et très-souvent de sa couche royale ; et ayant reconnu ses grandes économies, lui donna le maniement de ses finances et la garde de son trésor royal, en qualité d'argentier, c'est-à-dire de trésorier de l'épargne.

Il fut toujours depuis un de ses plus confidents serviteurs et particuliers favoris ; et comme il étoit homme d'esprit et de grand jugement, il l'employa en plusieurs belles négociations et affaires importantes, même pour la pacification du schisme qui étoit pour lors en l'église entre le pape Nicolas V et Félix, auparavant duc de Savoie, qui avoit été élu pape au concile de Bâle. Le roi l'envoya en ambassade avec Tannegui du Chastel, bailli de Berry, vers le pape Nicolas, en la ville de Rome; pour ce voyage ils se servirent des galères de Jacques Cuer, et ravitaillèrent en passant la ville et le château de Final, qui tenoient pour le roi contre les Génois qui les assiégeoient; et après avoir préparé l'esprit du pape Nicolas, ils allèrent trouver le pape Félix à Lausanne, et ayant ramené avec eux les ambassadeurs de Félix en France, cette affaire, importante pour le bien commun de la Chrétienté, fut pacifiée au grand contentement de tout le monde.

Tant de favorables succès et le crédit qu'il avoit auprès de son prince, lui firent naître l'envie de devenir noble; il obtint, à cette fin, les lettres données à Laon au mois d'avril 1440, par lesquelles le roi, en considération de ses mérites et des services qu'il lui avoit rendus, tant en sa charge d'argentier qu'autrement, l'ennoblit, lui, sa femme et leurs enfants et postérité née et à naître : ces lettres furent vérifiées en la chambre des Comptes, le 10 du même mois d'avril.

Ce changement d'état, ces dignités, son crédit et les grandes richesses qu'il avoit amassées, lui firent des envieux; et le bon ordre qu'il avoit établi pour le maniement, administration et conservation des finances, attira sur lui l'inimitié des courtisans et l'animosité des grands du royaume, qui lui suscitèrent de grandes accusations. La belle Agnès, maîtresse de Charles VII, fut le premier instrument de son malheur; car, ne pouvant supporter qu'une autre personne qu'elle eût part aux bonnes grâces de son prince, elle lui rapporta qu'il avoit mal parlé de Sa Majesté et d'elle, et qu'il blâmoit trop librement leur conduite; mais ce qui acheva de le perdre auprès du roi Charles VII, prince défiant et qui haïssoit le Dauphin, son fils, c'est que quelques grands seigneurs, jaloux du crédit qu'il avoit auprès du roi, de sa fortune, de sa splendeur et de ses grands biens, l'accusèrent d'avoir d'étroites intelligences avec le Dauphin, et firent entendre au roi qu'il fomentoit sa rebellion et désobéissance, en lui donnant de mauvais conseils et lui fournissant de l'argent.

D'autres seigneurs, notamment les sieurs de Lafayette et de Cadillac, qui étoient obligés, pour des sommes considérables, envers Jacques Cuer, crurent ne pouvoir trouver de moyen plus expéditif de se libérer envers lui, que de l'accuser de péculat et de dissipation des finances du roi, espérant que tous ses biens étant confisqués, le roi leur feroit rendre et restituer leurs billets. D'autre part, la demoiselle de Mortaigne, à la sollicitation de Jacques de Chabanes, se rendit sa partie et l'accusa de plusieurs crimes atroces et capitaux, même d'avoir fait empoisonner Agnès Sorel, dame de Beauté, dont elle chargea aussi Jacques de Colonne et Martin Randoux. Il fut aussi accusé d'avoir envoyé des harnois de guerre aux Sarrazins, d'avoir commis plusieurs concussions et exactions en Languedoc, et d'avoir fait transporter grande quantité d'argent blanc aux Sarrazins.

Les premières plaintes qui se firent contre lui eurent lieu au château de Taillebourg, où étoit le roi, son maître, et où il étoit venu trouver Sa Majesté (assuré de son innocence), pour la supplier de vouloir l'entendre en sa justification, offrant de se mettre en prison et tenir l'arrêt qu'il lui plairoit. Il fut arrêté prisonnier par commandement du roi, au château de Taillebourg, l'an 1452; de là conduit en celui de Lusignan, où il subit l'interrogatoire; de là conduit au château de Montil-lez-Tours, et en celui de Maillé, où furent portées diverses informations contre lui, par lesquelles il étoit chargé : 1° d'avoir, dès l'an 1429, étant compagnon de la monnoie de Bourges, fait forger des écus d'or de moindre poids et titre que l'ordonnance, dont il tiroit du profit de vingt à trente pour marc, où il devoit n'en avoir que deux; 2° d'avoir fait présent de plusieurs armures au Turc, pour ne rien payer de ses galères chargées de poivre et autres marchandises, au moyen desquelles armures qu'il avoit présentées au soudan au nom du roi, les Turcs gagnèrent une bataille sur les Chrétiens; 3° d'avoir fait porter grande quantité de cuivre en Turquie et vingt mille marcs d'argent allié, et l'avoir marqué à une fleur de lys contrefaite : ce qui fit que les étrangers, le trouvant de trop bas aloi, dirent que les François étoient trompeurs; 4° d'avoir contrefait le petit scel du roi, et transporté en Avignon beaucoup de billon, d'or et d'argent, contre les ordonnances qu'il ne pouvoit ignorer, ayant été maître des monnoies du roi; 5° d'avoir fait remener en

Turquie et rendre à son maître un jeune esclave sarrazin qui s'étoit fait chrétien, et qui avoit été amené d'Alexandrie à Montpellier, par Michel Teinturier, patron de la galère de Saint-Denis, appartenant à Jacques Cuer : ce qui fut cause que cet enfant renia la foi de Jésus-Christ ; 6° d'avoir mis en ses galères, pour ramer, plusieurs personnes qu'il disoit fainéantes, dont un Allemand, pélerin, se jeta de déplaisir dans la mer et se noya ; 7° d'avoir exigé six mille écus d'or des Génevois à fausses enseignes, pour la damnification de la galère de Marseille.

Il alléguoit, pour ses défenses, qu'il avoit du pape congé pour transporter des harnois de guerre aux Sarrazins, et avoit obtenu du roi abolition des fautes qu'il avoit commises en la distribution des monnoies. Le pape étant tacitement demeuré d'accord de ce qu'avançoit l'accusé, touchant sa permission, ayant écrit au roi en sa faveur, son fils, l'archevêque de Bourges, fit plusieurs productions pour sa justification, nonobstant lesquelles il fut mené au château de Tours, où son procès ayant été paracheyé par arrêt du 19 mai 1453, il fut déclaré inhabile à tous offices publics et royaux, condamné à faire amende honorable nue-tête sans chaperon, ni ceinture, et en la somme de cent mille écus, et à tenir prison jusqu'à pleine satisfaction, tous ses biens acquis et confisqués au roi, et lui banni hors le royaume.

Quant aux accusations de la demoiselle de Mortaigne, elles parurent toutes calomnieuses, et elle fut condamnée en amende honorable; ce qui fait bien présumer que les autres faits étoient aussi peu véritables. Et ce qui est à observer, c'est que l'on ne put rien trouver à redire en l'administration des finances.

Le 4 de juin 1453, MM. Jean Barbin et Hugues Couzay allèrent en la prison et firent entendre à Jacques Cuer le contenu au dictum de son arrêt, et lui firent connoître que le roi lui avoit fait grâce de la vie, dont il remercia humblement Sa Majesté, et remontra aux commissaires qu'il étoit clerc tonsuré et qu'on ne devoit lui faire faire quelque chose préjudiciable à son privilége. Les deux commissaires firent leur rapport à M. le chancelier, et nonobstant le privilége clérical, ils firent venir aux Cordeliers de Poitiers le condamné pour exécuter son arrêt; où étant, il fit la même remontrance, laquelle fut appuyée par le vicaire de l'évêque de Poitiers, qui justifia de la lettre de tonsure : sur quoi les juges étant entrés en délibération et s'étant trouvés mi-partis, l'affaire fut remise à une autre fois; cependant l'arrêt rendu contre la demoiselle de Mortaigne fut exécuté. L'après-dînée, les juges s'assemblèrent en la maison de M. le chancelier, et à la pluralité des voix, il fut arrêté que le condamné subiroit l'exécution de l'arrêt, ce qui eut lieu le mardi 5 juin, nonobstant l'empêchement de l'évêque de Poitiers. Pendant sa prison, il trouva des amis dans son adversité, qui lui prêtèrent de l'argent pour payer les amendes et restitutions auxquelles il avoit été condamné. Lacroix du Maine dit qu'il paya bien en tout quatre cent mille écus, somme très-grande pour le temps.

Jacques, sorti de prison, se retira dans l'île de Chypre, où il mourut. Thevet rapporte avoir vu sur son tombeau, dans cette île, en un lieu champêtre, cette épitaphe :

Hic jacet Cordatus Jacobus, civis Bituricensis.
Cy gist Jacques Cuer, citoyen de Bourges.

Quelques-uns disent que, depuis sa retraite, son innocence ayant été reconnue, le parlement de Paris le remit en sa bonne fame et renommée, ordonna que le tort qui lui avoit été fait seroit réparé, et que tous ses biens lui seroient restitués.

Il avoit épousé Macée de Léodepart, fille de Lambert de Léodepart, valet-de-chambre de Jean, duc de Berry, prévôt de Bourges. Elle a été inhumée en la paroisse de S¹-Aoûtrillet de cette ville, et autour de sa tombe sont écrits ces mots : *Cy gist Macée de Léodepard, femme de feu Jacques Cuer.* Il laissa plusieurs enfants. La Thaumassière les nomme dans son Histoire du Berry ; ils ont tenu tous des rangs distingués dans la société, et se sont alliés aux familles les plus illustres du Berry. C'est ainsi que la postérité venge les grands hommes et que leurs noms volent à l'immortalité. Le même historien fait aussi l'énumération des grands biens que Jacques Cuer possédoit dans le Berry. Il rappelle également les noms de tous ses facteurs qui lui ont été fidèles et qu'il a su récompenser.

Je lis au sujet de Jacques Cuer, dans le *Trésor des Recherches et Antiquités gauloises et françoises* de Borel, ce qui suit :

« Plusieurs ont estimé qu'il avoit la pierre philosophale, et que tous ces commerces qu'il avoit sur mer, ses galères et les monnoies qu'il gouvernoit, n'étoient que des prétextes pour se cacher, afin de n'être point soupçonné, et ce bruit a été fort répandu, comme l'a remarqué Lacroix du Maine en sa Bibliothèque. Il y a plusieurs choses qui semblent faire voir qu'il étoit vrai qu'il la possédoit; les lecteurs jugeront des raisons sur lesquelles je m'appuie. Premièrement, sa grande richesse, qui alloit au delà de celle de tous ceux de son siècle, n'en est pas une petite marque, puisque, d'un fils de marchand, il vint à avoir tant de terres, baronies, seigneuries, comtés et charges très-considérables. En second lieu, en ce qu'il fit battre des monnoies dites des *Jacques Cuers*, comme Lulle autrefois (*les Nobles à la Rose*), desquelles il est fait mention amplement dans le livre des Trésoriers de France de Lacroix du Maine. On dit aussi qu'il se trouve de grandes monnoies d'or de sa façon. En troisième lieu, par les écrits qui se trouvent de lui touchant cet œuvre, dont j'ai une petite pratique; mais il y en a un livre entier manuscrit à Montpellier, entre les mains de M. de Rudavel, conseiller. Et en dernier lieu, les figures hiéroglyphiques qu'il a laissées de cet art sur ses bâtiments, suivant la coutume des chimistes adeptes, comme on en voit en divers lieux, et surtout comme celles de Flamel, qui sont à Paris.....

» Je ne dirai pas celles qui peuvent être à Bourges, où est sa superbe maison, mais seulement celles que j'ai vues sur la loge de Montpellier qu'il a bâtie, comme ses armes, qui y sont en cent endroits, le témoignent; à savoir : un écu d'azur à la face d'or, chargée de trois coquilles de sable, que d'autres appellent *vanets*, accompagnées de trois cœurs au naturel de gueules. Mais avant que d'en venir à ces hiéroglyphiques, disons deux mots du superbe hôtel de Bourges. C'est une maison fort grande, toute bâtie sur des voûtes, et même on assure qu'il y en a qui vont jusqu'à Sancerre, et qu'il faisoit venir le vin de ses vignes dans sa cave par ces conduits souterrains. Sa maison est bâtie de murs épais de quinze pieds; la cour est ornée de belles galeries; au dedans on voit une très-belle salle et quantité d'autres chambres, et entre autres une chambre où il y a de grandes portes de fer et quelques grilles, à travers lesquelles on voit quelques coffres anciens. Le peuple tient qu'il y a là des trésors, comme aussi dans ses caves. On voit sa devise en toutes ses vitres, en ces mots, *faire*, *dire*, *taire*; et on tient qu'il y en avoit de verre malléable, à cause qu'elles avoient la faculté de laisser passer la lumière du soleil et non ses rayons. Sur la porte on voit la statue de Charles VII, sur un mulet ferré à rebours, et à ses côtés celle de sa femme et de quelqu'autre, qu'on dit être sa servante.

» Quant à ce qui est de la loge de Montpellier, qu'il a bâtie, on y voit trois portaux faits en forme de fourneaux, comme ceux de Flamel : à l'un y a d'un côté un soleil tout plein de fleurs de lys ; et de l'autre, une lune pleine aussi de fleurs de lys et environnée d'une haie ou couronne comme d'épines, qui semblent dénoter les pierres solaire et lunaire, venues en leur perfection. A l'autre portal on voit, d'un côté, un arbre fruitier ayant au pied des branches de roses, et sur l'arbre on voit les armes de Jacques Cuer ; et de l'autre, y a un écusson, et au dedans comme le caractère chimique du soleil. Et au troisième portal, qui est celui du milieu, y a, d'un côté, un cerf qui porte une bannière et un collier fleurdelisé, environné d'une branche d'arbre qui représente le mercure ou matière des philosophes, qui, au commencement, est volatile et légère comme le cerf ; et de l'autre, y a un écu de France soutenu par deux griffons. Tout cela est enrichi de couleurs et d'inscriptions, qu'il seroit nécessaire d'avoir pour leur interprétation. Joignant la loge, on voit une maison qui a appartenu aussi à Jacques Cuer, où on voit, sur le dehors de la muraille, une figure ailée sans tête, qui, à cause de la largeur de son col, semble pourtant en avoir eu deux, et par ainsi pourroit avoir représenté l'androgyne des philosophes. Elle tient des hermines à sa main gauche, pour marque de sa dignité. J'ai ouï raconter à un vieillard de Montpellier l'histoire de Jacques Cuer d'une autre sorte ; à savoir : qu'il étoit natif de Poussan, près de Montpellier ; qu'il avoit été fort pauvre, et qu'ayant fait son apprentissage d'orfévre, il n'avoit eu de quoi lever boutique ; mais qu'ayant été rencontré par Raymond Lulle, majoricain, qui passa à Montpellier, et ayant fait connoissance et amitié avec lui, Lulle l'ayant trouvé digne de son affection, lui avoit communiqué son secret de faire l'or ; duquel du depuis il avoit enrichi son père, qui en avoit levé boutique à Bourges. Et ainsi feignant avoir fort gagné au commerce, avoit couvert l'origine de sa fortune.

» Je me contenterai de ce peu que je viens d'en dire, n'ayant pu en apprendre autre chose. Les curieux pourront, par mon avertissement, en faire une recherche plus exacte.

» Il avoit écrit quelques livres, à savoir, des Mémoires et Instructions pour policer la maison du roi et tout le royaume, comme aussi un Dénombrement ou Calcul du revenu de la France, qui se voit au livre de Jean Bouchet de Poitiers, intitulé *Le Chevalier sans reproche*, et dans le livre de Jacques Signet, intitulé *La Division du Monde*.

» Il est parlé de lui en beaucoup de livres et surtout dans l'Histoire du Berry ou de Bourges, qui dit qu'Agnès Sorel, aimée du roi, accusa Jacques Cuer d'avoir médit d'eux et d'autres choses, et remarque que depuis sa disgrâce le roi l'envoya avec l'archevêque de Reims, l'évêque d'Alet, Tannegui de Chastel et trois cents autres personnes en ambassade pour l'union du papat.

» Ceux qui en voudront savoir davantage verront le *Floretum philosophicum*, les Éloges des Hommes illustres de Sainte-Marthe, et les Antiquités de France, par Duchesne. »

———

Agnès Saurel ou Sorel, maîtresse de Charles VII, prit naissance au village de Fromenteau en Touraine, et non en celui des Igonières, paroisse d'Orçay, près Vierzon, comme le veut la tradition du pays. Elle étoit fille de Jean Soreau, écuyer, et de Catherine Mignelais, et non de si basse extraction que l'on a voulu faire croire. La beauté et les grâces dont la nature l'avoit très-avantageusement pourvue, lui donnèrent entrée en la maison de la reine de Sicile, et depuis place entre les filles de la reine de France. Elle ne parut pas plutôt à la cour, qu'elle effaça toutes les beautés et attira les yeux et l'admiration de tout le monde. Le roi surtout en devint éperdument amoureux; et elle sut si bien ménager les bonnes grâces de ce prince, qu'elle avoit tout pouvoir sur son esprit. Il lui entretenoit un train et équipage magnifique, lui donna un appartement au château de Loches, et en son palais en la ville de Bourges, où il la voyoit en secret en la tour qui est encore appelée la Tour de la belle Agnès.

Il lui donna la jouissance du château de Beauté, près Paris, et, tant à cause de sa terre que de son exquise beauté, elle fut appelée à la cour mademoiselle de Beauté; et Monstrelet assure qu'entre les belles, elle étoit tenue pour la plus belle du monde. Le roi lui fit don des terres d'Issoudun, de Vernonsur-Seine et de la Rochequessière, et du château de Bois-Trousseau, distant de trois à quatre lieues de Bourges, qui a depuis retenu le nom de Bois-sir-Amé, à cause que le roi, feignant d'aller à la chasse, s'alloit souvent divertir en ce lieu avec sa belle maîtresse. Il se trouve néanmoins un auteur qui assure que le roi Charles VII vécut fort honnêtement avec elle, et que lorsqu'il lui rendoit visite en l'absence de la reine, ou que la belle Agnès le venoit voir, il y avoit quantité de gens présents, et qui onques ne la virent toucher par le roi au-dessous du menton.

Elle eut du roi deux filles qu'il n'a jamais publiquement reconnues. La première, nommée Charlotte, fut mariée à Jacques de Brezé, comte de Maulévrier, sénéchal de Normandie; son mari l'ayant surprise avec Jean Lavergne, poitevin, sur l'avis qui lui en fut donné par Jean l'Apotiquaire, son dépensier, il les tua l'un et l'autre, l'an 1495, quoiqu'elle lui demandât pardon d'une faute qu'il crut irrémissible. Le roi Louis XI, pour le punir de son crime, lui ôta le comté de Maulévrier et les terres d'Annet et de Nogent, et les rendit à son fils aîné nommé Louis. D'autres, néanmoins, écrivent que la fille qu'eut Agnès Sorel mourut en bas âge, et ne fut pas mariée. La seconde, Marguerite, épousa Olivier de Coëtivy, seigneur de Taillebourg, sénéchal de Guyenne.

Pour retourner à la belle Agnès, tous les auteurs conviennent qu'elle étoit très-charitable; et un écrivain du siècle passé remarque une chose assez particulière, qui fait connoître que l'amour que le roi Charles VII avoit pour cette belle, ne lui fit pas si grand préjudice que quelques-uns l'ont cru. Il dit que la belle Agnès, voyant que ce prince, entièrement plongé dans les délices et enivré de son amour, ne songeoit qu'à se divertir et négligeoit ses affaires et le recouvrement de son royaume, elle se servit de cet artifice pour lui exciter le courage. Elle lui dit qu'un astrologue lui avoit autrefois prédit qu'elle seroit aimée d'un des plus courageux et victorieux rois de l'Europe, et que, fondée sur cette prophétie, elle avoit cru, lorsque le roi lui fit l'honneur de l'aimer, qu'il étoit ce roi magnanime qui lui avoit été prédit, ce qui l'engagea de l'aimer plus volontiers; mais qu'ayant depuis fait réflexion sur les actions de ce roi et de celui d'Angleterre, voyant l'un enseveli dans la volupté, négliger ses affaires et souffrir lâchement la perte de son royaume sans y apporter remède, et les armes de l'autre prospérer de jour en jour et faire de nouvelles conquêtes sur le premier, elle reconnoissoit que c'étoit le roi d'Angleterre qui avoit été désigné par la prédiction, et témoigna qu'elle alloit le trouver; que ce reproche eut tant de force sur l'esprit de Charles, qu'il commença dès-lors à penser sérieusement à ses affaires, et s'y appliqua si fortement, qu'à l'aide de ses bons serviteurs, vaillants capitaines, et par sa bonne conduite, il recouvra son royaume : ce que l'on peut confirmer par cette ancienne épitaphe faite par François 1 :

Icy dessous des belles gist l'élite.
Plus de louange et d'honneur tu mérite,
La cause étant de France recouvrer,
Que ce que peut dedans un cloître ouvrer
Close nonnain, ou bien dévot hermite.

Chartier et *Monstrelet* rapportent qu'elle alla trouver le roi en l'abbaye de Jumièges, lors occupé au recouvrement de la Normandie, pour l'avertir qu'aucuns de ses serviteurs le vouloient trahir et livrer à l'Anglois; qu'en ce lieu ayant appris les discours qu'aucuns tenoient de sa conduite et familiarité avec le roi, elle en conçut un tel déplaisir, et pour autres imaginations, qu'elle tomba malade et mourut, le 9 février 1449, du flux de ventre. Plusieurs tiennent qu'elle fut empoisonnée, et même Jacques Cuer en fut soupçonné et depuis accusé; il n'y a pas néanmoins apparence, puisque, par son testament, elle nomma, pour exécuteurs de ses dernières volontés, Jacques Cuer, Robert Poitevin, médecin, et M. Jacques Chevalier, trésorier du roi, et le roi seul, par-dessus les trois. Elle distribua par son testament, tant en aumônes, legs pieux, que récompenses à ses serviteurs, soixante mille écus.

Voyez, pour ce qui concerne les différents monuments qui lui ont été érigés, et les épitaphes et inscriptions, l'Histoire de La Thaumassière, pag. 92 et suivantes.

Chenu a placé parmi les hommes illustres de notre ville Jean Boucher, peintre distingué, et le premier qui a mis la peinture en estime dans le royaume de France. Il avait un génie admirable pour cet art, et il le cultiva par ses études sous les principaux maîtres de l'Europe, ayant fait plusieurs voyages à Rome pour se perfectionner à l'école des plus fameux peintres de son temps. Il a enrichi toutes les églises de cette ville de quantité de superbes tableaux; il en existe encore quelques-uns dans les églises de Saint-Étienne et de Saint-Bonnet. Dans cette dernière église, on voit, dans sa chapelle, un Saint-Jean-Baptiste et les portraits de cet artiste et de sa mère.

Quoique les tableaux de ce maître soient fort estimés, l'on fait encore plus de cas de ses dessins et croquis, parce qu'il était excellent dessinateur. Il en a laissé une très-grande quantité, qui sont répandus dans les cabinets de beaucoup de curieux. Il mourut l'an 1633. Peu avant sa mort, il grava plusieurs de ses dessins à l'eau-forte, que les amateurs conservent soigneusement.

Jean Lescuyer, excellent dessinateur et peintre sur verre, mérite sa place à côté de Boucher. Il a laissé quantité de beaux vitraux en cette ville : il en reste beaucoup dans l'église de Saint-Étienne, à l'Hôtel-Dieu et dans l'église de Saint-Bonnet. Il mourut en 1556 et fut enterré à Saint-Jean-des-Champs.

On lit dans les Mémoires sur la langue celtique, contenant : 1° l'Histoire de cette langue et une indication des sources où l'on peut la trouver aujourd'hui ; 2° une Description étymologique des villes, rivières, montagnes, forêts, curiosités naturelles des Gaules, de la meilleure partie de l'Espagne et de l'Italie; de la Grande-Bretagne, dont les Gaulois ont été les premiers habitants ; 3° un Dictionnaire celtique, contenant tous les termes de cette langue; ouvrage curieux et estimé de J. B. Bullet, imprimé à Besançon, 1754, en 3 vol. in-folio; on lit, dis-je, ce qui suit :

Toutes les nations se disoient nées de la terre ou dans la terre qu'elles occupoient.

Les Gaulois se disoient nés de *Dit* (Dit ou Tit, en celtique, signifie la Terre). César, tout rempli de la religion romaine, dans laquelle Pluton étoit appelé *Dis, Ditis*, a cru que ce peuple se prétendoit descendu de Pluton, divinité qui leur étoit encore inconnue dans ce temps-là. Nos voyageurs tombent tous les jours dans de semblables erreurs ; ils rapportent à nos mœurs, à nos usages, à notre religion, tout ce qu'ils voient, tout ce qu'ils entendent dans les pays étrangers, qui peut y avoir quelque ressemblance. Ceux qui ont parcouru l'Afrique, ayant remarqué certains peuples qui offrent des sacrifices à un être malfaisant et dont ils appréhendent la colère, n'ont point manqué d'écrire que ces nations adorent le diable.

Dun signifie ce qui est haut, ce qui est élevé, soit au propre, soit au figuré, dans toutes les langues.

Dun, montagne, colline, élévation, en ancien gaulois, selon *Clitophon*. Il avoit la même signification dans l'ancien breton, au rapport de Bède. *Dun*, en gallois, signifie montagne, colline, élévation; *Dun*, en irlandois, colline, éminence, élevé, seigneur; en écossois, montagne, colline, élévation, etc. : ce qui démontreroit que les choses les plus communes, qui signifient les objets qui furent d'abord présents à la vue des hommes, sont absolument les mêmes, et que tous les hommes ont une origine commune.

La diversité des climats contribue à la variété des langues.

Le mélange des peuples et la suite des siècles causent les altérations dans les langues.

La terre s'est peuplée par une progression insensible; les noms des habitations ont été pris de leurs situations.

Les descendants de Japhet peuplent l'Europe.

Les Gaulois sont bientôt une nation nombreuse, forcée de se répandre en Bretagne, en Espagne, en Italie.

Les Gaulois ont conservé leur langue sous la domination romaine.

François I acheva de la mettre en honneur, lorsqu'il voulut qu'elle fût la langue des lois, des tribunaux et de tous les actes de la société.

Bituriges étoit le nom ancien des habitants du Berry ; ils commandoient à tous les peuples de la Gaule-Celtique, qui faisoient la troisième partie des Gaules. Ce mot *Bituriges* est composé des mots celtes *Beut*, *Beit*, moutons; *Rich* ou *Ric*, riche : *Beitrig*,

Biturig, riches en moutons; on sait que le Berry abonde en cette espèce de bétail.

Le Cher, *Carus*, Car signifie beau. Guillaume-le-Breton relève la beauté des eaux et des rivages du Cher. Cette rivière est très-rapide; Grégoire de Tours l'appelle un torrent, *garu caru*.

Avaricum : on se forme une haute idée de cette ville, en lisant les Commentaires de César; on y voit que Bourges étoit situé dans l'endroit le plus fertile du pays des *Bituriges;* qu'elle étoit la capitale de ce peuple, l'ornement et la sûreté de la province, l'une des plus belles villes des Gaules; elle étoit aisée à défendre par la force de son assiette, étant ceinte presque de tous côtés de marais, d'une rivière, et n'ayant qu'une avenue fort étroite.

Am, entouré; *mar*, marais; *isc*, rivière (l'*m* en composition se change en *v*) : *Avaric*, mot celte, signifie donc entouré de marais et de rivières.

Voyez pages 108, 109 et 110 du tome 1er des Mémoires cités, tant pour ce que j'ai dit ci-dessus d'après Bullet, que pour ce qui va suivre de relatif aux villes de l'ancien Berry, quant à l'explication de leurs noms celtiques.

Le Blanc, *Oblincum*, sur une éminence, *or*, sur; *blin*, éminence; *chom*, habitation : *Orblinchom*, *Oblincum*, habitation sur le sommet.

Bouche-d'Ègre, village à l'embouchure de l'Ègre dans le Loir, *Boch*, embouchure.

Boussac, *Boussacum* : les deux tiers de cette ville sont situés sur des rochers escarpés et au bord de précipices; le château qui joint le reste de la ville est placé sur un roc presque inaccessible : *Boulch*, *bous*, coupés; *acon*, rochers.

Bouy, village près Mehun-sur-Yèvre, sur une haute montagne, qui est nommé, dans de très-anciens monuments, *Bojiacum*, *Boiacum*, *bog*, *boz*, montagne; *ac*, habitation.

Condé, village à un confluent; *condet*, confluent.

Déols, *Dolum*, au bord de l'Indre; *dol* marque cette situation.

Douadic, bourg situé sur un petit ruisseau nommé le Loing, qui est formé par plusieurs grands étangs et se perd sous terre sans qu'on puisse découvrir sa sortie; *dw* ou *dou*, eau; *adeg*, *adig*, décroissement; *adaw* ou *adag*, laisser, abandonner, quitter : *Douadic*, eau qui manque, qui se perd.

Dun-le-Roy, sur une montagne.

Herry, *Herricum*, dans un terroir excellent pour les blés et pour la nourriture des bestiaux; *er* signifie terre; *ric*, riche, fertile.

Issoudun, *Uxellodunum*, *Exilidunum*, entre deux petites rivières qui se joignent tout auprès et qui en font une presqu'île; son château et la ville haute sont sur une éminence; la ville basse est au pied : *Y-kill* signifie presqu'île; *dun*, éminence; *y-killdun*, éminence presqu'île.

Linières : il y a auprès de cette ville un étang très-considérable, qui a sept lieues de tour; *lin* signifie étang; *hirr*, grand : *Linhirr*, Linières, grand étang.

Massay, *Madiscianum*, bourg coupé par un ruisseau; *med*, *mod*, qui coupe; *isc*, ruisseau; *an*, habitation.

Mehun, *Magdunum*, au confluent de l'Yèvre et d'une petite rivière : *Mag*, ville; *dun*, union, confluent.

Châteaumeillant, *Castrum Mediolanum* (dans Grégoire de Tours), a son château sur une éminence au bas de laquelle il est placé. La ville est arrosée par le ruisseau ou petite rivière de Simaise : *Metou*, *medou*, près; l'*hiant*, courant d'eau.

Méry, près Vierzon, *Meriacum*. La rivière de Baranjon y prend sa source : *Marc*, source; *achi*, rivière.

Montrond, château situé sur le sommet d'une montagne, où l'on ne peut monter que par un seul sentier : *Mon*, montagne; *trum*, sommet : *Monttrum*, *Montrom*, sommet de montagne.

Sancerre, sur une côte remplie de collines, couverte de vignes qui produisent des vins aussi estimés que ceux de Bourgogne : *Sig*, chaîne; *cerre*, colline; de *Sigcerre* on en fait Sincerre; le *g*, dans le grec, se change en *n* devant le *kappa*.

Celh, nom appellatif d'habitation devenu propre à ce lieu; *c'est Selles en Berry*.

Vatan, *Vasticinum*, ville à l'entrée d'une belle et grande plaine : *Vaes*, *vas*, plaine; *tin*, étendue.

Vierzon, *Virzonum*, *Virzio*, au confluent de l'Evre et du Cher; cette ville est située dans un pays charmant et très-abondant; elle est presque toute entourée de belles prairies : *Wyrdd*, *Wyisz*, herbue.

Voilà tout ce qui est relatif au Berri dans les

Mémoires sur la langue celtique et le Dictionnaire de Bullet.

En juin 1834, lors des fondations qui furent faites sur l'emplacement de l'ancienne église du séminaire ou de Montermoyen, pour y construire l'aîle de la caserne qui se voit auprès de celle qui était autrefois le grand-séminaire, le sieur Hugault, entrepreneur à Bourges, adjudicataire de cette entreprise, trouva une tombe qui renfermait des morceaux d'étoffe dans le tissu de laquelle on apercevait encore quelques brins d'or : ce qui annoncerait le haut rang du personnage. Il m'a donné un morceau de cette étoffe qui ne contient aucun brin d'or. Dans la même année 1834, il a été trouvé, dans les fondations des écuries construites au bas de la place Séraucourt, quelques pièces et beaucoup de morceaux de charbon à une grande profondeur en terre; les ouvriers m'en ont donné un morceau.

Je me suis procuré six bustes en marbre représentant des empereurs, sénateurs ou autres personnages de Rome. J'en ai échangé deux avec M. Auguste Grasset, fameux antiquaire, demeurant à La Charité, où il a fondé un superbe musée. Il m'a sollicité vivement de lui céder les six; mais, autant curieux de les conserver que lui de les avoir, je bornai le plaisir que j'avais de l'obliger, en lui en cédant deux qui sont dans le musée qu'il a fondé. Ces six bustes avaient été achetés par MM. Polti, marchands à Châteauroux, d'un cafetier de Montluçon, qui les avait achetés à la discussion des effets d'un amateur. Ces bustes ont été trouvés aux environs de Montluçon, du côté de Néris-les-Bains, dans des fouilles faites sur l'emplacement d'une tourelle. *Voyez* la planche 4, n° 1er.

Tout ce que je vais dire se rattache à l'Histoire du Berri. *Voyez les Recherches de Baraillon.*

Néris était autrefois une très-grande ville romaine; son étendue était telle, qu'un homme à pied ne pouvait, en quatre heures, en parcourir la circonférence.

A prendre le Berri tel qu'il fut à la formation des diocèses, sans égard aux divisions des Gaules que firent César, Auguste et leurs successeurs, il suffit de savoir que le diocèse de Bourges touchait immédiatement à ceux de Limoges, de Clermont et d'Autun : on sait que le mot *diocèse* était dans l'origine l'équivalent de celui de province. En conséquence, les villes d'Argenton, Bruère, Drevant, Charletroy, Châteaumeillant, Toull, Néris, Chantelle, Bourbon-l'Archambault, etc., étaient du diocèse de Bourges et faisaient partie du Berri. La plupart des auteurs qui ont écrit sur l'histoire du Berri les ont rangées parmi celles que l'on brûla par le conseil de Vercingentorix, à l'arrivée de César ; mais l'opinion contraire a prévalu.

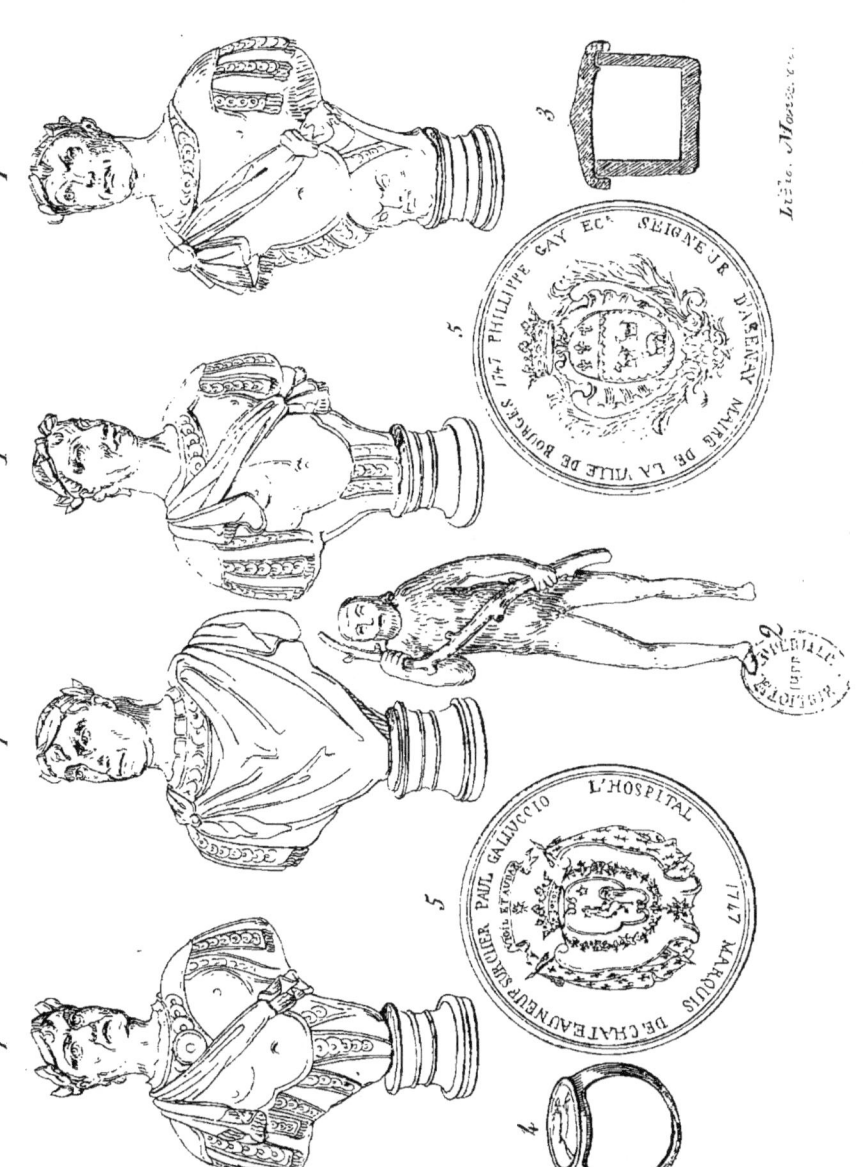

1 Bustes Romains. 2 Gaulois. 3 Tombeau. 4 Bague.
5 Médaille des Maires de Bourges.

Néris doit donc être considérée comme une ville importante de l'ancienne province du Berri. En effet, aucune partie de cette province, et même de la France, n'offre autant de ruines de palais, autant de débris de chapiteaux, de colonnes de toutes les espèces, de pièces de marbre, de vases de *terra campana*, autant de médailles et d'aqueducs, sans parler des statues.

Il est donc probable que ces six bustes représentent de grands personnages, si ce ne sont des empereurs. Une recherche, d'après leur costume, pourrait faire connaître de quelle dignité ils sont revêtus.

La voie d'Argenton à Néris traversait Châteaumeillant; celle de Bourges par Bruère venait s'y joindre. Châteaumeillant communiquait encore avec La Châtre par la première, laquelle est encore intacte en beaucoup d'endroits. La carte de Peutinger en fait mention : *Argantomago*, *Mediolano Aquis Neri*. Mais le plus ancien, le plus remarquable des chemins était celui de Toull; il est tortueux, pavé de très-grosses pierres, à peine large de trois mètres, et tel, en un mot, que le sont tous ceux des Celtes : il est reconnaissable en beaucoup d'endroits.

Extrait de la Bibliothèque du Droit français de Bouchel, sur le mot *loix*.

Le roi Louis XI, bien qu'autrement il fut prince fort entier en ses opinions, se soumettoit néanmoins à la raison, quand, avec le respect qui lui étoit dû, on la lui faisoit voir. Comme il avint une fois, qu'ayant usé de grandes menaces contre sa cour de parlement de Paris, fondé sur le refus fait de vérifier certain édit inique et pernicieux, la plupart de messieurs de la cour l'allèrent trouver en compagnie du sieur de La Vaquerie, premier président, lequel, portant la parole au nom de toute la plus célèbre compagnie qui fut lors en chrétienté, le supplia de prendre en bonne part le refus fait par la cour de vérifier son édit, et ne l'interpréter point à faute de respect, fidélité et obéissance; et pour lui montrer le regret qu'ils avoient de ne le pouvoir servir en cette occurrence à sa volonté, c'est qu'ils étoient venus lui remettre librement leurs offices, plutôt que de faire brèche à l'honneur de ce grand sénat, et qu'il leur fût jamais reproché d'avoir, *par crainte de perdre leurs offices*, crédit et autorité, fait chose contre leur honneur et conscience. Un tyran les eut pris au mot, et au lieu d'iceux en eut mis d'autres à sa fantaisie, qui eussent effectué toutes ses volontés, *bonnes ou mauvaises, justes ou injustes*, et, au partir de là, *eussent fait un beau ménage*. Nos rois, mêmement de l'estoc de saint Louis, ne vivent pas de cette sorte; et je dirai franchement que ce prince montra en cet acte un trait de grande prudence, et pratiqua bien à propos un proverbe qu'il avoit ordinairement à la bouche et qui mérite de n'être pas mis en oubli, que : *Quand l'orgueil et la présomption marchent les premiers, honte et dommage les suivent de près;* car, voyant la résolution de ces gens de bien des premiers de son royaume, et considérant que c'étoit pour son bien qu'ils lui conseilloient, et non pas pour leur particulier, qu'un bon roi doit acquiescer à la justice et à la raison plus qu'à sa propre volonté, *au lieu de les rudoyer*, leur parla fort gracieusement et leur dit *qu'il avoit été surpris* par l'importunité de quelques-uns à qui il n'en savoit point de gré; mais qu'il les tenoit pour ses bons et affectionnés serviteurs; qu'ils continuassent à faire leurs charges en gens de bien : que, pour lui, il leur seroit bon roi, et jura *que de sa vie* ne les contraindroit à faire chose contre leur conscience; et dès-lors en avant il leur tint inviolablement sa promesse.

Cet acte fut de bien grande importance pour maintenir le roi en l'obéissance de la raison, qui autrement avoit toujours usé de puissance absolue.

Ce grand trait de Louis XI, né à Bourges, mérite sa place dans l'histoire, et surtout dans ce Recueil.

Les sources de la Loire, qu'on nommoit autrefois *Liger*, sont dans le Haut-Vivarois en Languedoc, et au pied du mont Gerbier-le-Joux. Elle coule d'abord de l'orient au septentrion, tourne ensuite vers l'occident; et après avoir traversé le Velay et le Forez, où elle devient navigable dès la petite ville de Saint-Rambert, bien au-dessus de Roanne, elle arrose le Bourbonnois qu'elle sépare de la Bourgogne; le Nivernois et le Gâtinois, qu'elle sépare également du Berry; entre dans l'Orléanois, continue son cours par le Blaisois, la Touraine, l'Anjou, une partie de la Bretagne, et va se rendre enfin dans l'Océan, après une course de plus de cent cinquante lieues, par une seule embouchure, à douze lieues au-dessous de Nantes.

Les débordements de cette rivière sont connus par les dommages qu'ils ont occasionnés en différents temps. Le pays situé entre la Loire et le Loiret paroît en avoir été inondé à une hauteur extraordinaire. On voit encore aujourd'hui à la paroisse Saint-Nicolas, Saint-Mesmin, une pierre dans le pignon de l'église, derrière la porte, à main gauche en entrant, sur laquelle on lit ce quatrain :

> L'an mil cinq soixante-sept,
> Du mois de may dix-sept,
> En cette place et endroit
> Se trouvèrent Loire et Loiret.

Ces inondations proviennent de la fonte des neiges des montagnes du Forez et de l'Auvergne. Nos rois n'ont rien négligé pour les prévenir, ou du moins pour les rendre moins fréquentes. Dès le temps de Charlemagne, on construisit des levées pour contenir la Loire dans son lit. Les successeurs de ce prince les ont fait entretenir avec soin. Charles IX ordonna, en 1560, que les villes d'Orléans, Blois, Tours et Angers, nommeraient des commissaires pour veiller à cet entretien. On a depuis créé des officiers des turcies et levées, avec lesquels MM. les intendants des généralités d'Orléans, Moulins, Bourges et Tours, chacun dans son département, font les adjudications des ouvrages qui doivent être faits chaque année, selon les états arrêtés au conseil, pour réparer les levées.

La Loire, excepté dans les temps d'inondation et de grosse crue, coule assez tranquillement. Son lit est formé d'un beau sable fin et de gros cailloux, dont la plupart sont transparents. Elle est médiocrement poissonneuse : parmi ses poissons de passage, on distingue le saumon, l'alose et la lamproie. Ses eaux sont diaphanes, absolument sans odeur et sans saveur, légères et très-salubres.

C'est ce qui résulte de l'examen chimique des eaux de la Loire, par M. Guindaut, p. 9, 21, etc.

Monument de la Pucelle d'Orléans.

Ce monument de la piété et de la reconnoissance de Charles VII, qui le fit faire en 1458, étoit placé sur l'ancien pont, du côté de la ville, et en fut enlevé à l'occasion des ouvrages de charpente que l'on y fit en 1745, pour empêcher sa ruine. Les Huguenots, aux seconds troubles en 1567, en avoient brisé les figures, à l'exception de celle du roi, quoique Du Haillan écrive qu'elles furent abattues par hazard d'un coup de canon. Elles furent refondues le 9 octobre, trois ans après, aux dépens de la ville, par un nommé Hector Lescot, dit Jacquinot, et replacées sur leurs bases le 15 mars de l'année suivante 1571. Tous les membres de ces figures forment un jet séparé, et on croit que ce sont les secondes qui aient été fondues en France. En 1606, parut un Recueil in-4° d'inscriptions en vers et en prose, et en plusieurs langues, destinées à remplir les tables d'attente qui se trouvoient sur la base du monument élevé sur le pont.

Enlevé depuis près de trente années de dessous les yeux du public, et relégué dans l'obscurité, ce monument destiné à perpétuer la reconnoissance des orléanois et le souvenir de leur patriotisme, faisoit naître leurs justes regrets. Les étrangers partageoient avec eux le désir de le voir rétablir d'une manière convenable. Enfin, en 1771, MM. les officiers municipaux le firent replacer à l'endroit qu'il occupe aujourd'hui, par les soins et sous la conduite de M. Desfriches, citoyen distingué par ses talents supérieurs pour le dessin, et dont le bon goût est bien connu.

Ce monument, porté sur un piédestal en pierre, de neuf pieds de longueur sur autant de hauteur, est composé de quatre figures de bronze, à peu près de grandeur naturelle, et d'une grande croix de même métal ; la vierge est assise au pied de la croix, sur un rocher ou calvaire en plomb, qui réunit toutes les figures. Elle tient sur ses genoux le corps de Jésus-Christ étendu. Au dessus de la tête du Sauveur, à quelque distance, est un coussin qui porte la couronne d'épines ; à droite est la statue du roi Charles VII, et à gauche celle de Jeanne d'Arc ; l'une et l'autre à genoux sur des coussins qu'on a ajoutés au nouveau monument. Ces deux figures, qui ont les mains jointes, sont armées de toutes pièces, à l'exception des casques qui sont posés un peu en avant ; celui du roi est surmonté d'une couronne. L'écu des armes de France est entre les deux, appuyé sur le rocher, sans aucun support, sans couronne ni autre ornement. La lance de la pucelle est étendue en travers de ce monument. Cette fille célèbre est en habit d'homme, et distinguée seulement par sa chevelure qui est attachée avec une espèce de ruban, et qui tombe au-dessous de la ceinture. Derrière la croix est un pélican qui paroît nourrir ses petits de son sang : ils sont renfermés dans un nid ou panier, et étoient autrefois au haut de cette même croix, au pied de laquelle, sur le devant, on a ajouté un serpent tenant une pomme.

Le piédestal, qui sert de base, est orné de cartouches et de tables de marbres noir, sur lesquelles on a gravé, en lettres d'or, deux inscriptions dont on doit la composition à M. Jacques du Coudray. Sur la première table, qui regarde la rue Royale, on lit ce qui suit :

Du règne de Louis Quinze,
Ce monument érigé sur l'ancien pont
Par le roy Charles VII, l'an 1458,
En action de grâce de la délivrance
De cette ville, et des victoires remportées
Sur les Anglois par Jeanne d'Arc,
Dite la Pucelle d'Orléans,
A été rétabli dans sa première forme,
Du vœu des habitants, et par les soins de :

M. Jacques Du Coudray, maire ;

MM. Isambert de Bagnaux,
Vaudeberge de Villebourc,
Boilleve de Domey,
De Loynes de Gautray, } échevins.

MM. Desfriches,
Chaubert,
Colas de Malmusse,
Arnault de Nobleville,
Boilleve,
Lhuillier de Planche-Villiers, } conseillers.

L'an M. DCC. LXXI.

L'inscription de la face opposée est remarquable par sa noble simplicité :

D.   O.   M.

Pietatis in Deum,
Reverentiæ in Dei param
Fidelitatis in Regem
Amoris in patriam
Grati animi in puellam
Monumentum
Instauravére cives Aureliani
Anno Domini M. DCC. LXXI.

Les dessins du piédestal et de la grille simple et élégante qui l'entoure, sont de M. Soyer, ingénieur des turcies et levées, et l'ensemble de ce monument est dû à M. Desfriches.

Ce monument, élevé à la pucelle d'Orléans, n'est pas la seule marque subsistante de l'hommage que les Orléanois rendent à cette fille vertueuse, qui releva le courage de la nation dans la crise où elle se trouvoit, et arrêta le cours des armes, jusqu'alors prospères, de nos ennemis ; ils consacrent chaque année à sa mémoire, le huit mai, époque de la levée du siège de leur ville, une fête destinée à peindre toute leur reconnoissance. Ce jour-là, dès le matin, le corps de ville se rend en cérémonie à la cathédrale, où l'on prononce un discours en l'honneur de Jeanne d'Arc. Il se fait ensuite une procession générale qui va de cette église à celle des Augustins ; elle passe en revenant devant le monument de la pucelle. A cette procession assiste un jeune garçon, vêtu d'un habit tailladé, aux couleurs de la ville, dans le costume du temps. Il porte un drapeau, et est précédé d'une bannière. Cet enfant est destiné à représenter la Pucelle[1].

Les amphithéâtres étoient de figure ronde. C'étoit où les gladiateurs se battoient et s'entretuoient

---

[1] Ce dernier article et le précédent sont tirés des Essais historiques sur Orléans, par Daniel Polluche. A Orléans, chez Couret de Villeneuve, 1778, vol. in-8°.

pour donner du plaisir à ce peuple belliqueux, et l'accoutumer au sang dès ses plus jeunes ans. C'étoit pareillement là que les empereurs exposoient des bêtes féroces, comme lions, tigres et autres que l'on amenoit de l'Asie et de l'Afrique, pour donner au peuple le plaisir de la chasse. Le fond ou milieu de l'amphithéâtre s'appeloit *Arena*, à cause de l'arène ou sable dont il étoit couvert. De là, l'amphithéâtre se relevoit par degrés, se rehaussant et s'élargissant les uns sur les autres, et qui finissoient en haut par de grandes galeries ouvertes par le dehors, et garnies vers le dedans d'une infinité de fenêtres d'où l'on regardoit les spectacles. Les naumachies tenoient beaucoup de la forme des théâtres, et il n'y avoit quasi que le fond de différent; car au lieu d'arène, c'étoit de l'eau qui en occupoit le milieu, et que l'on y faisoit couler des acqueducs ou des rivières en telle abondance, qu'elle pouvoit porter de grands vaisseaux de combat, tels que ceux qui servoient dans les batailles navales; aussi ces lieux ne servoient-ils à autre chose que pour représenter au peuple l'image et l'apparence des combats qui se font sur mer : d'où seroit venu à ces grands bâtimens le nom de naumachie, qui ne signifie autre chose que combat sur navires ou galères.

Vers sur l'incendie de Bourges, arrivé l'an 1487, le jour de la Magdelaine; par JALIGNY.

Le grand feu très fort merveilleux
A fait maintes gens douloureux,
Qui advint par adversité
A Bourges, la noble cité,
Par grand malheur et par effet,
Mil quatre cent quatre-vingt-sept,
Un jour de feste Magdelaine,
Dont en sortit souci et peine
Qui durera plus de cent ans
Aux enfants des pauvres perdans.
Commença, ainsi je le crois,
Par l'église de Sainte-Croix,
Et de là fit la descendue
En brûlant toute la grand'rue
Que l'on nomme de Mont-Chevri [1];
Et puis après, comme je vi,
Embrâsa, comme s'il fut fol,
Tout Saint-Ambroise et tout Petol [2],
Porte-Neuve et rue des Toiles,
Et puis après tendit ses voiles,
Brûlant Auvent [3] et Croix-de-Pierre;
Et après il s'en vint conquerre
L'église Saint-Pierr'-le-Marché.
Aussi n'en eut meilleur marché
La grand'rue de la Parerie [4];
De toutes parts en fut saisie
La rue des Seps et Mirebeau
Et toutes maisons dessus l'eau;
Et puis après mit tout à net
La paroisse de Saint-Bonnet,
Et Saint-Laurent, maisons, église,
N'y laissa pas une chemise.
La moitié du bourg Saint-Privé

Ne Saint-Quentin n'en fut privé,
Non plus le portail de la ville.
Que maudit soit de fois cent mille
Jean Germain, lequel tant de bois
Y mit, qu'il brûla cette fois!
Et en continuant mes dits
Les Carmes, Comtau[5], Paradis,
De toutes parts fut désolé
Et déconfit et affolé
Par le grand feu qui fut tant chaud.
. . . .
Jusques au coin qu'on dit Bastard[6],
Tout fut brûlé, perdu et ard,
Comme si c'étoit feu de poudre;
Mais, Dieu mercy, ne passa outre
Les Augustins, la Boucherie,
Les Changes, la Poissonnerie.
Porte Gordaine n'eut pas mieux,
Pelleterie[7] ne la *Narette*[8].
Chacun pensait presque défaite
De la grand'rue[9] près la moitié
Et de Charlet dont fut pitié.
Saint-Jean-des-Champs point n'y toucha,
Mais près de lui fort s'approcha
Chez l'avocat du seigneur roy[10].
Fut appaisé au matin coy
En rendant au nom Dieu mercy,
Fut appaisé partout ainsy.
Je prie à Dieu, à sa puissance,
Aux perdants donner patience
Et les rembourser de leurs pertes
Dont leurs douleurs sont bien apertes;
Leur octroyer pour payement
A tretous éternellement,
Par sa digne permission,
De son paradis la maison.

AMEN.

EXPLICATION DES MOTS AUXQUELS IL Y A DES RENVOIS.

1. De Saint-Sulpice.
2. La rue où est le coin de Pitou ou Poitou.
3. Poids-le-Roy.
4. La rue de la Parérie, derrière Saint-Pierre-le-Marché.
5. Le prieuré de la Comtal, à présent l'église du Collége.
6. Les Quatre-Coins.
7. Rue qui monte de la Porte-Gordaine à la rue de Coursalon.
8. Rue des Vieilles-Prisons.
9. La rue de Bourbounoux.
10. Pierre Tullier.

Copie littérale d'un Mandat délivré sur parchemin, par les Maire et Échevins de la ville de Bourges, le 17 janvier 1575, à Jean Gorjon, crieur de patenôtres.

Les maire et échevins, commis et élus au faict de poulice, gouvernement et affaires communs de la ville de Bourges, à M. Antoine Saultereau, receveur des deniers communs de ladite ville, salut. Nous vous mandons que des deniers de votre recepte, vous payiez, bailliez et délivriez, à Jean Gorjon, crieur de patenôtres, la somme de trente sols tournois, faisant moitié de la somme de soixante sols tournois qu'il a chacun an de gages de ladite ville, pour ses peines et travaux qu'il prend chacune nuit d'aller crier la patenôtre pour inviter le peuple à prier Dieu pour le roy, la royne et tout le sang royal, et aussi à prier pour les ames des défunts trépassés, et ce, pour demie année finie et échue au jour et feste de Noël dernièrement passé; et rapportant ces présentes avec quittance dudit Gorjon, ladite somme vous sera allouée en vos comptes par les auditeurs à ce commis. Donné en la maison, chambre commune de ladite ville, le dix-septième jour de janvier, l'an mil cinq cent soixante-treize. Signé Jaupitre, maire ; de Boisrouvray, Boirot, Gougnon.

Ce mandat original, en parchemin, long d'un pied sur près de trois pouces de largeur, appartient à M. Moussoir, greffier de la justice de paix du canton, qui me l'a prêté; je l'ai copié textuellement le 14 mars 1836.

Dans le recueil des privilèges de la ville de Bourges, imprimé en 1643, on lit, page 9, *recto :*

Quiconque chassera par vignes, à pied ou à cheval, les fruits étant en icelles, il payera cinq sols au roy, ou perdra *l'oreille*, et payera les dommages des parties.

Item : Quiconque sera trouvé en vignes ou en vergers, en prés, en bleds, ou en osches ou oulches, parmi ce que le fruit y soit, et soit trouvé cueillant, ou avoir cueilli ledit fruit, si ce n'est du consentement de celui à qui la chose est, il payera cinq sols, ou perdra l'oreille, et payera les dommages des parties. Mais se il n'y a plaintif devers justice, le prévost n'y peut rien demander, et veut le roy que si celui à qui est l'héritage, ou en domaine ou en adcence, soit creu, se il témoigne avoir trouvé ou vu autre dedans son danger, et en seront creus ses messaiges aussi; mais se personne étrange y avoit trouvé aucun, et celui qui auroit été veu ou trouvé, juroit par son serment, qu'il n'en est rien, en cette manière, il s'en iroit franc et quitte sans bataille, car anciennement l'on bailloit bataille pour preuves.

Cet article est la traduction de la première Charte en latin, du roi Louis VII, dit le Jeune, donnée environ l'an 1173, et confirmée par cinq rois de France ses successeurs, contenant les anciennes coutumes et privilèges des bourgeois et habitans de la ville et septaine de Bourges.

Voyez les pages 1 et 3 du Recueil imprimé en 1643.

M. Robinet-Desgrangiers, dans son histoire manuscrite du Berry, tome 2, dit positivement que l'église souterraine de Bourges a été bâtie vers le milieu du IXe siècle, par le bienheureux Raoul de Turenne, quarante-sixième archevêque de Bourges. C'est ce même Raoul de Turenne qui, le premier des archevêques de Bourges, fut honoré du titre distinctif de patriarche, par le pape Adrien et Charlemagne, confirmé par Pascal I.

L'église souterraine bâtie par Raoul de Turenne, quarante-sixième archevêque de Bourges, n'est que la troisième. Les deux autres, bâties antérieurement, l'ont été, la première, par saint Ursin, martyr en Berri, vers 260; la seconde, par saint Palais, vers 380.

Cet article est encore tiré de l'Histoire inédite de M. Robinet-Desgrangiers, dont le manuscrit est dans la famille de MM. de Bengy.

L'église de Saint-Ursin de Bourges, paroisse et chapitre, a été fondée en l'an 545, sous le règne de Childebert; c'étoit auparavant un temple payen.

L'érection du monastère des Jacobins de Bourges eut lieu en 1230, par sire Guillaume, qui partit en 1248 pour la Terre-Sainte, avec le roi saint Louis. L'archevêque contribua à cette érection.

Hervé fit bâtir le couvent des Cordeliers de Bourges en 1270.

Les armes de Bourges, un âne dans un fauteuil *(asinus in cathedrâ)*. Il existe, suivant l'abbé Bordelon, qui l'a vu sans doute à Rome dans la bibliothèque du Vatican, un ancien manuscrit latin qui est une espèce de commentaire sur les Commentaires de César. Il renferme, dit-il, le passage suivant: *Asinius fuit*[1]*, urbi Avarico, tanquam arma inimicis maximè exitiosa*, qui offre le nœud ou l'expli-

---

[1] Sous entendu, sans doute, *in cathedrâ*.

cation du proverbe. Pendant que Jules César assiégeoit la ville de Bourges *(Avaricum)*, Vercingentorix, chef des Gaulois, ayant donné ordre à un capitaine, nommé *Asinius*, de faire faire une sortie par ses soldats contre les troupes de César, ce capitaine *Asinius*, ne pouvant les conduire lui-même à cause qu'il étoit très-incommodé de la goutte, envoya à sa place son lieutenant ; mais une heure après, comme on vint lui dire que son lieutenant lâchoit pied, il se fit porter dans une chaise aux portes de la ville, et anima de telle sorte ses soldats par ses discours et sa présence, qu'ils reprirent courage, retournèrent contre les ennemis, et en tuèrent un grand nombre ; ce qui fit dire qu'Asinius dans sa chaise avoit, aussi bien que par les armes des soldats, défait les troupes de César, et sauvé la ville de Bourges. Le sens primitif s'est altéré par rapport au mot *armes*, qu'on a changé en celui d'*armoiries*, et au nom d'*Asinius*, auquel on a substitué le mot âne.

Bordelon (Laurent), né à Bourges en 1653, mourut à Paris en 1730, à 77 ans, chez le président de Lubert, dont il avoit été précepteur. Il étoit docteur en théologie de la faculté de Bourges. Il a composé un grand nombre d'ouvrages, qui n'ont dû leurs succès, pendant quelque temps, qu'à leurs titres singuliers qui les faisoient acheter avec empressement. Il ne reste plus que son *Histoire des Imaginations extravagantes de M. Ouffle*, servant de préservatif contre la lecture des livres qui traitent de la magie, des démoniaques, des sorciers, etc. On l'a réimprimée en 1754. Cet Ouffle est un homme à qui la lecture des démonographes a fait perdre la tête. Les curieux recherchent assez ce livre, ainsi que ses Dialogues des Vivants. On peut voir le catalogue de tous ses ouvrages dans le 14ᵉ de ses Dialogues des Vivants, in-12.

La Loire.

Si le prince des poëtes latins eût eu autant de passion pour les intérêts de la vérité, qu'il en avoit pour la réputation de l'Italie, jamais il n'eût privé la Loire du titre de Roi des Fleuves pour le donner au Pô, puisque cet italien n'a rien de comparable à notre françois, qui possède tous les droits d'une haute majesté, et en porte les marques dans l'étendue de son cours, et sur la grandeur de son canal; car il n'est point de rivière en Europe qui pousse plus loin ses flots et qui arrose plus de provinces, si ce n'est le Danube : et beaucoup moins en est-il une dont la navigation soit plus favorable et plus avantageuse aux peuples pour l'entretien de leur commerce, et dont les passages soient plus importants pour la conservation d'un grand état, que ceux de la Loire, qui partage la France en deux parties et la traverse par le milieu.

C'est peu de dire que, prenant son origine dans le Velay, elle enrichit plus de douze provinces par la communication de ses eaux, et remplit les fossés de plus de trente belles villes, avant que d'arriver à Nantes, où elle se retire dans la Mer-Britannique, pour s'y délasser après un voyage de près de deux cents lieues qu'elle a faites, chargée de marchandises, particulièrement depuis Roane, où elle commence à porter des bateaux. Ces ruisseaux et ces rivières qui viennent de tous côtés se rendre à elle aussi fréquents et serrés que des gouttes de pluie, que sont-ce autre chose, sinon des hommages que lui rendent les terres par où elle passe, en reconnoissance de ses grandeurs et de ses libéralités? Ces ponts voûtés sur ses eaux, et qui s'élèvent comme des arcs de triomphe portés sur des pilastres, aussi hardis en leur assiette que recherchés en leur architecture, ne sont-ce pas autant de marques glorieuses de l'honneur qu'elle s'est acquis dans l'estime des peuples, qui ne passent de la Gaule-Celtique dans l'Aquitanique, et ne repassent de l'une à l'autre que sous son aveu et avec ses passeports? Et ces superbes cités, qui sont presque toutes capitales d'autant de provinces, bâties sur ses rivages, nous témoignent les soins qu'ont eus les fondateurs de rechercher son alliance et de se ranger sous sa protection.

Mais quel jugement peut-on faire de cette grande levée qui s'étend le long de ses bords et qui couvre toute la magnificence des somptueux bâtiments de l'ancienne Rome, puisqu'on ne voit rien de semblable dans les pays de conquête où ces vainqueurs du monde s'étudièrent avec tant d'ambition de faire connoître à la postérité la grandeur de leur empire par la grandeur de leurs ouvrages? N'est-ce pas, à dire le vrai, une couronne de paix que l'empereur Louis-le-Débonnaire offrit à ce fleuve pour arrêter sa colère et ses saillies, qui le portoient assez souvent hors de son lit et le jetoient bien avant dans les terres de la Beauce, du Blaisois, de la Touraine et de l'Anjou, qu'il ravageoit cruellement quand une fois il s'étoit débordé, noyant les moissons dans les campagnes, et entraînant les hommes et les maisons dans une même ruine? Cette grande quantité d'îles que la nature lui a pratiquées dans son sein, les unes pour le divertissement, et les autres pour le profit, me semblent autant de perles qui lui servent d'atours, suivant la pensée d'un des plus honorables hommes de l'antiquité, qui nommoit les grandes îles les joyaux de la mer. En un mot, tout ce qui peut rendre une rivière recommandable, se trouve dans la Loire; à savoir : le cours d'une longueur prodigieuse, la navigation favorable, les bords chargés de grosses villes, les terres voisines fertiles à merveille, les passages avantageux, les ponts superbes, le canal grossi de plus de deux cents autres rivières, et l'eau abondante en toutes sortes de bons poissons. Je commence donc à la suivre avec ma plume depuis sa source.

Le pays de Velay est joint à l'Auvergne, et sépare

le ressort de Paris d'avec celui de Tholose, par les bornes du Rhône. C'est là que la Loire prend sa source, au Gerbier-le-Joug, entre trois montagnes, Mesinc, Lambre et Clergeac. A peine est-elle née, qu'elle commence à faire du bien aux hommes, arrosant une grande prairie qu'on nomme Loiret, et la tapissant d'une agréable verdure. Elle se porte premièrement vers le midi, puis elle rebrousse vers le septentrion; ensuite elle biaise, tirant au nord-ouest jusqu'à Orléans, et enfin elle continue de marcher toujours droit vers le couchant jusqu'à son embouchure. Le premier pont de pierre dont elle se couvre est à Riotier, à trois lieues de sa fontaine, mais si petit, qu'une dame françoise mariée à un gentilhomme de Florence, qui avoit franchi la longueur de son espace en deux pas, posant les pieds sur un bassin d'argent au milieu, fit croire aux Italiens qu'elle avoit passé la Loire sur un pont d'argent; le deuxième est à Godet, où se va décharger le ruisseau de la Colence; et le troisième est au-dessous de Solignac, d'où s'avançant un peu dans les montagnes, elle reçoit l'Olizon et la Borne, qui se joignent ensemble dans les fossés de Notre-Dame-du-Puy, pour venir de compagnie lui rendre leurs devoirs, et se soumettre à elle à deux lieues de leur ville. Cette ville est un évêché, la cathédrale et le chef du Velay, assise sur la pointe d'une montagne, et renommée pour son église de Notre-Dame, où se gardent les précieuses reliques du prépuce de Jésus-Christ, la mitre d'Aaron, le premier et le souverain pontife du peuple de Dieu; et, s'il s'en faut rapporter à la pieuse crédulité des habitants, ils ont même quelques cierges de ceux qui furent allumés au trépassement de la Vierge.

Au sortir du Velay, on se trouve dans le pays de Forêt, qui emprunte son nom du mot latin *forum*, c'est-à-dire marché, plutôt que des bois et des forêts dont il est couvert. Aussi la capitale s'appelle Feurs, pource que les Bressans ou Segusiens y portoient leurs denrées au marché, pour les vendre aux Romains, quand ils tenoient les Gaules. Le Forêt et le Velay sont divisés par la rivière d'Anse, qui vient d'auprès de St.-Ambert se décharger dans la Loire au bourg de Bas, passant sous les ponts Emperat, Chalancone, Viane et Tholin. Vous ne faites pas un long chemin sur la Loire sans trouver St.-Rambert, où se voit un beau pont qui fut bâti pour la commodité des marchands du Languedoc, qui vont trafiquer à Lyon. A côté de Saint-Rambert paroît St.-Étienne-de-Furen, assis au pied de la montagne de Sainte-Barbe, qu'on prendroit plutôt pour un enfer de diables que pour une habitation d'hommes, n'étoit cette grande croix qui est élevée à une des portes de la ville, comme un trophée de salut, dont le tronc, qui n'est que d'une pièce, ne peut être embrassé par deux hommes, qui montre que les ames peuvent bien conserver leur pureté sous des visages charbonnés, sans contracter aucune saleté de corps, non plus que le soleil, quand il verse ses rayons dans les bourbiers. Proche de St.-Étienne il y a trois montagnes, Mine, Viale et Bute, qui brûlent continuellement et jettent des flammes, comme le Vésuve en la champagne d'Italie. Elles produisent aussi des mines de fer et de charbon, dont les habitants, qui sont les meilleurs ouvriers de France, se servent pour forger toutes sortes d'armes et d'ouvrages de fer. De sorte qu'étant proche de cette ville, vous n'entendez que des coups de marteaux sur des enclumes, qui mènent plus de bruit que le tonnerre; et vous n'y voyez que des hommes barbouillés, qui sont plus effroyables que des lutins de nuit, qui n'ont rien de blanc sur eux, que les dents et les prunelles. On jureroit que c'est une peuplade d'Africains ou de Nègres, qui ont été transportés en France pour servir de forgerons. Il n'y a qu'aux jours de fêtes qu'ils changent de robe et de visage, et qu'ils deviennent aussi blancs que les septentrionaux, par le moyen de l'eau de leur petite rivière, on la nomme Chenevalet, qui a cette admirable propriété de nettoyer et de blanchir tout ce qu'elle lave, mieux que la lessive ni le savon.

Les mines de charbon qui sont dans le terroir et qui rendent la ville comme une boutique de Vulcain, sont si abondantes et si creuses, qu'on y va bien loin avec des chevaux et des charrettes : et le feu s'est tellement attaché à une de ces mines, qu'elle brûle depuis trente ou quarante ans; la flamme paroît la nuit et en temps humide : ce feu consume le charbon qui est dessous, et laisse la terre au-dessus semblable à de la cendre, incapable de porter aucun fruit. Le Forêt a eu ses anciens comtes, seigneurs puissants, de qui la race étant finie, Anne, fille et héritière du dernier comte, fut mariée à Louis II, duc de Bourbon, dont ses successeurs, jusqu'à Charles de Bourbon, comte de Montpensier, connétable de France, ont joui de la terre, et en sa personne par la confiscation elle a été réunie à la couronne. Le pays est sous le gouverneur du Lyonnois et sous l'archevêque de Lyon. Je ne veux pas omettre un autre ruisseau qui vient de Saint-Bonnet-le-Château se jeter aussi dans la Loire, et qui n'est pas moins propre pour donner la trempe à l'acier, que ce fleuve si vanté par les Espagnols sous le nom de Chalibs, à cause de ses usages, la nature nous voulant témoigner qu'elle communique à la France, en gros et avec profusion, les faveurs qu'elle ne donne aux autres qu'en détail et avec retenue.

On auroit plutôt compté toutes les étoiles du firmament, que le grand nombre de ruisseaux et de rivières qui se glissent imperceptiblement de tous côtés, et vont se rendre à la Loire comme autant de petites lumières qui veulent se concentrer dans le corps du soleil. La Coise descend de Saint-Galmier, amenant avec elle les eaux miraculeuses de la Fons-Fort, dont les effets donnent autant de peines à l'esprit des philosophes et des médecins, que d'utilité au corps des habitants du lieu. Elle supplée au défaut du vin, elle vaut mieux que le levain pour pétrir le pain et faire lever la pâte, et un verre de son eau a plus de force que toutes les recettes d'Hippocrate et de Galien pour la purgation des humeurs. Ne voilà pas des gens heureux, qui n'appréhendent point que la rigueur des hivers gèle leurs vignes, qui, en toutes les saisons de l'année, font vendanges à peu de frais, et qui peuvent conserver leur santé sans nuire à leur bourse? car il est hors de doute qu'un demi-setier de cette eau miraculeuse, mêlée avec un peu de vin, ne l'affoiblit aucunement; au contraire, lui donne une force particulière, qui réchauffe et anime ceux qui la boivent, et leur sert de remède et de préservatif contre toutes sortes de maladies, pour arriver jusqu'à une belle vieillesse, sans autres drogues que le seul usage de l'eau de cette fontaine. On ne peut néanmoins s'en servir à cuire les viandes, pource qu'elle s'en va toute en fumée et se résout en vapeurs, dès-lors qu'elle commence à bouillir. La Vesie sort de Montbrison, le siége royal du pays, d'où étoit né le fameux jurisconsulte Jean Papon. Le Lignon coule plus doucement sous la plume du marquis d'Urfé, qu'aux pieds de Noire-Étable et de St.-Didier, et se croit plus glorieux d'avoir été choisi pour confident des amours d'Astrée et de Céladon, que pour arroser les jardins délicieux de la Bastie, d'où il va se joindre à la Loire, tout couronné de fleurs, vis-à-vis du Donzy, du Verneson et de la Neironde, trois autres petites rivières qui empruntent leurs noms des lieux par où elles passent, à côté de Fleurs, et se vont décharger à la Loire. Le Lignon prend sa source sur la montagne de Loule, où sont trois grosses fontaines; descend à Sauvin, Saint-Georges, Couvant et au Pont de-Crevé, où il reçoit la rivière de Saint-Turin, et acquiert le nom de Lignon, et passe avec quelque impétuosité au-dessus de Bouin, à la Boteresse, à Bonlieu, Monverdun, la Bastie, et après quelques contours, où il baigne les plaines du pays, perd son nom près de Feurs, où il entre dans la Loire. Il a sept lieues de cours, et porte bateaux près de la Loire, avec quantité de poissons, truites, saumons, barbeaux, lamproies, et autres qu'on pêche dans ses eaux claires et vives, célébrées par un des plus illustres auteurs du temps.

La Dé se précipite du haut des montagnes de la Lune au bas de Saint-Just en Chevalet, d'où elle gagne Juré, Saint-Marcel et le château d'Urfé, élevé sur la croupe d'une montagne, et passe sous les trois ponts de Morru, de Notre-Dame et de Grand-Pont, avant que d'arriver à Saint-Germain-le-Val, le terroir des bons vins et le pays du docte Masson, à qui je suis redevable de la meilleure partie de ce petit recueil des rivières de France; et continuant son cours le long des prés, elle s'enrichit des ruisseaux d'Or et d'Argent, qui ont plus de nom que d'eau; et un peu au-dessous, elle se couvre d'une autre appelée l'Escu, en latin *Scutum*, comme si elle appréhendoit d'être volée, ou qu'elle eût besoin de défense pour se couvrir contre les efforts de l'Isable, torrent fâcheux, qui vient lui couper le chemin un quart de lieue au-dessus le Pont-de Piney, où se voient encore les piliers et les ruines d'un ancien pont bâti sur la Loire. L'Us se présente sur l'autre rive, avec le Sorvin, qui prend sa source du Beaujolois, vis-à-vis de la Renaison, proche de Villerez, qui grossissent si fort le lit de la Loire, qu'il est capable de porter de grands bateaux à Roane, qui n'en est qu'à une petite lieue, et où l'on s'embarque pour Orléans et pour les autres villes qui sont assises sur les bords de cette illustre rivière.

Nous servant donc de la commodité, nous prendrons l'eau à Roane, qui n'est effectivement qu'un bourg, mais qui vaut mieux que plusieurs villes, et laissant à main droite le Beaujolois et le Charolois, dont la principale ville est Charlieu, qui donne le nom et les lois au pays, par où passe le Fournin, nous entrerons dans la Bourgogne et gagnerons Marsigny, célèbre monastère de religieuses de Cluny, où est l'embouchure de la Reconse; nous irons recevoir la Brebince, qui coule dessous Semur. La Brebince vient de l'étang de Long-Pendu se jeter dans la Loire, et la Dehune coule du même étang dans la Saône, entre Marsigny et le Port-Degoin; l'Arroux coule au pied du château de la Motte-de-Saint-Jean, posé sur une éminence, pour découvrir de loin les campagnes de cette grande province, l'ancien royaume des Bourguignons et le premier duché et pairie de France. L'Arroux a cette gloire de passer le long des murailles d'Autun, la bonne amie et la sœur d'alliance de la Grande-Rome, la capitale des Héduens, comme témoigne le mot d'Auguste dont elle est nommée à la gloire d'un prince, qui, étant le chef de l'univers, eut cru profaner la majesté de son nom, de l'employer à d'autres usages qu'à signifier des villes, qui donnassent les lois aux provinces, comme il les donnoit lui-même à l'empire. Que si l'on reconnut autrefois la grandeur prodigieuse du colosse de Rhodes par une de ses parties, et si l'on mesure tous les jours la hauteur des pyramides par leur ombre, je crois qu'on ne peut mieux découvrir la magnificence de la ville d'Autun, que par ses vieilles ruines. La jeunesse des Gaules y avoit ses écoles; la noblesse, son académie, et les Druides, leur parlement. La Jenitoye, qui est un temple de Janus; le Marchaut, le Champ-de-Mars, le Mont-Dru, le siége des Druides, le Mont-Jou, la colline de Jupiter, avec les restes d'un grand nombre de statues, de colonnes, d'aqueducs, de pyramides, d'arcs-de-triomphe, et d'autres ouvrages de la superbe antiquité, que les Goths ruinèrent en haine du nom et de la majesté romaine, sont des témoignages que cette ville ambitionnoit d'imiter et même d'aller de pair avec la maîtresse du monde. Elle est divisée en deux : la haute est couverte de montagnes qui se nomment Mont-Cenis, comme ceux de Savoie, au pied desquelles est son château, avec l'église épiscopale, dédiée à la mémoire de saint Nazaire; et la plus basse, qui se nomme Marchaut, est arrosée par la rivière d'Arroux, qui se va décharger dans la Loire. Si le canal d'Arroux n'étoit point si plein de rochers, et que les vaisseaux y pussent voguer en sûreté, il n'a que trop d'eau pour être navigable, car il reçoit dans son sein le Misey, le Vesure, le Tornay, la Motte, la Varenne, et plusieurs autres ruisseaux, qui sont comme des recrues qui lui viennent des frontières de la Bourgogne.

Le Bourbonnois est attaché à la Bourgogne, et du même pas que vous sortez de l'une vous entrez dans l'autre. Le Sernet descend à Bort-le-Comte, et la Londe vous vient recevoir sur l'entrée de la province, et la Bébre ou Chabre, chargée de la Val et de la Teiche, se vient présenter avec la Loire à Sept-Fons, ayant lavé les murailles de Daligny et de St.-Germain-le-Puys, et passé sous le pont de La Palisse, qu'elle contemple comme un monument de la gloire de ce brave et vaillant capitaine, Jacques de La Palisse, grand-maître et maréchal de France, qui perdit la vie moins pleine d'années que de triomphes, à la journée de Pavie. On raconte un plaisant trait de ce grand personnage, pour montrer qu'un chacun doit se mêler de son métier. Le roi François I ayant donné la charge à l'évêque d'Évreux d'aller à Paris pour faire toucher la montre aux soldats, le sieur de Chabanes pria Sa Majesté qu'elle lui donnât aussi commission d'aller réformer les chanoines d'Évreux. Cette charge, répondit le roi, ne vous est pas propre ni convenable. Elle appartient aussi bien, pour le moins, à un homme de ma profession, répartit Chabanes, qu'à un évêque d'ordonner sur la gendarmerie.

Proche de Sept-Fons est Bourbon-Lancy, à l'autre bord de la Loire. Bourbon-Lancy, comme qui voudroit dire l'Ancien, ou plutôt l'Anceaume, fut frère de Bourbon-l'Archambaud, qui n'avoit point besoin d'autres notaires pour garantir les contrats et les transactions qu'il passoit, que la pointe de son épée, et tous deux furent fils de Jean de Bourgogne, qui ayant partagé l'héritage de leurs ancêtres, comme il est fort probable, l'un eut pour sa part Bourbon, qu'il surnomma Lancy, assis sur la Loire, et compris dans la Bourgogne; l'autre Bourbon, dit l'Archambaud, dans le duché de Bourbonnois, bâti dans un vallon entre quatre montagnes, de-là la rivière d'Allier; l'un et l'autre renommé par ses bains chauds, et pour ses eaux salutaires. C'est une remarque digne de nos histoires, que les armes de la maison de Bourbon étant de France, au bâton de gueule, le même jour que le roi Henri III fut malheureusement assassiné, et que la branche des Valois finit par sa mort, pour céder les fleurs et les fruits de la couronne à celle de Bourbon, la foudre emporta la barre qui traversoit les fleurs de lys en leurs armes dépeintes sur les vîtres de la chapelle du château de Bourbon, sans endommager l'écu, qui fut un heureux présage que le ciel la destinoit à porter le sceptre en ses mains, et le diadême sur son front couronné de lauriers qui se jouoient des foudres.

Je n'oublierai de dire un rare trait de Bourbon-l'Archambaud, qui a donné son nom à cette place; c'est que comme l'empereur Charlemagne avoit coutume de sceller ses lettres et ses patentes du pommeau de son épée, pour dire qu'il défendroit avec la pointe de l'épée ce qu'il avoit cacheté du pommeau, ainsi le grand Archambaud garantissoit par son épée tous les contrats et transactions qu'il passoit, en y faisant insérer cette clause, *Promitto garentire ense meo*, sous la garantie de mon épée.

La Loire abandonnant Bourbon-Lancy se rend à Decize, à l'embouchure de l'Arron. L'Arron entre en Loire près Decize, passe par les étangs de Creux, à Châtillon, à Isenay et à Cercy-la-Tour. L'Alaine vient de Luzy, passe à Tais, et au-dessous de Cercy-la-Tour entre en l'Arron. La Quesne part des étangs de Saint-Martin-de-la-Bretonnière, passe près Saint-Saulge, forme de bons étangs, fait moudre plusieurs moulins, et joint l'Arron près de Colonges. L'Audarge vient des vallées d'Unflan, fait l'étang d'Aulezy et celui du Pernay à Lomenay, passe dessous Langy et Aubigny, et s'allie avec l'Arron près de Vernueil.

Decize est une ville ainsi nommée, pour avoir été bâtie sur le fonds d'une petite île, détachée de terre ferme par artifice, pour la rendre plus forte. Ses églises sont fondées sur des pilotis, et le pont par où on passe à Saint-Maurice à l'autre bord, est appuyé sur des piles de pierre. De Decize à Nevers, on compte plus de vingt-cinq lieues en suivant les détours de la rivière, qui se grossit, en cet intervalle, des ruisseaux de Colin et d'Abron, qui viennent du Bourbonnois, entrent en Nivernois, passent à Coçay et Thory, et près d'Aury entrent en Loire.

Pour Nevers, c'est une grosse et opulente ville sur la même Loire, à l'embouchure de la Nièvre; son pont est magnifique, bâti de pierres de taille, et soutenu de vingt arcades d'une riche structure, avec des ponts-levis aux deux bouts, et de tours pour battre aux avenues. Les murailles sont remparées de plusieurs grosses tours, et entourées de bons fossés. Ce qui la met davantage à couvert, c'est qu'elle n'a point de faubourgs, toutes les maisons étant renfermées dans l'enceinte de ses nouvelles murailles. César la nomme, en ses Commentaires, *Noviodunum*, où il tenoit ses magasins et ses finances. La Nièvre, qu'on croit avoir donné le nom à Nevers, entre dans la Loire sous le grand pont de Nevers, près de Bisy, paroisse de Parigny : l'un de ses chefs vient de Giry et l'autre des étangs de Bonrais, près de Champenuz. Sur cette rivière sont plusieurs moulins et forges de fer et d'acier. Les autres petites rivières du Nivernois qui entrent dans la Loire sont : l'Ysseure, qui vient de Lichy; Cressonne, qui sépare le Nivernois de la Bourgogne, près de Crona et Tanay ; l'Acolastre, qui vient au-dessus d'Azy-le-Vif, et fait l'étang de Parenches; l'Aubois passe par La Guerche, Narcy et Guerchy entrent dans Loire à Mêves; Noain passe à Donzy, à Vergias et à Sully. Deux lieues au-dessous de Nevers, l'Allier se joint à la Loire en un lieu nommé le Bec d'Allier et le bourg de Conflans. Il faut le parcourir jusqu'à sa source, avant que de passer outre sur le cours de la Loire.

La rivière d'Allier prend naissance à Lozère, la plus haute montagne du Gevaudan, d'où elle sort pour lui servir de bornes, et le séparer du Vivarez et du Velay, et pour arroser la haute et basse Auvergne d'un bout à l'autre, depuis Jangeac jusqu'à Saint-

Porçain, que s'étend cette belle et fertile province. C'est cette campagne délicieuse, dit Sidonius, parlant de l'Auvergne, d'où il étoit natif, si commode et favorable aux voyageurs, si utile et fructueuse aux laboureurs, si douce et charmante aux chasseurs, entourée de montagnes, comme d'une chaîne d'or, dont le sommet est couvert de prairies, le penchant chargé de vignobles, le pied garni de métairies, la plaine abondante en moissons, les détours ombragés de forêts, les rochers flanqués de châteaux et de forteresses, les vallons entrecoupés de fontaines et de ruisseaux. C'est dans cette belle province, la mère des forts et robustes esprits, que sont nés tant de saints et vigilans prélats qui ont gouverné l'église; tant de subtils docteurs, qui ont brillé comme des astres auprès du sanctuaire; tant de juges incorruptibles, qui n'ont eu des yeux que pour pénétrer bien avant dans les intérêts de la vertu, ni des mains que pour punir le vice, et tant de sages personnages dont les uns vivent encore, l'ornement de notre âge, et les maîtres des belles-lettres; les autres paroissent dans leurs écrits, comme le soleil se fait connoître par ses effets, après qu'il s'est retiré de nos yeux. C'est cette contrée que je peux nommer avec raison la région des miracles, où les quatre élémens s'efforcent à l'envi de se faire admirer, comme sur un théâtre, par la nouveauté de leurs productions. Le feu y fait voir des montagnes ardentes, pleines de soufre. L'eau fait couler la santé dans les ruisseaux des fontaines; la terre y porte dans ses entrailles l'or, l'argent et le fer, et sur son front les blés, les vins, le safran, les bois et les prairies; et l'air y est si tempéré, qu'on n'y connoît les maladies que fort tard, ou seulement par le rapport des étrangers. Aucuns tirent le nom de la Limagne, de la rivière de Limone, qui descend de la haute Auvergne, passe à Saint-Fleuret, et entre dans l'Allier à Saint-Martin.

L'Allier traverse cette province d'un bout à l'autre, comme j'ai dit, passant premièrement au pied des murailles de Jangeac en la haute Auvergne, et de là portant ses flots sous le pont de Brioude, merveilleux pour n'avoir qu'une arcade; il touche Usson, château très-fort à cause de son assiette, assis sur un haut rocher, taillé naturellement en piliers ronds, où la reine Marguerite a long-temps demeuré, et entrant dans la Limagne, gagne Issoire, assis sur la Cousse, qui vient du lac de Pavin, et ramasse de tous côtés les sources et les torrens qui tombent des montagnes, pour avoir assez d'eau de quoi fournir à la nourriture de tant de fruits et de tant de pâturages, qui croissent en abondance dans ce pays de promesse. Il reçoit entre autre le Laignon, qui coule du mont de Cantal, où se font les fromages, passe à Murat, au pont de Vernests, à Marsiac, et se rend dans l'Allier. Le Doulon, qui vient des étangs de Saint-Germain-l'Air, passe à Saint-Verin et Saint-Didier, et joint l'Allier entre Brioude et Vieille-Brioude. L'Ause prend sa source dans les confins de Forêts et d'Auvergne, et passe à Saint-Anthème. Il entre encore plus avant, et donne jusques à Pont-Château, où il est assez fort pour porter la charge des bateaux qu'il mène à Marignac, où il reçoit le Joro, qui vient près de Billon, et un peu plus avant il s'enrichit de Ricochet, qui passe par Billon, et de l'Artier, qui lui présente les eaux du Ronas, du lac de Sarlieve et de la Tiretaine, ce ruisseau pierreux, qu'on nommoit autrefois Scateon. Quelle chose se peut voir plus merveilleuse au monde, que ces fontaines de pierre qui sont à Clermont, au voisinage de Saint-Allyre, qui visiblement se pétrifient? Il y a un pont fort haut et fort long, qui s'est fait en peu d'années du passage de ces eaux; et il est hors de doute que si les meûniers qui sont à ces sources les laissoient faire, elles auroient bientôt changé leurs rivières et leurs moulins en pierre; mais ils sont soigneux de temps en temps de rompre la pierre qui se forme par le cours de l'eau. La couleur en est trouble, le goût ressent un peu le bitume, et si quelquefois elle est froide, elle est néanmoins plus souvent tiède. Je n'aurois jamais fait si je voulois ramasssr l'eau de toutes les fontaines prodigieuses qui sont en Auvergne et qui vont se décharger dans l'Allier. Près de Mont-Ferrand on en voit une qui fait la poix si gluante, que les oiseaux qui viennent y boire en hiver, s'y prennent comme à des gluaux. Derrière Saint-Allyre est une grosse source qui tarit à la chûte des feuilles de noyer, et reprend son cours lorsque les noyers commencent à pousser. Dans la comté de Pontgibaut il y en a une autre qui est extrêmement chaude en hiver, et au contraire est glacée parmi les ardeurs de juin, juillet et août. Le lac Payen, voisin de la ville de Besse, est de telle nature, que si vous jettez une pierre dedans au temps le plus serein et le plus calme, l'agitation qu'elle fait excite une grosse vapeur qui se résout en pluies. Pour l'Artier, il tire son origine d'une fontaine merveilleuse, qui, étant conduite de Royac, par des acqueducs souterrains jusqu'à Clermont, avec plusieurs autres veines d'eau, forme la rivière qui est assez grosse et assez roide pour faire moudre des moulins à papier, après avoir reçu l'Unat, près de Lusat; mais non pas assez forte ni assez profonde pour être navigable. Le Bedat enflé des flots de l'Embene, porte bateaux à Maringue, où coule aussi la Murge, assez proche de son embouchure; il passe au milieu de Mont-Ferrand, et il semble avoir sa source au même lieu que l'Artier. Le Litron est un petit ruisseau qui se jette dans l'Allier, entre l'Artier et le Bedat, sur l'autre bord.

L'assiette de Clermont, la description qu'en fait Jules César, le mont voisin qui porte encore le nom de Gergovie, les ouvertures du roc où campoit ce sage prince romain, les voûtes souterraines par lesquelles on peut aller plus d'une lieue sous terre, avec des flambeaux allumés, et quelques autres marques, nous font assez juger que Clermont est la fameuse Gergovie qui fut jugée imprenable à ce conquérant qui ne trouvoit rien d'impossible à son courage, et où la meilleure partie des capitaines romains, qui avoient arboré les étendards de leur empire sur les plus fortes cités, trouvèrent leur tombeau. Mont-Ferrand, qui est aujourd'hui le siége des trésoriers généraux de la province, n'a été qu'un château, qui, ayant été brûlé par les François sous le règne de Philippe-Auguste, fut rebâti sur ses ruines et devint une bonne et grande ville, assise entre Clermont et Riom, qui se joignent quasi toutes trois. On dit que le maréchal d'Effiat avoit eu dessein de renfermer Clermont et Montferrand dans l'enceinte d'une même muraille et n'en faire qu'une ville, qu'il eût nommée Clermont-Ferrand.

La Duore est une rivière assez considérable, qui prend son nom d'un village d'où elle tire son origine; elle passe à Ambert et à Cropière, reçoit la Durolle assez proche de Thiers, et la porte dans l'Allier, au-dessus de Puy-Guillaume. Le Chison et le Jolan s'y rendent aussi du côté de l'orient; l'Annellalot du couchant, qui s'en vont toutes trois dans un même canal passer sous le pont de Varennes. Un peu au delà de Varennes se rend aussi la Siole, qui vient du Limousin, d'un village nommé Sigule, dessus le Pont-au-Mur, et mouille les murailles de Rochefort, de Pont-Gibaud et de Saint-Pourçain, où elle est beaucoup plus grosse et plus profonde qu'en tout le reste de son cours, par la jonction de la Bouble, d'Agouges et de Venas, qui, entrant dans la Siole, se vont jeter dans l'Allier, une lieue au-dessus de Saint-Pourçain. Si la Siole ne porte aucun bateau, ce sont les sables qui en sont la cause.

Nous voici pour la deuxième fois dans le duché de Bourbon, et nous n'avons que sept ou huit lieues à voguer jusqu'à Moulins, la capitale du Bourbonnois, assise sur les bords d'Allier et de Daure, qui lavent ses murailles. L'aspect de la ville est si agréable au printemps, que vous la prendriez pour un jardin ou pour quelque lieu de plaisance, complanté d'arbres et diversifié de tours et d'édifices, qui portent bien haut leurs pointes avec une agréable proportion. Son enceinte est fort petite, mais elle a de grands faubourgs dont la meilleure partie a été renfermée de murailles durant les dernières guerres. Son château est spacieux et magnifique. J'oubliois de dire que l'Allier est sujet à de grands débordements, et qu'il n'a qu'un pont de bois à Moulins. Il reçoit le Quesne, petite rivière, au-dessous de Moulins, avec lequel, sortant du pays, il entre dans le Nivernois et se perd dans la Loire au Bec-d'Allier.

C'est ici que je reprends le cours de la Loire où je l'avois laissé, et continue ma navigation le long de ces florissantes villes, assises sur ses bords, que je n'oserois passer sans entrer dedans et y considérer quelques particularités.

La Charité se présente la première sur la main droite. On y voit un beau pont de pierre, qui est un passage fort important. Avant que d'arriver à La Charité, l'Aulier, petite rivière, vient de Sancoins en Berry, passe par La Guerche, Patinges et Saint-Germain, et entre en Loire.

Sancerre suit après, du côté du Berry, élevée sur le haut d'une montagne, dont la rivière baigne le pied, où est le port de Saint-Thibaud.

Montfaulcon, ville et baronie, est à huit lieues de

Bourges et à cinq de La Charité, avec un château en lieu éminent, clos de murailles, fossés et nombre de tours, de même que la ville, au-dessous de laquelle passe la petite rivière de la Vauvire, qui va se perdre dans la Loire, près de Sancerre. Cette baronie comprend vingt-huit paroisses, et, entre autres, les bourg et château de Baugy. Dans l'enclos de ces paroisses sont plus de cinquante étangs grands et larges, et, entre autres, celui de Pouligny, qui a quatre lieues de tour, avec une garenne au milieu, d'environ une lieue de circuit, remplie d'une grande quantité de lapins. La pêche de ces étangs porte beaucoup de revenu; et lorsqu'ils sont à sec, on y sème souvent du millet, lequel y croît haut, duquel aussi, lorsqu'on vient à le cueillir, on laisse les étoupes hautes, afin que le poisson qu'on y remet s'y puisse cacher, étant poursuivi des cygnes, hérons, cormorans et autres animaux qui les dévorent, et dont les étangs sont chargés.

De Sancerre on vogue jusqu'à Cosne, sur les frontières du Nivernois, où se décharge la rivière d'OEuf; et de Cosne à Neuvy, où la Vrile se joint à la Loire. De Neuvy on descend à Briare, d'où, depuis quelques années, l'on a conduit un canal jusqu'au Loing, qui va se jeter dans la Seine, entre Mélun et Montereau, pour la jonction de ces deux grandes rivières, la Loire et la Seine, et pour la commodité du commerce. De Briare on vient à Châtillon, qui soutint un siége sous Charles IX, les hommes se défendant à coups de pierre, et les femmes versant de l'eau bouillante sur la tête des assaillants. De Châtillon on se rend à Bonny, où autrefois le prince de Condé trouva le gué commode pour passer la rivière. De Bonny on coule à Gien, ville très-ancienne et garnie d'un beau pont sur la Loire, dont César fait une honorable mention en ses Commentaires, si toutefois *Genabum* est Gien, plutôt qu'Orléans, Jargeau ou Beaugency. L'Ocre vient d'auprès de Cernoy en Berry, passe par Aultry, St.-Brisson, Saint-Martin-sur-Ocre, entre en Loire, près de Gien. De Gien, la Loire se pousse sous les ponts de Jargeau, petite ville, mais assez forte. Entre Gien et Jargeau l'on voit, sur la main gauche, le duché de Sully, avec les vestiges d'un ancien pont, et les abbayes de Saint-Benoît ou de Fleury, si renommée pour sa bibliothèque et pour les hommes doctes qui en sont sortis. Quelques ruisseaux gagnent la Loire, qui coulent de la forêt d'Orléans, comme celui du Pont-aux-Moines, et l'autre de Bionne, une demi-lieue au-dessus d'Orléans; le premier, qui commence à Ingrande et Nançay, coule à Fay, Donnery, au Pont-aux-Moines, à Chesy, où elle est nommée le Cency; et la Bionne commence à Segry et descend à Bionne. La forêt d'Orléans commence près de Monpipeau, va du côté du chemin qu'on appelle romain, et s'étend jusqu'à Gien. Cette forêt abonde en gibier de toutes sortes; le fauve et le noir s'y trouvent en grande quantité.

Un peu au-dessous d'Orléans, où il y a un pont sur la Loire, dit le Pont-Royal, le Loiret se jette dans la Loire. C'est un petit fleuve de la Sologne, qui, prenant sa source près d'Olivet et passant à l'abbaye de Saint-Mesmin, où il y a un pont de pierre, n'a de cours qu'environ deux lieues, et toutefois il est sujet à des saillies qui ne semblent tolérables qu'aux plus grandes rivières, et ses débordements sont si étranges, que ceux du pays disent en proverbe :

> Quand Loire et Loiret s'entretiennent,
> Il n'y a pays qu'ils ne tiennent.

Les rivières croissent peu à peu, et ne reçoivent leur perfection qu'en parcourant plusieurs provinces et se joignant à d'autres eaux; mais le Loiret est aussi gros et aussi profond en son origine qu'au lieu où il s'allie avec la Loire et lui offre tous ses bateaux, chargés de vins et des blés de Sologne, et de plus il a cet avantage de résister également aux chaleurs de l'été et aux rigueurs de l'hiver, sans que les grandes sécheresses, qui affoiblissent même les forces de l'Océan, lui enlèvent une seule goutte d'eau, ni que la glace, qui arrête parfois le cours de la Loire et retient son mouvement, puisse faire aucune impression sur son canal.

Continuant ainsi sa navigation sur la Loire, on trouve à quatre lieues d'Orléans la ville de Meung sur la rive droite, où l'on pêche les plies; ce n'étoit autrefois qu'un château qui fut ruiné.

Beaugency est sur la même rive, à trois lieues de Meung, en un lieu très-agréable pour les divertissements de la chasse, et très-riche pour l'abondance des blés et des vins qui s'y recueillent. On y passe la rivière sur un pont de pierre.

Blois est assis sur la même rivière et à même

main, et à la gauche lui est opposé un faubourg qui se joint à la ville par un beau pont de pierre, sur lequel se voit une pyramide, avec cette inscription qui porte que le pont ruiné durant les guerres civiles fut remis durant la paix par Henri-le-Grand. De Blois, en voguant dix lieues jusqu'à Amboise, la Loire se grossit en cet entre-deux de plusieurs petites rivières, comme du Cousson, de la Canle, de la Cisse, du Beuveron, de la Taronne et du Negent. Le Cousson, rivière de Sologne, vient d'auprès de Gien, passe près la Maison-Rouge, au Gué-Renard, par la Ferté-Saint-Aubin, par Ligny, par la Ferté-Hubert et par Chambord, et entre dans la Loire au-dessous de Blois, à l'autre rive. Elle ne porte aucun bateau, mais elle fait moudre plusieurs moulins. Chambord est une maison royale capable, pour sa grandeur, de loger tous les princes de l'Europe, et qui, pour l'excellence de son architecture, surpasse tous les ouvrages des anciens et des modernes, et qui est un abrégé du travail et de l'esprit de plusieurs siècles. Elle fut commencée par le roi François, au retour de sa prison d'Espagne, et ne put être achevée, quoique dix-huit cents ouvriers y eussent travaillé durant douze ans. Son escalier est de deux cent soixante-quatorze degrés, et si large, que ceux qui montent par les deux extrémités des marches, peuvent parler ensemble sans se voir, un côté étant dérobé à l'autre par un merveilleux artifice qui sert d'étude aux plus grands maîtres; et ses jardins sont si curieux, ses allées si magnifiques, et ses ormeaux si droits et si bien alignés, que ceux du roi de Perse, si hautement vantés par les historiens, ne peuvent entrer en comparaison.

La Cise se vient rendre au Pont-de-Chousy, trois lieues au-dessous de Blois, du côté du nord, à la droite de la Loire, et le Beuveron à la gauche, du côté du midi. Le Beuveron prend sa naissance à Sourdon, village de la Haute-Sologne, passe par la Motte-Beuveron, Château-Vieux et Chiverny. Elle reçoit la Canle, des étangs et fontaines qui sont entre le Cousson et le Beuveron, ruisseau dangereux pour les avives des chevaux, qui n'a que trois lieues de cours, large comme une mer en hiver, et l'été se passe à gué, qui ne sert ni à moulins ni à bateaux. La Taronne, une autre petite rivière en Sologne, ainsi nommée parce qu'elle tarit assez souvent, vient des étangs qui sont au-dessous du château de Chaumont, descend par l'étang de la Motte en l'étang de Ville-Comte et en l'étang du Gué-Malon, puis entre dans le Beuveron; comme fait aussi le Negent, qui sort de l'étang de Malevaut en Sologne, assez proche de la paroisse de Nohan-le-Fuselier, et entre dans le Beuveron, qui est ainsi dit parce que l'été il se boit en terre et devient presqu'à sec.

Par le moyen de ces recrues, la Loire se fortifie et se présente avec plus d'étendue et de majesté devant Amboise, qui est assise sur un de ses bords, à la main gauche. Son pont a quatorze arches de pierre; ses moulins sont si bien enchâssés dans la structure des voûtes et des piliers, qu'on diroit que c'est une île.

A deux pas d'Amboise on trouve le ruisseau de Masse, et descendant plus bas on aperçoit, sur la main gauche, le bourg de Mont-Louis, qui n'a aucune maison élevée sur la terre, mais seulement des loges taillées dans le rocher, qui n'ont point d'autre couverture que l'herbe et le gazon, et qui ne se reconnoissent qu'aux tuyaux des cheminées. Il y a beaucoup de semblables habitations souterraines dans la Touraine, qui ressemblent plutôt à des tombeaux de trépassés qu'à des maisons d'hommes vivants, où ils sont privés de la beauté du jour et de la vue de ses riches campagnes. Ne les prendroit-on pas pour des Tantales, qui sont au milieu des plaisirs sans en pouvoir goûter, et qui sont entourés de tous côtés de vignes, de blés et de fruits dans ce beau jardin de la France, sans en pouvoir cueillir? C'est là qu'on commence à découvrir la ville de Tours, agréable pour son assiette, opulente par le commerce, et glorieuse pour son antiquité, ayant possédé autrefois le titre d'amie et alliée du peuple romain, et ses citoyens celui de sénateurs de Rome. Mais avant que d'aborder à Tours on prend la Scisse, chargée de la Bransle, qui se viennent jeter dans le canal de la Loire.

La Scisse, ancien fleuve étroit, mais fort profond et qui porte des bateaux longs et étroits, qui se conduisent à rames et à voiles, vient du Blaisois, passe à Limeray, à Nazelle et à Noyzay, où il a des ponts, et reçoit au Bec-de-Scisse la rivière de Bransle, qui prend son origine à deux lieues de Vendôme, passe à Château-Renaud et à Vernon, et toutes deux se jettent dans la Loire près de Vouvray, à trois lieues de Tours.

La journée de Tours en l'an 730, où Charles-Martel, avec une poignée de François renforcés du bras de Dieu, combattit une armée de quatre cent mille Sarrazins, et en tua trois cent soixante-quinze mille sur les bords de la Loire, après avoir tellement disposé ses soldats, qu'ils avoient les ennemis en tête et la rivière à dos, contraints de vaincre ou de mourir, de se baigner dans le sang des infidèles ou de se noyer dans les eaux de ce fleuve, les portes de Tours leur étant fermées et les aîles gardées par des compagnies de ses ordonnances pour tuer les fuyards, peut servir d'instruction aux généraux d'armées, qu'il n'est rien d'invincible à ceux qui entreprennent la guerre sous les étendards de la justice, pour les intérêts de la patrie et de la religion. La Loire passe sous un beau pont de dix-huit arcades, divisé en deux par une île couverte de maisons.

A deux lieues au-dessous de Tours, sur les bords de la Loire, on voit un rocher creusé, d'où sortent des gouttes d'eau qui forment plusieurs figures, les unes rondes, les autres longues, et semblables à des amandes, qui sont néanmoins toutes fort blanches et polies, ressemblant à la dragée; ce qui a souvent trompé dans les festins ceux qui n'y prenoient pas bien garde. Près de Colomiers, à deux lieues de

Tours, sont aussi quelques cavernes où l'eau se glace au cœur de l'été.

A grand peine êtes-vous hors de la ville, que vous rencontrez un bras du Cher, qui, s'attachant à la Loire près du Plessis, et un autre à Linières, fait l'île de Saint-Côme, où est enseveli Ronsard, le prince de nos poëtes. Vous trouvez sur la droite la Choisille et la Bresne, deux petites rivières qui viennent se jeter dans la Loire, avant que le Cher l'ait abordée.

Le Cher.

Le Cher est une grande rivière navigable, plus dangereuse que la Loire en ses débordements, pour changer souvent de lit, et si impétueuse, qu'un cheval a de la peine à résister au courant de ses eaux. Il prend sa naissance dans les montagnes du Limousin, près de Sauvert, où, à peine est-il hors de sa fontaine, qu'il reçoit la Tarde sur les marches du Bourbonnois, qui vient de Saint-Valery en Combraille, et le ruisseau d'Amaron, qui passe à Néris, ville autrefois remarquable pour avoir été fondée par l'empereur Néron, et qui témoigne assez par les vestiges des thermes, des aqueducs et autres antiquités romaines, qu'elle étoit en considération parmi ces peuples victorieux. Il descend à Montluçon, renommé pour ses bains chauds, et de là s'en va prendre le *Cosnil*, qui passe sous Hérisson, chargé de la *Bande*, de l'*Aumance*, de la *Chaulne* et de *Trevillies*, quatre petits ruisseaux, qu'il va jeter dans le Cher au-dessus de Valigny; il gagne ensuite Ainay-le-Vieil, et s'étant accru de la *Marmande*, il mérite d'avoir un pont à Bruères-sur-Cher, un autre à Châteauneuf, sur les confins du Berry, d'où il roule jusqu'à Vierzon sans recevoir aucun accroissement.

A Vierzon, dont l'assiette est si charmante, que les bois, les vignes, les prés et les rivières l'environnent de tous côtés, l'*Eure* vient trouver le Cher avec plusieurs autres rivières qu'elle amène de Bourges, où elles ont leur rendez-vous. *Vierzon* a pris son nom de *Versio*, pour avoir été souvent brûlé et renversé. *Aure* ou *Eure*, comme on le nomme vulgairement, vient de dessous Sainte-Solange, des étangs de Pouligny et de Saugy, passe à Saint-Germain et entre à Bourges du côté de Saint-Privé, où elle se divise en trois branches, dont l'une entre dans la ville et la traverse pour se rendre dans les fossés, la nettoie, et sert aux teinturiers et aux tanneurs pour les ouvrages de leur métier. La deuxième coule le long des fossés; et la troisième, qui est la grande *Eure*, passe au-dessus du faubourg de Saint-Pierre.

L'Auron vient de Valigny, passe au pont de Chargis, où il reçoit un ruisseau qui vient d'auprès de *Chalancy*, puis au *Pondix*, à Dun-le-Roy, à Saint-Denis-de-Palin et à Bourges. Il entre dans l'Eure au-dessus de Saint-Sulpice, depuis lequel lieu elle a été rendue navigable, parce que toutes les rivières y sont assemblées, et fait des marais vers le château de la ville.

Molon, petite rivière, sort d'auprès d'Auchères, au-dessus de Quantilly, passe Contremoret, entre dans l'*Aure* à Bourges, du côté de Saint-Privé.

L'*Aurette* vient d'auprès de Charly, passe à Soupize, Crosses et Savigny, traverse au milieu de Bourges et se va joindre à l'Eure.

Colin, petit ruisseau chargé de la *Tripaude*, passe par Maubranches et proche de Moulins, lave les murailles d'Aiis-d'Angillon, ville très-ancienne, et entre dans l'*Aurette* aux portes de Bourges.

Les autres rivières sont *Azin*, qui passe à Auvery, Vornay et Crosses; la *Choëstre*, qui vient de l'étang de *Cian*, et ces deux entrent dans l'Eure, au-dessous de Savigny; l'*Ouatier*, qui vient des fontaines de Rians, avec plusieurs ruisseaux qui naissent des fontaines de Biou.

Tant de rivières et de marais qui environnent la ville de Bourges, étant fort larges et profonds, la rendent si forte, qu'il faudroit trois armées pour la bloquer; l'une à la porte Bourbon, l'autre au pont d'Auron, et la troisième à celle de St.-Privé. Aussi s'est-elle toujours prévalue de l'avantage de son assiette; et Vercingentorix, chef des anciens Berruyers, eut bien le courage de résister à Jules César et de s'opposer à toutes les forces de son empire. La ville, néanmoins, fut prise par ce vaillant capitaine, à qui rien n'étoit imprenable, et quarante mille Gaulois y perdirent la vie, pour rendre la pourpre de cet illustre empereur plus éclatante et mieux teinte du sang des ennemis. Elle est, outre cela, défendue de quatre-vingts tours, sans compter la grosse tour qui lui sert de rempart du côté qu'on y peut aborder à pied sec, et qui vaut autant ou plus qu'une forteresse : aussi n'a-t-elle point sa pareille ailleurs, quoique les tours de Noremberg, bâties contre les portes, la tour de Constance et celle d'Aiguemorte en Languedoc, semblent en approcher. Elle est de figure ronde; elle a trois toises d'épaisseur en œuvre; elle est bâtie de grosses pierres taillées en pointes de diamants ; ceinte d'une muraille et des fossés qu'y fit faire Philippe-Auguste ; et si élevée, qu'on découvre aisément du haut étage les campagnes quatre lieues à l'entour.

Bourges est la capitale du Berry, une des bonnes provinces de France, fournie de toutes les choses nécessaires à la vie humaine, où les plaines sont riches de moissons; le pendant des collines est couvert de vignes, les pâturages font de bonnes chairs, les forêts voisines donnent des lièvres et du gibier en abondance, les rivières et les étangs nourrissent de bons poissons, et quantité d'oiseaux sauvages ; les jardins portent des herbes et des fruits pour la table; les moutons sont couverts de laines fines, dont les habitans font un trafic, et les anciennes armoiries de la ville de Bourges sont un mouton.

Je ne parle point de la fontaine médicinale, qui est au faubourg de Saint-Privé, où l'on voit tous les matins d'été force biberons se souler d'eau contre le calcul et la pierre, ni de l'église cathédrale de Bourges, dédiée à saint Étienne, dont la voûte est supportée de cinquante-neuf piliers, embellie de plusieurs riches sculptures, non plus que de la Sainte-Chapelle, bâtie par Jean, duc de Berry, frère du roi Charles V, où il est enseveli avec cette épitaphe : Jean, fils, frère et oncle des rois de France, neveu de l'empereur, roi de Bourges, duc de Berri et d'Auvergne, comte de Poitou. Ce qui est de plus remarquable en cette église sont les vitres, à travers lesquelles les rayons du soleil ne peuvent pénétrer, qui est un excellent secret.

C'est de là que l'Eure ou Yèvre, continuant son cours, va mouiller Mehun-sur-Yèvre, et s'étant accrue du *Beranjon* ou *Baranjon*, qui descend de Neuvy, elle se va perdre dans le Cher à Vierzon, comme j'ai déjà dit.

L'*Arnon*, rivière portant bateau, qui prend sa source auprès de Châteaumeillant, et passe par Saint-Hilaire, Lignières, Saint-Ambroix, Charroux, Saint-Georges; le *Pont de Sou* entre aussi dans le Cher au-dessus de Vierzon; mais il y entre accompagné de la *Cinaise*, qui passe au pied de l'ancien château de Rizay, du *Theo* et de *Tournemine*, qui s'assemblent près Issoudun, la seconde ville royale du pays de Berry, et l'une des vingt qui furent réduites en cendres en un seul jour par les anciens Gaulois, pour affamer l'armée de César. Elle est forte, bien murée, et défendue d'un bon château, environné de fossés profonds, qui sont remplis des eaux de la rivière *Theo*, conduites par un canal détaché de la rivière. La *Tournemine* a son cours opposé aux autres rivières, qui se poussent presque toutes vers le couchant ou le midi, et celle-ci se porte à l'orient, d'où vient qu'elle est nommée *Tournemine*, comme ayant son port, son canal et son cours mal tournés. Le *Theo*, ou *Theols*, a sa source en un lieu nommé *Fontheols*, à quatre lieues d'Issoudun.

Le Cher, chargé de toutes ces dépouilles, descend à Menetou-sur-Cher et à Selles en Berry, et va prendre la *Sauldre* à son embouchure, entre Selles et le pont de Sauldre. La grande *Sauldre*, rivière de la haute Sologne, portant bateau, passe par Concressaut, Clermont, Brinon, Pierre-Fitte, Saint-Genoux, Salbris, Romorantin, le long de Pruniers, au pont de Sauldre, et entre dans le Cher. Elle reçoit plutôt sur son chemin la *Nerre*, pleine d'écrevisses, qui vient une lieue d'au-dessus d'Aubigny, passe dedans la ville, et au-dessous de Clermont se rend au Cher. Pareillement la petite *Sauldre*, qui vient des égoûts des étangs qui sont au-dessus de Soësme, entre dans la grande Sauldre, et ne coule pas plus de deux lieues. La *Reze* aussi, qui vient d'auprès le Prély-le-Chetif, et passe par Nançay, par Ardeloup, par Ville-Seruer, se vient rendre dans la grande Sauldre, à Romorantin. Pour le *Poson*, il prend son cours à Vatan, en Berry, et le continue par Crassay, par Dun-le-Poëlier, par Sainte-Cécile, par Prémery, jusques dans le Cher, au-dessous de *Meusne*, où il se perd avec le *Nahon* et le *Moton*, deux autres petites rivières qu'il a pris, l'une de Creux, en Berry, et l'autre de Luçay.

Vatan, dont j'ai parlé, fut une des premières villes qui se souleva durant la minorité du défunt roi, par la témérité du seigneur de Vatan, qui fut forcé dans son château par La Morlière, lieutenant du grand prévôt, et condamné par arrêt du parlement, et exécuté à mort dans la place de Grève. On dit qu'ayant la liberté de se sauver, étant à Paris, ses amis ne lui chantoient autre chose aux oreilles, sinon qu'il se souvint de son nom, c'est-à-dire, va-t'en, et qu'il se retirât. Ce qu'ayant négligé, il perdit l'honneur et la vie, et mérita d'avoir cette épitaphe qui lui fut faite par un poëte du temps.

> Icy gist par grande folie
> Un gentilhomme de renom,
> A qui il a cousté la vie
> Pour avoir oublié son nom.

De sorte que le Cher paroît sur les confins du Berry et de la Touraine, comme un gros fleuve digne de l'alliance de la Loire, et qui peut accroître ses eaux d'une moitié. On le respecte comme un des riches ornemens de la province, qui entretient le commerce et engraisse les terres, et on redoute plus les effets de sa colère et ses débordemens, que les foudres de l'air. Les quatre grands ponts qu'on lui a élevés avant qu'il soit venu à Tours, à Saint-Aignan, à Montrichard, à Chenonceau et à Bléré, seroient autant de diadêmes, ou d'arcs de triomphe, consacrés à sa puissance, si nous persistions dans l'aveuglement de nos premiers ancêtres, qui reconnoissent une divinité dans les rivières; et les autres trois ponts que les habitans de Tours lui ont dressés devant leur ville, pour la commodité, à savoir le pont de *Saint-Avertain*, le pont de *Cher* et le *Pont-Neuf*, ne sont-ce pas des preuves assurées de sa grandeur, et des marques infaillibles du besoin qu'ils ont de ses passages?

La ville de Saint-Aignan a quitté le nom de Château-d'Hagand, pour porter la qualité glorieuse du saint dont elle a ses reliques, qui lui servent d'un rempart plus avantageux contre les puissances invisibles, que ne font ses murailles et ses fossés contre les ennemis d'un état.

Montrichard est une place moderne, défendue d'une grosse tour carrée, et bornée d'un côté de rochers et de bocages, et de l'autre, d'une agréable prairie. Foulques, comte d'Anjou, la fit bâtir sous le roi Robert, pour se défendre contre les efforts des seigneurs de Saumur et de Saint-Aignan, qui courroient ses terres à la faveur du comte de Champagne.

Le château royal de Chenonceaux a été bâti sur un pont, et enrichi de marbres anciens par la reine Catherine de Médicis, qui les fit apporter d'Italie, entre lesquels on estime particulièrement la statue de Scipion-l'Africain. Pour Bléré, ce n'est qu'un bourg, d'où le Cher, qui passe sous son pont, s'en va côtoyer la ville de Tours, et se joignant à la Loire par deux bras détachés de son canal, il fait deux iles, avant que d'y jeter toutes ses eaux et d'y perdres on nom vis-à-vis d'Ingrande, au-dessus de Trois-Volets.

Le Cher ne s'est pas sitôt perdu dans la Loire, que l'Indre veut suivre sa fortune deux lieues au-dessous, après avoir traversé le Berry et parcouru le plus beau pays de la Touraine. Sa source est près de Sainte-Sévère, en Berry; son chemin est à La Châtre, à Ardentes, à Châteauroux, à Meun-sur-Indre, à Châtillon-sur-Indre, à Loches, à Cormery, à Monbazon, à Azay; et ses voyages se terminent à la Loire. Ses ponts plus remarquables sont à Azay, au pont de Ruan, à Artanes, à Mons, à Monbazon, à Esvre, à Cormery, à Loches, au Bridore, à Châtillon, à Palluau, à Buzançais, à Meun et à Châteauroux. Les ruisseaux ou petites rivières qu'elle va recueillant des pays où elle passe, sont le *Couard*, qui vient de *Crevant*, et se rend à Mont-Porret. La *Clère*, ou le *Cléry*, qui prend son nom de la clarté de ses eaux, passe par Herveaux, proche de Châtillon, et fait la séparation de la Touraine et du Berry. L'*Indrois*, qui n'a pas plus de sept ou huit lieues de cours, depuis Cloué, sur les bornes de ces deux provinces, où il naît, jusques à Azay-le-Chetif, où il se perd. L'*Eschandon* est encore moindre, et se vient rendre sous le pont d'Evre. Si l'Indre fait quelque bien, elle fait beaucoup de mal ; elle sert à la navigation et au commerce, mais elle est dangereuse à cause de ses mauvais passages, et c'est un proverbe aussi commun que véritable :

> L'Indre a tous les jours sa proye,
> Chaque jour quelqu'un s'y noye.

Quant aux villes bâties sur les bords de l'Indre, Châteauroux est une des belles terres de France, au pays de Déols, érigée en comté par le roi Charles IX, tant pour son étendue où l'on compte douze cents fiefs qui en dépendent, qu'en faveur de M. le maréchal d'Aumont, chevalier des ordres du roi, et son lieutenant ès pays et armées de Bretagne, et du seigneur de La Tour-Landry. Elle est aujourd'hui possédée plus glorieusement par monseigneur le prince de Condé, qui l'a acquise des héritiers desdits sieurs d'Aumont et de La Tour-Landry.

Je ne m'arrêterai pas plus long-temps sur l'Indre ; la Loire s'enfuit et m'entraîne jusques à la bouche de la *Vienne*, qui n'est qu'à trois lieues au-dessous de celle de l'Indre.

Les deux derniers articles relatifs à La Loire et au Cher, et à leurs cours, sont tirés textuellement d'un ouvrage en deux volumes in-8°, imprimé à Paris, chez Gervais Clousier, en 1644, intitulé : *Les Rivières de France*, ou Description géographique et historique du cours et débordement des fleuves, rivières, fontaines, lacs et étangs qui arrosent les provinces du royaume de France, avec un dénombrement des villes, ponts, passages, batailles, qui ont été données sur leurs rivages, et autres curiosités remarquables dans chaque province, par le sieur Coulon.

Cet ouvrage curieux est cité notamment par Debure, tome 2, *Histoire*, page 50 de sa Bibliographie instructive.

On voyait encore, il n'y a pas cinquante ans, à la maison de maître du domaine de La Talle, auprès de Mehun, une peinture à fresque représentant une des croisées du bâtiment ouverte, par laquelle une servante semblait verser un pot de nuit. Cette peinture grotesque, faite du temps de Charles VII, imitait tellement le vrai, que chacun y était trompé.

En cette année 1570, dit Chenu, la brèche faite en l'année 1562 proche la porte de Charlet, pour la reprise de la ville sur ceux de la religion prétendue réformée, fut refaite, en laquelle sont engravés en pierre les vers du temps qui suivent, que j'ai voulu insérer en ce lieu pour perpétuelle mémoire ; cette engravure étant jà fort gâtée, se lit avec peine :

> L'an mil cinq cent soixante et deux,
> Au temps des troubles douloureux,
> Ces murs furent du tout deffaits,
> Puis par bons habitans refaits
> Et mis en force suffisante.
> Durant l'an mil cinq cent septante,
> Le sieur La Chastre gouvernoit,
> Chambellan, grand'peine prenoit :
> Enfin, auprez de ces deux tours,
> Estant maire Robert Damours,
> Eschevins Girard et Seurat,
> Dedril et Maquereau le quart,
> Girard, homme de cœur humain,
> Commença l œuvre de sa main
> Lecteur, tu diras en ce lieu,
> La gloire soit du tout à Dieu.
>   1570.

On voit à Ivoy-le-Pré, une des cinq communes qui composent le canton de la Chapelle-d'Angillon, un grand fossé que les habitants du pays appellent le Fossé du *Géant*. Ce fossé commence à la rivière au-dessous du bourg de La Chapelotte, traverse, sur une assez grande longueur, la partie de l'est de la commune d'Ivoy. On voit, par les sinuosités qu'il fait, qu'on a observé le niveau. On retrouve ce fossé sur les communes d'Henrichemont, Morogues et Parassy ; mais il y a des lacunes où il discontinue tout à coup ; il est repris à une assez grande distance, toujours en tenant le niveau ; il y a bien trois bonnes lieues d'un de ses bouts à l'autre. Beaucoup de personnes pensent que ce fossé a été fait par les Romains, et expliquent ainsi leur opinion : Les Romains avaient fait de Bourges une métropole, et voulurent rendre navigables les rivières qui y passent et les grossir d'un bon cours d'eau qui coule toujours, même dans les plus grandes sécheresses ; qu'à cet effet ils employèrent leurs légions à ce travail dans un moment de paix ; que le détournement ou détour de cette rivière était sans inconvénient, puisque le pays où elle passe était alors désert et inhabité ; que, pendant le travail, il sera survenu une guerre, on aura retiré les légions, et le fossé n'aura pas été achevé ; ce qui explique les discontinuations. Ceux qui sont d'une opinion contraire disent qu'on ne voit pas que les Romains se soient occupés de travaux hydrauliques, et que, pour conduire l'eau à une vallée qui la mène à Bourges, il fallait passer les hauteurs de Menetou ou de Parassy, ce qui n'aurait pu se faire sans couper ces hauteurs, ce qui aurait fait un travail immense. D'autres disent que les Gaulois ont fait ce travail pour limiter leurs terres. Quoiqu'il en soit, toujours est-il vrai que le fossé existe, qu'il y a des discontinuations, et qu'on voit clairement par les détours qu'il fait, qu'on a observé le nivellement.

La terre d'Aubigny était autrefois un fief mouvant de la couronne. Cette terre fut donnée par Charles VII à Jean Stuart, connétable d'Ecosse, pour en jouir, lui et les siens, de mâles en mâles, jusqu'à extinction, en récompense des services qu'il lui avait rendus dans la guerre contre les Anglais. La lignée masculine de ce Jean Stuart, s'éteignit en 1673. Louis XIV donna cette terre pour en jouir pendant sa vie à la duchesse de Portsmouth, maîtresse de Charles II, roi d'Angleterre, pour passer après sa mort et être tenue au même titre que les Stuart l'avaient tenue, à celui de leurs enfans naturels qui serait choisi par le roi d'Angleterre, et le roi choisit le duc de Richemont, dont les descendans sont encore en possession de cette terre. Après la mort de Charles II, la duchesse de Portsmouth quitta l'Angleterre et vint se fixer à Aubigny, où elle demeura le reste de ses jours; elle parvint à une grande vieillesse. Elle s'occupait à des actes de bienfaisance; elle a fait le bonheur de la ville d'Aubigny; plusieurs lui durent leur fortune. On dit que cette dame qui avait eu long-temps une part active aux affaires de son temps, était un peu philosophe. Voici un trait qui le prouverait : elle recevait quelques personnes d'Aubigny et des environs. Un jour il se présenta un gentilhomme qui, la trouvant occupée à broder un drap mortuaire, lui témoigna sa surprise de ce qu'elle s'occupait à un ouvrage aussi lugubre. Elle lui répondit qu'elle se désennuyait à ce travail; que bientôt on en aurait besoin pour elle, et que cela se trouverait fait. Mais, Madame, pourquoi y brodez-vous des fleurs, on n'est pas dans l'usage de décorer ainsi les draps mortuaires? — Monsieur, vous avez raison; je ne savais pas comment arranger cela; comme dans ce monde je n'ai été ni *fille* ni *femme*, j'ai cru devoir faire cette distinction.

Jean Bouchet, dans ses Annales d'Aquitaine, imprimées en 1524 à Poitiers, chez Marnef, in-folio, après avoir parlé de Jeanne d'Arc ou la Pucelle d'Orléans, pag. 31 et suivantes de la quatrième partie de son livre, donne son épitaphe ainsi qu'il suit :

> Pour clairement montrer que les victoires
> Viennent de Dieu par secrets adjutoires,
> Et que les roys ne se doivent fier
> En leur puissance et avoir cueur trop fier,
> Alors que Anglois tenoient sans titre France
> Et avoient mis Charles en grant souffrance,
> Roy de ce nom septième et ses pays,
> Luy et ses gens estans presque esbays,
> Dieu m'envoya qui fuz simple bergière
> Vers ce bon roy, en ma robe legière,
> Me présenter à lui pour son secours,
> Qui me receut en ses royales cours,
> Après qu'il sceut que au nom de Dieu venoye
> Et au secret sainte vie tenoye.
> Je sceu porter harnois, lance et escu
> En un moment, dont maint homme ay vaincu
> Par ma conduite et louable hardiesse,
> Dieu le voulant qui est la bonne adresse.
> Premièrement les François je conduys
> Vers Orléans où je les introduys,

Et furent lors, par nous et notre suyte,
Anglois chassés d'illec et mis en fuyte;
Et conquerans terres, sans séjourner,
Fismes le roy dedans Reims couronner.

L'année après mil quatre cens et trente,
Ung desloyal françois me mist en vente
Et me livra au sortir de Compiègne
A quelques gens, dont fault que me compleigne;
Car tout soudain fuz vendue aux Anglois
Qui par despit des fidelles François,
Sans eux vouloir à rançon condescendre,
Ung an après mirent mon corps en cendre,
Qui fut malheur pour eulx et pour leur roy;
Car dès ce temps tombèrent en derroy
Tel et si grant, que après la longue guerre,
Charles le roy les chassa de sa terre,
Et si mourut leur roy ambicieux
Sans seigneurie, en lieu pénurieux.

Je prins naissance en ung petit domaine
Près Vaucouleurs au duché de Lorraine.
Dieu m'envoya par sa très grant bonté
Au roy françois, dont l'Anglois fut dompté
Lorsque j'estois en mon an dix-huitième,
Et fuz bruslée en l'an vingt et troisième
Qu'on disoit mil quatre cens trente et deux.
Je faisois tout au nom de Dieu glorieux,
Lequel j'aimois, comme son humble amelle.
On me nommoit partout Jehanne Pucelle,
Car chaste fuz du corps et de l'esprit.
Souvent prenois le corps de Jésus-Christ,
Et si jusnois trois jours en la sepmaine.
Puis cestuy-là qui tous ses servans mayne,
Après avoir en ce monde souffert,
En paradis m'a ce logis offert.

Du château de Mehun, il reste encore une des grandes tours; il n'y manque que le couronnement. Cette tour a sept étages, c'est-à-dire sept chambres les unes au-dessus des autres; toutes sont parfaitement bien voûtées. L'on ne peut y monter qu'à l'aide d'échelles, l'escalier ayant été entièrement détruit. Il existe une autre portion de tour qui a résisté à la mine.

Lorsque le maréchal de La Châtre assiégea la ville de Sancerre, durant la guerre des Huguenots, elle se défendit courageusement pendant long-temps, étant secourue par un grand nombre de vignerons qui combattaient avec des frondes et repoussaient les assiégeants avec tant de vigueur, que ceux-ci nommaient les frondes des *pistolets de Sancerre*, dénomination qui est demeurée depuis dans le Berri et dans d'autres provinces de France.

J'ai recueilli une petite statue de fer, haute de six pouces, large en proportion : elle représente en pied un Gaulois avec sa grande chevelure, une barbe longue et large, très-bien sculpté; le corps est nu et velu; il tient dans ses deux mains, dont l'une est élevée et l'autre baissée, une branche d'arbres sans feuilles. Ce travail est très-ancien; beaucoup de connaisseurs l'ont apprécié. *Voyez* planche 4, n° 2.

Jacques-Cœur, qui avoit acquis la tour de la Chaussée, fit construire une autre tour beaucoup plus belle que celle de la Chaussée, et, entre les deux, un palais qui est une des belles maisons particulières du royaume.

Il l'acquit de Jean Belin pour douze cents écus vieils, à raison de soixante-quatre au marc, l'an 1443, et y bâtit le superbe palais que nous y voyons à présent, qui coûta six vingt quinze mille livres pour les murailles seulement. Ses armes se voient en plusieurs endroits avec cette devise :

<blockquote>A vaillant Cœur rien d'impossible.</blockquote>

Geoffroy Cœur, son fils, se qualifioit chevalier, seigneur de la Chaussée.

Jacques Cœur, son fils, vendit, le 8 octobre 1501, le fief de la Chaussée à Antoine Turpin, sieur de Nozay, la somme de quinze mille livres, quinze aunes de velours noir et quatorze aunes de camelot. Claude Turpin en étoit seigneur l'an 1538, et après lui François Chambellan, commissaire des guerres.

Claude l'Aubespine l'acquit, le 22 décembre 1552, de François Chambellan.

Il a été vendu par décret sur Charles de l'Aubespine, marquis de Châteauneuf, et adjugé à Jean-Baptiste Colbert, ministre d'état, le 13 mai 1679, qui le délaissa aux maire et échevins de Bourges, le 30 janvier 1682, ce qui fut accepté en l'assemblée des habitants, le 28 février suivant, à la charge d'un écu d'or de cens annuel envers le marquis de Châteauneuf, et de fournir au seigneur de Châteauneuf, et à chaque mutation de maire de Bourges, de quatre en quatre ans, une médaille d'argent d'une valeur de dix livres, sur l'un des côtés de laquelle devoient être gravées les armes du marquis de Châteauneuf; de l'autre, celles de la ville de Bourges, avec l'inscription, d'un côté, du nom du seigneur de Châteauneuf, et de l'autre, du maire de la ville; et en outre moyennant trente-trois mille livres de deniers.

Voyez l'Histoire du Berry, par La Thaumassière, page 136.

L'une de ces médailles, frappée sous le mairat de Philippe Gay, 1747, est représentée planche 4, n⁰⁸ 5 et 5.

La ville de Bourges, dit La Thaumassière, se divise en deux parties : l'une ancienne, l'autre nouvelle.

L'ancienne ville, qui est l'*Avaricum* de César, est plus élevée que la nouvelle ville et penche un peu du côté des marais; les curieux en peuvent voir encore aujourd'hui les murs presque tout entiers, et faits de si bonne matière, qu'ils se sont conservés malgré le temps. Ces murs commencent près du lieu où étoit la grosse tour, passent au travers de l'église de Saint-Étienne, au long des écoles de droit, d'où ils continuent en descendant dans la grande rue Bourbonnoux et porte Gordaine jusqu'à la Porte-Neuve, qui s'appeloit autrefois de Saint-Andrieu; et de la Porte-Neuve en toute l'étendue de la rue des Arènes jusqu'à la Porte-Auronoise, et de là tournant à la rue des Sues jusqu'à la porte St.-Paul, et retournant vers la grosse tour. On voit encore des tours entières en plusieurs maisons de particuliers, bâties sur les anciens murs, et qui sont beaucoup plus élevées que celles de la nouvelle ville.

La ville a été augmentée de plus de moitié, les bourg et paroisse de Saint-Ursin, celles de Saint-Jean-des-Champs, Saint-Bonnet, Saint-Ambroise, de Saint-Médard, Sainte-Croix et de Saint-Fulgent ayant été renfermées de murailles; ce qui compose la nouvelle ville. Cet accroissement a été fait à diverses reprises, premièrement par le roi Charlemagne, ainsi que le rapporte Chaumeau. La première augmentation commence au coin du palais archiépiscopal et à la porte de Bourbonnoux, tirant à celle de Charlet, que l'on estime avoir été ainsi appelée à cause de l'empereur Charlemagne, et continue jusqu'à une reprise de mur au lieu où la rivière d'Aurette entre dedans la ville. L'on attribue au même roi la clôture des bourg et paroisse de Saint-Fulgent, des grandes rues d'Auron et de Saint-Sulpice, jusqu'à la tour Clément, où l'on voit une autre reprise de muraille au lieu où l'Aurette sort de la ville. Les bourgs de St.-Ambroise et de Saint-Laurent ont été renfermés de murailles, depuis la reprise du mur de Charlemagne à la sortie de l'Aurette, jusqu'à la Porte-Charlet; tellement que la ville est à présent l'une des plus grandes du royaume, faite en forme d'ovale (voyez le plan perspectif, planche 1re), fortifiée de quatre-vingts tours pour la défense des murs. Elle a quatre principales portes : l'une de Bourbonnoux ou Bourbonnois, Saint-Privé, Saint-Sulpice et celle d'Auron; et trois poternes ou fausses-portes, qui sont celles de Saint-Paul, de Saint-Ambroise et de Voisel, qui se ferment en temps de guerre; les murailles sont hautes, d'épaisseur raisonnable; celles qui paraissent plus anciennes sont depuis la porte Saint-Paul jusqu'à la grosse tour, qui sont de grosses pierres carrées entremêlées de briques.

La ville est toute environnée des rivières de Moulon, Èvre, Auron et Évrette, et de marais presque inaccessibles, excepté depuis la porte Saint-Paul jusqu'à celle de Bourbonnois, et un peu au delà, qu'elle est environnée de très larges fossés; et parce que la ville étoit plus foible de ce côté que de tous les autres, elle étoit défendue par une haute et forte tour, dont les murailles étoient d'une épaisseur prodigieuse, faites de pierres très-dures taillées en pointes de diamant, flanquées d'autres petites tours et murailles, et environnées de fossés à fond de cuve.

Entre plusieurs grands et superbes édifices élevés par Jean, duc de Berry, qui sont autant de marques de sa piété et de sa munificence, la Sainte-Chapelle de son palais, à Bourges, tenait le premier rang. C'était l'une des plus riches et des plus belles saintes chapelles du royaume. Il la fit sur le modèle de celle de Paris; mais la copie surpassait l'original, selon le sentiment des plus excellents architectes. C'était le vrai chef-d'œuvre de l'architecture gothique; elle était bâtie sur piliers et presque toute à jour; les vitres étaient faites d'un verre impénétrable au soleil.

Par contrat du 10 mai 1404, passé devant Duhan et Musnier, notaires au Châtelet de Paris, il pourvut la Sainte-Chapelle d'une quantité si prodigieuse de joyaux, vaisseaux d'or et d'argent, reliques, pierreries, peintures, ornements et livres, que le récit en serait presque incroyable si l'on n'en avait la preuve constante par le contrat.

La Sainte-Chapelle fut dédiée et consacrée le 18

avril 1405; en mémoire de quoi les deux vers numéraux ci-après furent inscrits sur la muraille :

Me dVX ConstrVXIt BItVrICVs atqVe dotaVIt,
præsVL et attendens anno præsente saCraVIt.

Ces deux vers forment un chronogramme exact, double, et qu'il faut additionner ainsi qu'il suit :

M.	1000
V.	5
X.	10
C (ici le C ne vaut plus que 90, parce qu'il est précédé du chiffre X).	90
V.	5
X.	10
I.	1
I.	1
V.	5
I.	1
C.	100
V.	5
V.	5
V.	5
I.	1
V.	5
L.	50
C.	100
V.	5
I.	1
Vraie date de l'année de la consécration de la Sainte-Chapelle.	1405

LA SAINTE-CHAPELLE.

Le mercredi 18 février 1756, à sept heures du soir, un ouragan terrible abattit le pignon de l'église de la Sainte-Chapelle de Bourges, bâtie, ainsi que le palais à côté, par Jean de France, en 1400, et finie en 1405, sur les ruines du Capitole; ce pignon, depuis l'incendie de 1693, était resté plus haut que la couverture de l'église. Sa chute écrasa la voûte au-dessus des orgues, quatre croisées, les magnifiques vitraux, une statue d'apôtre et deux petits autels de la nef; le côté gauche des stalles des chanoines ne fut que très-peu endommagé.

Par lettres-patentes du roi, données à Versailles, au mois de février 1757, la Sainte-Chapelle de Bourges a été supprimée à perpétuité.

Ses revenus et mobilier ont été donnés à Saint-Étienne, sous la réserve seulement du tableau représentant Charles VII, qui a été transporté dans les galeries de tableaux du Louvre.

Toutes les démarches faites par le chapitre de la Sainte-Chapelle auprès du roi, pour le rétablissement de leur église, ont été infructueuses et n'ont pu empêcher l'exécution des lettres-patentes de 1757.

Sur l'emplacement de la Sainte-Chapelle a été construite, par le sieur Philippe Dardeau, architecte, en 1796, la maison qu'occupe M. Dumoutet, conseiller honoraire à la cour royale.

―――

Il y avait à Bourges une communauté de Minimes, qui a été transférée à Issoudun. Tout le terrein de ce couvent a servi à faire la maison de refuge et de dépôt des mendiants, que l'on renfermait auparavant dans la porte d'Auron et celle de Saint-Privé; ce dépôt a commencé à être habité au mois de novembre 1780.

On trouve dans les archives du département, première liasse des titres de l'église de Saint-Médard, n° 3, un jugement de l'année 1264, rendu par Jean, archevêque de Bourges, qui contraste singulièrement avec la civilisation actuelle.

Injures faites au chapitre de l'église de Bourges par les religieux de Saint-Sulpice, à la procession, veille de Saint-Sulpice d'hiver, année 1264. Réparation de ces injures.

Jugement de l'année 1264, rendu par Jean, archevêque de Bourges, primat d'Aquitaine, arbitre choisi par les parties ci-après nommées :

Entre les vénérables doyen et chapitre, vicaires et clercs de l'église de Bourges, d'une part;

Et les abbé, couvent et moines de Saint-Sulpice dudit lieu, d'autre part;

Sur un différent mû entre eux, à l'occasion de certaines injures qu'une partie disoit avoir reçue de l'autre, la veille de Saint-Sulpice, lors dernier.

Par ce jugement arbitral, ledit seigneur archevêque a prononcé ainsi qu'il suit :

Nous ordonnons surtout que les injures soient pardonnées de part et d'autre, en outre de ce qui suit : Et parce que les premières portes de l'abbaye de Saint-Sulpice ont été fermées aux chanoines et autres clercs de Saint-Étienne ;

Nous ordonnons que les susdites portes soient brûlées en présence des moines et des doyen et chapitre, s'ils veulent être présents, le jour marqué par les doyen et chapitre, et qu'à la prochaine fête de St.-Sulpice d'hiver, quand la procession de St.-Étienne viendra processionnellement à la messe de St.-Sulpice, les portes de l'abbaye, savoir : les premières soient déposées et soient couchées par terre jusqu'à ce que la procession se soit retirée, et que cela se fasse une fois seulement; de plus, quant à la boisson que lesdits abbé et couvent avoient coutume de fournir aux chanoines et autres clercs, pour ôter le sujet de la discorde, nous ordonnons que l'abbé et couvent donnent aux susdits doyen et chapitre, chaque année, la veille de ladite fête, à vêpres, cent sous tournois, dont la moitié sera distribuée entre les chanoines et autres clercs du chœur de Saint-Étienne, à ladite veille, et l'autre moitié à ladite fête; de maniere que les chanoines auront la moitié de ladite somme d'argent, et les autres vicaires et clercs susdits l'autre moitié ; de plus, parce qu'à l'occasion d'un certain livre entre autres, on dit qu'il s'est élevé un certain différent entre les parties, nous ordonnons que ledit livre leur soit rendu et que ledit livre nous soit donné ensuite par l'abbé et couvent pour faire notre volonté, et nous le donnerons aux doyen et chapitre de Bourges, pour le laisser ensuite à perpétuité en l'église de S.-Étienne;

Cependant nous ne voulons pas désormais que

lesdits abbé et couvent prennent, de leur propre autorité, des gages dans les églises qui dépendent de nous; de plus, nous ordonnons que l'abbé et tous les moines de ladite abbaye viennent de notre palais archiépiscopal le jour marqué par les doyen et chapitre, à l'heure de la grand'messe, par la porte antérieure, au chœur de Saint-Étienne, nu-pieds et en blanc, et que là, à genoux, ils demandent humblement pardon aux doyen et chapitre de Bourges de l'injure, s'ils en ont fait quelqu'une, à la veille de Saint-Sulpice dernier; nous voulons avant que les mêmes doyen et chapitre leur accordent le pardon sans difficulté; de plus, parce que nous avons trouvé coupables les personnes nommées plus bas, nous ordonnons que, incontinent après, Hugues de Saint-Ambroise, Arnulphe Masset et Gaubert, à genoux, demandent humblement pardon au doyen de Mehun; de plus que Regnaud de Fougerolles et Guillaume Chesne demandent pardon à M. Robert de Chamlitre, et que lesdits doyen et Robert leur pardonnent; nous ordonnons aussi que le prieur de Dampierre, le prieur de La Chapelle, le prieur de Fougerolles et prieur de Sagonne soient privés de leurs prieurés et administrations et restent cloîtrés, et qu'ils ne puissent obtenir lesdites administrations ou autres que de notre licence ou de celle de quelqu'un de nos successeurs; de plus, que Hugues de Saint-Ambroise, Arnulphe Masset, Guillaume Chesne, Simon de Montfollet et Ange Baolin de Villeneuve soient transportés à d'autres monastères pour un temps, et qu'on ne les ramène au monastère de Saint-Sulpice qu'avec notre licence ou celle de quelqu'un de nos successeurs ; et si on les ramène, qu'ils n'obtiennent d'administration que par notre licence ou par celle de celui qui dans le temps sera archevêque de Bourges. Nous voulons aussi qu'à la prochaine veille de Saint-Sulpice d'hiver, les moines de Saint-Sulpice viennent processionnellement en habit monacal, précédés de la croix, à l'église de St.-Étienne, et qu'avec le doyen ils reviennent processionnellement à leur monastère, et que cela se fasse une fois seulement. Nous ordonnons aussi que lesdits abbé et couvent donnent à Martin, dit Chaigne, pour sa vie seulement, la prébende de pain et de vin, ou cent sous tournois une fois seulement, et que cela soit au choix de l'abbé.

Ce fut au mois de mars de l'année 1620, dit Chenu, dans son Recueil des Antiquités et Priviléges de la ville de Bourges, imprimé à Paris en 1621, que l'on commença à combler notre amphithéâtre, appelé vulgairement la fosse des Arènes, par une métonymie, prenant la chose pour partie de la matière, parce que l'on sabloit d'arène le fond des amphithéâtres où les gladiateurs combattoient. Quelques fois les amphithéâtres servoient à représenter des scènes et jeux publics, ainsi qu'il fut fait au nôtre en l'an 1536. Or, en égalant les terres, se sont trouvées deux portes et entrées, à l'opposite l'une de l'autre, faites de grosses pierres de cité. Par ces portes vraisemblablement les champions et gladiateurs entroient au combat ; *et immissæ in arenam erant bestiæ;* et ce comblement a principalement été fait pour tenir les marchés ordinaires en cette belle et grande place: le lieu ancien appelé le Poirier, incommodant par trop le service divin de la Sainte-Chapelle, et l'entrée de la maison du roi et du palais, ensemble pour tenir les cinq foires de la ville et faubourgs, en même lieu.

Bourges a été de tout temps ville de monnoie ; la lettre de Pythagore est sa marque. Jolivet, dans sa grande carte de Berry, gravée dès 1545, et Chaumeau, dans son Histoire, imprimée dès 1566, ont produit des monnaies de Bourges, du 9e siècle. M. Ducange, dans son savant Glossaire, en rapporte du 11e siècle. Le duc Jean fit fleurir la monnoie de Bourges en son temps, comme aussi Jacques Cœur, grand argentier de Charles VII, et maître général des monnoies de France, et maître particulier de celle de Bourges. Témoins les moutons d'or à la grande laine, et les gros de Jacques Cœur qui étoient d'argent. Il y avoit même, en 1400 et 1500, une compagnie complète et privilégiée des officiers de la monnoie, à Bourges. Aucuns enfin remontent notre monnoie de Bourges jusqu'au siècle de Crispe, de Constantin et de Théodose, et trouvent des signatures de monnoies romaines datées de Bourges ; mais je ne pense pas qu'il en reste aucune qui porte à l'endroit AMBIGATUS, et à l'envers BITURIGES. Il y avoit trois hôtels de la monnoie à Bourges : le premier sis en la rue de la Vieille-Monnoie, à côté du prieuré de Saint-Michel; le second sis en la rue Jacques-Cœur et à côté de ce grand hôtel; le troisième, rue des Augustins. Étienne Pelourde, qui vivoit il y a plus de trois siècles, en avoit remporté le surnom, car il s'appeloit Étienne de la Monnoie.

Voyez Catherinot.

Dès le temps de Charles-le-Chauve, dit Catherinot, on agrandit notre ville, on dessécha le marais qui étoit au pied; il est vrai aussi qu'en 1640 plusieurs marais ont également été desséchés. Depuis ce temps, notre ville n'a plus été si sujette au tintamarre du tonnerre ni aux carreaux des foudres.

L'an 100 de l'ère chrétienne, Florus, qui vivoit sous Trajan, parle ainsi en son Histoire romaine, liv. III, chap. x, page 150 de l'édition Elzevir de 1655 : *Tum ipsa capita belli aggressus; urbem Avaricum quadraginta millibus propugnantium sustulit*, etc. C'est environ ce temps de Trajan que les Romains ornèrent notre ville de Bourges de son amphithéâtre, rasé vers 859 et comblé en 1619, comme aussi de son aqueduc, par lequel on y conduisoit les eaux par l'espace de sept lieues; et enfin de l'aboutissement des grands chemins de l'empire, qui se croisent à Bourges et qui viennent du côté de Lyon, de Bordeaux et des autres grandes villes du royaume. (Tous ces ornements devroient appartenir à Vierzon, s'il étoit le vrai *Avaric*, et non point à cette petite bicoque de Bourges, qui n'est connue que depuis trois mille ans.)

Voyez Catherinot dans son Opuscule sur le vrai *Avaric*, page 2.

Joseph Renaudon, né à Issoudun en 1709, mort dans la même ville en......, fut d'abord grand couard ou chef de mendiants qui ont long-temps rançonné l'Italie. Tour à tour capucin, génovefain, soldat, page de la marquise de Romagnesi, instituteur des enfants del signore Broccalio, greffier de l'hôtel à Versailles, garde-magasin des vivres, il fut depuis attaché au barreau d'Issoudun, où il plaida quelque temps, et dont il se retira pour se livrer entièrement au travail du cabinet. On a de lui : 1° un Traité historique et pratique des Droits seigneuriaux ; 2° un Dictionnaire des Fiefs, le plus complet en ce genre ; 3° des Observations sur le Franc-Aleu du Berry ; 4° Tableau général du Commerce de l'Europe avec l'Afrique, les Indes Orientales et l'Amérique, fondé sur les traités de 1763 et 1783.

Voyez son portrait, planche 6.

Jacques Thiboust, auteur de la Relation de l'Ordre et magnifique Monstre du Mystère des Saints Actes des Apostres, étoit seigneur de Quantilly, distant de quatre lieues de Bourges. C'est lui qui en a fait bâtir le château. *Voyez* La Thaumassière, livre IX, page 737. Il a obtenu les hommages des auteurs contemporains. Voici les vers que le poëte Habert,

Pl. 6.

Renaudon

né à Issoudun, traducteur du premier livre des Satyres d'Horace, lui a adressés :

A Monseigneur de Quantilly.

> Très-cher seigneur, je vous envoye Horace,
> Limé, poli et en lumière mys
> Par l'imprimeur, qui d'une bonne grâce
> L'a disposé et n'y a rien obmis ;
> Or, en suivant ce que j'avois promis,
> A Quantilly irai faire demeure.
> Mais j'ai grand'peur que si là je demeure
> Deux ou trois jours, veu le grand passe temps,
> De n'en sortir jusqu'à ce que je meure,
> Ou pour le moins d'y être bien long-temps.

Chenu, en ses Antiquités du Berry, rapporte ce qui suit :

Les maire et échevins de Bourges avoient droit de visiter tous les ouvrages des artisans et de leur faire observer les ordonnances et statuts de leurs métiers. Les marchands drapiers-chaussetiers avoient pouvoir de faire chausses seulement; ils étoient réglés avec les couturiers, par lettres-patentes de Charles VII. Vers 1565 seulement, les couturiers ont eu, par la décadence de la draperie du Berry, le droit de travailler en tous ouvrages à l'usage de l'homme et de la femme; il n'en étoit point encore de même à Lyon et Paris à cette époque.

Dans le même temps à peu près (1568), les maîtres cordonniers et maîtres savetiers furent réglés entre eux par arrêt de la cour de parlement. Il fut ordonné que les maîtres savetiers mettroient et emploieroient en leurs ouvrages de souliers un quartier, les contreforts et la première semelle desdits souliers, le tout en cuir vieux, et l'autre quartier et l'empeigne seroient de cuir neuf, et carrelure sans suif, sans être tenus d'y mettre aucune bece ni talonnière, et que l'ouvrage seroit en telle façon qu'il apparoîtroit oculairement être ouvrage de savetier et non de cordonnier; pourroient néanmoins lesdits savetiers faire souliers pour petits enfants de deux à trois ans, lesquels souliers seroient de cuir de mouton neuf et la semelle de cuir rouge sans suif; ils pourroient aussi carreler des souliers, bottes, bottines, pantoufles et autres vieux ouvrages de leur métier, et y mettre des carrelures de cuir noir neuf. Et pour obvier à tous abus, fraudes et préjudices que se pourroient faire les maîtres cordonniers et maîtres savetiers, la cour ordonna qu'il seroit fait au moins une visite par mois par le lieutenant de police, tant chez les maîtres cordonniers que maîtres savetiers : le lieutenant accompagné, pour la visite chez les maîtres cordonniers, par un maître savetier, et pour celle chez les maîtres savetiers, d'un maître cordonnier; et la cour fit en outre différentes prohibitions et défenses de se troubler mutuellement, à peine de cent écus de dommages et intérêts.

On voit dans l'ancienne église de Sainte-Jeanne ou de l'Annonciade, qui sert en ce moment d'écurie, de beaux restes du plafond désigné et reconnu comme un chef-d'œuvre de peinture à fresque ; on le désignait sous ce nom : « *Le beau plafond de l'église de Sainte-Jeanne.* » Ce qu'il en reste encore mériterait bien la peine d'être recueilli par un artiste.

Au-dessus de la porte d'entrée de cette église, du côté de la grande cour, on remarque une niche aux deux côtés de laquelle sont sculptées très-simétriquement en relief les lettres initiales qui suivent :

P	P	(Niche.)	H	V
L	O		P	P
P				L

Ces lettres ne désigneraient-elles pas les initiales des dix vertus et plaisirs, sous l'invocation desquels l'ordre de Notre-Dame des Dix-Vertus ou de l'Annonciade a été fondé à Bourges en 1501, par la bienheureuse Jeanne de France ?

Ce fut en 1670 qu'un nommé Jaugeon, de Bourges, inventa les carcasses. Ces carcasses étaient des machines de guerre qu'on remplissait de grenades et de bouts de canons de mousquets chargés de grenailles de fer.

Voyez Catherinot, Traité d'Artillerie, page 15.

La ville de Bourges avait autrefois une infinité de juridictions tant civiles que religieuses, qu'il serait trop long de rapporter ici; je me bornerai seulement à celle immense qu'avait l'archevêque de Bourges. D'après plusieurs rescrits des papes à lui adressés et insérés dans sa Pancarte vers 1280, l'on pourra juger de ses prérogatives sans nombre à cette époque. Les voici telles qu'elles sont rapportées par Catherinot, page 5, article Tribunaux de Bourges :

Conférer les bénéfices de ceux qui, étant absents du royaume, ne servent point dans leurs églises; faire le procès aux concubinaires; réformer dans les églises et monastères de son diocèse ce qui mérite d'être réformé; pourvoir son diocèse de prédicateurs; user des droits et coutumes approuvés dans son diocèse; empêcher les Juifs de bâtir de nouvelles synagogues; corriger les défauts de ses sujets; se faire absoudre par un simple prêtre pour avoir conversé avec un excommunié; fixer le nombre des chanoines en chaque église; empêcher les religieux d'aller seuls dans les villes, et d'y demeurer ainsi; abroger les statuts des églises faits sans son consentement; conférer les prébendes après une vacance de six mois; avoir à son service des clercs qui gagneront néanmoins le fruit de leurs prébendes; juger, en certains cas, de la validité des rescrits obtenus pour pensions; instituer des chanoines séculiers dans les abbayes non réformées; contraindre, par soustraction de revenus bénéficiaires, les gens d'église qui vivent dans l'incontinence; percevoir, pendant trois ans, les fruits des bénéfices de son diocèse, pour en acquitter les dettes; refuser le paiement aux créanciers de l'église, quand les deniers n'ont tourné au profit de l'église; empêcher les Templiers de bâtir des chapelles sans sa permission; instituer des prieurs dans les églises collégiales, avec la plus grande et saine partie du chapitre; refuser les gens d'église qui ne veulent point résider; informer contre les nonces du Saint-Siége qui font des exactions; contraindre les usuriers à restituer; contraindre les seigneurs à observer la trève; dispenser les irréguliers qui, pour leur pauvreté, ne peuvent aller en cour de Rome; faire obéir ses suffragants, nonobstant l'appel; dispenser, avec quatre de ses clercs, sur la pluralité des bénéfices; s'entremettre de pacifier les chapitres et les autres églises de son diocèse; faire dans son diocèse les fonctions de légat du Saint-Siége; absoudre les excommuniés; dispenser les simoniaques et les pauvres qui sont irréguliers; instituer un théologal dans l'église du Château; dispenser du vœu de la Croisade en cas de pauvreté et d'infirmité; enfermer les religieuses Saint-Hippolyte dans l'abbaye de Saint-Laurent, ne pouvant être suspendu, interdit ni excommunié; contraindre d'entrer en religion les excommuniés qui s'entremettent du service divin; abandonner la protection des gens d'église qui font les marchands; mettre des chanoines séculiers dans l'abbaye de Celles-Saint-Eusice; absoudre ceux qui ont pris les Ordres en l'état d'interdiction ou d'excommunication; exiger quelques droits pour faire la dépense de l'extirpation des hérésies; empêcher les religieux de vendre le droit de sépulture; visiter la province de Bordeaux de sept en sept ans, pendant cinquante jours, non compris ceux de maladie, avec droit de procuration; assembler des conciles provinciaux, et y convoquer ses suffragants archevêques et évêques, à peine de citation et de suspension; faire le procès à ses suffragants.

La ville de Chârost, appelée en latin *Carophium* et *Karophium*, est assise sur la rivière d'Arnon, sur le grand chemin de Bourges à Issoudun, à cinq lieues de Bourges et deux d'Issoudun. Elle étoit entourée de murailles. Elle a deux portes, l'une du côté de Bourges et l'autre du côté d'Issoudun. Elle n'a que deux rues, la Grande-Rue et la rue Brivault. Il y avoit une église proche le château, qui a été ruinée pendant les guerres de religion. Il y a deux faubourgs, l'un du côté d'orient, l'autre du côté du septentrion, dans lequel est l'église paroissiale, dédiée à saint Michel, d'une grande élévation et sans piliers, bâtie de pierres rouges. Entre cette église et la ville il y a une belle place. Le château est situé du côté du midi, entouré de hautes murailles et de fossés très-profonds. De cent pas en cent pas il a des tours. La plus haute est au-dessus, du côté du midi. Elle étoit autrefois fortifiée et revêtue de bastions qui ont été ruinés pendant les guerres de la Ligue. Ce pays consiste en campagnes très-propres à la nourriture du menu bétail. Du côté d'Issoudun il y a un vignoble assez recommandable pour les bons vins qu'il rapporte. D'autre côté sont des prairies sur la rivière d'Arnon, et les bois de Fond-Moreau.

Voyez La Thaumassière, page 728.

Cette terre appartient actuellement à madame la duchesse douairière de Chârost. Elle était érigée autrefois en duché-pairie, et était possédée en dernier lieu par feu M. le duc de Chârost, dont le nom est cher au département par les bienfaits qu'il y a répandus.

La ville est actuellement chef-lieu de canton, duquel ressortent les communes de Civray, Dame-Sainte, Plou, Poisieux, Saint-Florent, Villeneuve, Morthomiers, Le Subdray, Saint-Ambroix, Lunery, Primelle et Mareuil.

Saint-Florent est actuellement une commune remarquable de ce canton par ses tuileries, le marché qui y a été établi, et un superbe pont en pierre sur le Cher, construit dans une autre position que celle où était l'ancien pont de bois.

Suivant La Thaumassière, page 687, il y avait eu autrefois un pont de pierre bâti par Henri de Bourbon II du nom. Cette commune, qui s'embellit chaque jour, offre le site le plus riant.

Dans les Institutes du Droit consulaire, ou Éléments de la Jurisprudence des Marchands, par Jean Toubeau, imprimeur-libraire, ancien prévôt des marchands de Bourges, imprimées en 1681, on lit ce qui suit :

. . . . Bourges est aussi la plus propre au commerce, puisqu'aux états convoqués et assemblés à Tours en 1484, elle fut non seulement mise pour cela en parallèle avec la ville de Lyon, mais même après que toutes choses y eurent été mûrement considérées pendant deux séances entières et soigneusement examinées dans l'étroit conseil du roi, ainsi que l'on parloit alors, elle fut trouvée la plus avantageuse pour le commerce, non seulement par les états, mais encore par l'avis de tous les marchands du royaume et ceux étrangers, aux instantes prières desquels le roi y établit les foires qui sont présentement à Lyon, où elles n'ont été transférées qu'à cause d'un incendie si grand, qu'ayant consumé 7,500 maisons qui logeaient 9,500 familles, ainsi qu'il résulte des mémoires qui sont dans les archives de Bourges, il n'étoit point resté de quoi loger les marchands et mettre les marchandises à couvert.

La rivière d'Auron étoit encore alors navigable de Bourges à Nantes, et portoit des bateaux de sept à huit toises de long. M. de Rosny, surintendant des finances, avoit projeté de grossir cette rivière par le détachement d'un bras de celle de l'Allier, et ainsi ouvrir une nouvelle navigation jusqu'à Roanne.

En outre de tous les avantages que possédoit Bourges, il ne faut pas passer sous silence celui immense que pouvoient produire les chanvres aux environs de Bourges et dans le Berry. Des expériences sur la qualité de ce chanvre, faites par ordre de M. Colbert, ont prouvé que les cordages de marine faits avec ce chanvre duroient beaucoup plus long-temps et étoient plus forts, même sans goudron, que ceux de Danemarck et autres pays étrangers, quoique ces derniers fussent abondamment goudronnés.

Les laines d'agneaux du Berry servoient autrefois à la chapellerie, et ces chapeaux étoient réputés partout, non seulement pour les plus fins, mais encore pour les plus solides et de la meilleure teinture; en effet, l'eau de l'Yèvrette, qui passe à Bourges, est supérieure pour la teinture à celle de la rivière des Gobelins, près Paris.

Les fers du Berry étoient et sont encore reconnus comme les plus doux, et leur ductilité les a toujours fait rechercher avidement par le commerce. Aussi, dès la plus haute antiquité, les marchands de Bourges voyageoient d'un pôle à l'autre, avoient des magasins en Sicile, à Constantinople; des correspondances et des facteurs par tout le monde; ces mêmes marchands exerçoient les premières et les plus grandes charges de leur ville et même du royaume.

L'auteur ou fondateur de l'ancienne ville, dit Chenu, page 63, est incertain; mais elle a été accrue de plus de moitié par Charlemagne, partie aux dépens d'un abbé de Saint-Ambroise, qui désira son abbaye être renfermée dans la ville; ce qui se voit encore par les parapets des murailles de ce côté, faits de grandes pierres qui ont servi de tombes. Elle a été ruinée à diverses fois, ainsi qu'il a été remarqué ci-devant; mais la plus grande ruine est advenue par ceux de la religion prétendue réformée, en l'an 1562, qui s'en saisirent par la porte Saint-Ambroise, par intelligence qu'ils avoient avec des principaux de la ville, même ceux qui en avoient le gouvernement; et par les feux dont elle a été maintes fois affligée, principale cause de faire cesser le trafic de la draperie, et discontinuer les belles foires que ceux de Lyon ont depuis fait établir en leur ville, ayant pris l'occasion sur la ruine de la nôtre, en laquelle ils faisoient grand trafic, même aucuns y avoient facteurs de teinture. Il y a une haute et admirable tour ronde du côté de Bourbonnois, construites de pierres dures faites à pointes de diamant, l'auteur de laquelle l'on dit être Philippe II, dit Auguste, roi de France. J'ai néanmoins trouvé dans un très-vieux manuscrit qu'il l'a fait seulement circuire de murailles et tours, et que pour ce faire il prit partie du cimetière de Notre-Dame-de-Sales, en l'an 1190. Cette tour commande sur partie de la ville, effroi des habitants.

Chronique du Chapitre du Château lès Bourges [1].

L'église du château doit être regardée comme l'une des plus anciennes de la ville de Bourges, puisqu'il paroît par chartes authentiques qu'elle a été fondée vers 380, par Théodose, empereur de Rome, sous l'invocation de saint Pierre et saint Paul, et sous le pontificat de saint Palais, archevêque de Bourges. Cette église étoit située près les murs de ville, sur un emplacement appelé le Château, parce que dès les temps les plus reculés, ce territoire étoit entouré de murs et de fossés, pour servir de forteresse à la ville. Ce fut par là que César, venant de Dun-le-Roi, entra dans la ville qu'il prit en l'absence de Vercingentorix, chef des Gaulois. Dans cette attaque, les environs de la forteresse du château furent détruits; il ne resta qu'une partie des murs et des fossés qui subsistoit encore en 1200, époque à laquelle, suivant les chartes du chapitre (du Château), les chanoines firent bâtir une maison sur les fossés, pour loger le curé.

---

[1] Voyez le Sommier historique du chapitre du Château, énorme manuscrit in-folio, 1770 à 1776, Archives du département du Cher.

Vers la fin du IVᵉ siècle, le corps de saint Julien, évêque du Mans, fut apporté et déposé dans l'église du Château, qui prit alors le nom de saint Julien.

Saint Simplice, archevêque de Bourges, vers l'an 473, sous le règne de Childéric, augmenta l'édifice et la dotation de cette église; il y fut enterré en 479. Ce fut vers cette même époque que cette église fut érigée en forme de collégiale, qui fut encore beaucoup augmentée et servit de sépulture à plusieurs archevêques, entr'autres saint Félix, en 579, dont le tombeau subsistoit encore en 1077, près le grand bénitier; beaucoup de personnes des villes et des campagnes, venoient prier près de ce tombeau pour obtenir, par l'intercession de ce grand saint, la guérison des fièvres.

Ce fut monseigneur de Brosse, archevêque de Bourges, en 1331, sous le pontificat de Jean XXII et le règne de Philippe VI, qui apporta et introduisit le culte de sainte Blandine, vierge, martyrisée à Lyon, vers l'an 177. Cette cérémonie avait lieu près l'église du Château, dans une chapelle souterraine qui en dépendoit. Elle attiroit un grand concours de personnes, le mardi avant la Quadragésime de chaque année.

Ce fut ce même archevêque de Bourges qui fit construire la grosse tour qui servoit d'entrée et de clocher à l'église du Château, et la défendoit contre les attaques des ennemis. Après sa mort, sa statue fut mise au frontispice de l'église, au-dessus de laquelle étoit une grande figure de la Vierge, tenant l'enfant Jésus sur elle, et soutenue par la figure ou forme d'un grand chou, ce qui fit donner par quelques-uns le nom de Notre-Dame-du-Chou à cette église. On a toujours ignoré le motif de l'élévation de la statue de la Vierge sur un chou, puisque l'église n'a jamais été sous son invocation. Ce qu'il y a de certain, c'est que dans les titres de 1110, il est fait mention de cette image sur un chou.

La dénomination de Notre-Dame-du-Chou peut venir, suivant quelques-uns, de ce qu'au-dessous de la statue était écrit châu, pour dire château, et que par corruption on a dit par la suite Notre-Dame-du-Chou, à cause de la figure du chou, au lieu de château exprimé par l'abréviation de chaũ.

Le Chapitre, honoré d'être dépositaire du corps de saint Austrégésile, l'adopta pour premier patron, et saint Julien ne devint plus que le second; le chapitre et l'église prirent alors le nom de Saint-Austrégésile-du-Château, qu'il a conservé jusqu'à la fin.

Ce chapitre étoit si riche qu'il fonda plusieurs autres collégiales, notamment une au bourg d'Ondré, près Graçay, en 989, une autre à Dun-le-Roi, et les pourvurent richement.

Il fonda aussi en 1219, auprès de leur collégiale, au Château, un hôpital pour le soulagement des habitans, sous l'autorité de Simon de Sully, qui décréta cet établissement par lettre de 1220.

L'église et collégiale du Château contribua pour une très-forte somme à la rançon de saint Louis, roi de France, détenu prisonnier chez les Sarrasins.

Le 6 octobre 1285, Philippe-le-Hardi, roi de France, mourut à Perpignan; Philippe-le-Bel, son fils, le fit transporter à Saint-Denis. Simon de Beaulieu, archevêque de Bourges, fut au devant du corps jusqu'à Dun-le-Roi. Ce prélat, à son arrivée à Bourges, le fit déposer dans l'église du Château ; le chapitre le reçut, et lui rendit le lendemain, pendant qu'il étoit dans son église, les honneurs funèbres, par un service solemnel auquel assista le prélat, qui le surlendemain fit transporter ce corps dans l'église cathédrale, où il célèbra ses obsèques très solemnellement, accompagné de tout le clergé et des corps de la ville. Le corps de ce prince étoit porté par Philippe-le-Bel et les autres grands du royaume qui accompagnèrent le convoi jusqu'à Saint-Denis. Les anciennes chartes du chapitre font mention de cet auguste dépôt.

L'église du Château étoit très riche en vases sacrés, ornemens et autres pièces d'une grande et rare antiquité ; elle avoit aussi des droits très étendus, comme ceux de nomination de plusieurs églises et chapelles, de justice dans le bourg du Château, de différentes seigneuries, et entre autres de la justice dans toute la ville de Bourges, pendant seize jours dans le mois de mai, appelée la justice des *Bonnets verts*, exercée par les officiers nommés par le chapitre. Ce droit avoit été concédé au chapitre du Château par les rois, dans les premiers temps ; on n'en voit pas l'origine et la cause ; mais dès le XIe siècle, elle étoit exercée par ce chapitre, ainsi qu'il paroît par les chartes de ce temps. Elle étoit appelée la justice des *Bonnets verts*, parce que les doyen et chanoines, accompagnés de leurs officiers et précédés par les enfans de chœurs qui portoient des bonnets verts, alloient tous à cheval prendre possession, chaque année, aux portes de la ville, de la justice, et tout tribunal ordinaire cessoit pendant cette seizaine. La cavalcade étoit appelée la cavalcade des bonnets verts. Presque tous les biens et revenus de cette fameuse collégiale furent donnés à la Sainte-Chapelle, par le duc Jean de Berry, en vertu des bulles des papes Benoît XIII et Clément VII, qu'il sollicita vivement pour les obtenir.

Dès-lors le chapitre du Château, déchu de son ancienne splendeur, ne contint plus qu'un prieur et douze chanoines qui formèrent le nouveau chapitre; ceux de l'ancien ayant presque tous été nommés à celui de la Sainte-Chapelle, à l'exception d'un seul, Jean L'hermite, qui resta au Château et fut nommé prieur.

Les Huguenots, en juillet 1562, sous le règne de Charles IX, commencèrent leurs premières incursions par le faubourg Bourbonnoux ; ils entrèrent dans l'église du Château qu'ils pillèrent et renversèrent en partie ; ils abattirent aussi les maisons canoniales. La chapelle Saint-Loup, près cette église, ne fut point comprise dans ce ravage, non plus qu'une maison canoniale dans laquelle le neveu du chanoine qui l'habitait resta, et dit aux Huguenots, qu'il étoit de leur religion, ce qui la fit respecter. Pendant ce temps, les chanoines s'étoient retirés dans la ville et à Saint-Ursin. Au mois de septembre suivant, la ville de Bourges fut reprise par l'armée du roi, qui en chassa les protestans, et les chanoines alors commencèrent à faire réparer leur collégiale. Le grand chœur ayant été entièrement abattu, on fut obligé de couper l'église par moitié, en laissant la place du chœur en friche, qui est aujourd'hui (en 1770), un champ appelé le champ de Sainte-Blandine, et l'on prit la moitié de la nef pour faire le nouveau chœur tel qu'il est aujourd'hui (1770). L'église fut réduite à l'espace de terrain qu'elle contient aujourd'hui, dans lequel il ne reste, pour ainsi dire, que partie de l'ancienne nef, la grosse tour et deux basses gouttes qui servent de collatérales; il y a encore au-dessous du grand mur qui fait la séparation du chœur d'avec le champ de Sainte-Blandine, l'ancien jubé, et l'on releva l'église au niveau du pavé de la rue, pour rendre l'église plus saine et éviter la descente de huit marches.

Cette église a été entièrement démolie vers la fin du XVIIIe siècle (1796); il n'en reste plus maintenant (1836) aucun vestige, si ce n'est deux pans de murs qui faisaient partie de ceux du chœur de l'église entre lesquels deux pans de mur était le sanctuaire, de sorte qu'on peut dire que la petite maison qui existe occupe réellement le sanctuaire de l'ancienne église du Château.

A l'un des angles de cette maison, en dehors, on voit sculptée en bosse, sur pierre, et dans le goût le plus antique, une figure hiéroglyphique.

La tour de St.-Pierre-le-Marché (Notre-Dame) a au pied un puits qui lui sert de cautère; car le lieu est marécageux, et elle est bâtie sur pilotis.

Les piliers qui soutiennent la voûte de l'Hôtel-Dieu de Bourges sont en dedans et non en dehors.

La première chapelle tire son nom de la chappe de St.-Martin que nos rois faisaient porter dans les guerres et déposer sous un pavillon, comme l'Arche d'alliance, pour leur porter bonheur. Ils eurent depuis recours à l'oriflamme.

Les clochers se nommaient les tours des seings, *turres signorum*, comme celle de St.-Pierre-le-Puellier de Bourges.

On met un coq à la pointe des clochers, parce que les chrétiens, dans les trois premiers siècles, s'assemblaient pour la prière au chant des coqs et à la sourdine.

Voyez Catherinot, en son Traité de l'Architecture.

En 1628, les Maires, Echevins et tous les notables de Bourges, au nom de la ville, offrent à Notre-Dame de Liesse, en implorant son assistance contre la peste, un bas-relief en argent, représentant la ville de Bourges avec ses tours, le portail de St.-Etienne, celui de la Sainte Chapelle et tous les édifices marquans.

Les villes de Lignières en Berry et d'Aubigny lui offrent aussi, savoir: la première, une table d'argent, et l'autre une lampe également d'argent.

Sur la ville d'argent de Bourges était gravée cette inscription :

Te regina poli, Biturix afflicta reclamat,
Et celerem, scelerum conscia, poscit opem.
Cernis ut in cunctos pestis contagia serpunt,
Insontes, sontes, ut necat ista lues.
Flectere quæ nôsti superos, jam redde benignos,
Urbis et obsequii pignora certa cape.

Voyez le P. Cerisier, auteur de l'histoire de Ste-Geneviève de Brabant, et l'histoire de Notre-Dame de Liesse, par Villette.

Le goût du siècle pour l'antiquité a porté mon admiration sur tous les monuments gothiques. J'ai donc parlé de l'église de Saint-Étienne, de ses voûtes, de ses tours et des beautés d'architecture qui se font remarquer dans toutes les parties de cette métropole; de la Sainte-Chapelle, telle qu'elle était avant sa destruction; de l'hôtel de Jacques Cœur, de celui de Cujas, et de l'hôtel des Allemants, situé rue des Vieilles-Prisons; de la Grosse-Tour, du palais du duc Jean, du château de Mehun. Sans attendre qu'une teinte d'antiquité vienne couvrir les monuments du 18ᵉ siècle et du nôtre, qui subsistent dans notre ville, ils méritent dès à présent nos regards. Tels sont :

1° Le palais archiépiscopal, dont le dessin a été donné par les sieurs Bullé, père et fils, architectes du roi, et son superbe jardin, dessiné par Lenôtre, sur l'ancienne place des Hémerettes.

C'est dans ce palais qu'est placée la bibliothèque de la ville, qui est composée en partie des bibliothèques des anciens couvents supprimés, et a été successivement augmentée. Elle contient environ seize mille volumes, parmi lesquels se trouvent des ouvrages rares, notamment un Salluste sur parchemin, du 10e ou 11e siècle; un manuscrit sur vélin du *Digestum vetus*, le *Speculum historiale* de Vincent Beauvais, de l'édition de Mentellin, etc.

2° La caserne, qui était autrefois le séminaire bâti par M. Phelipeaux de la Vrillière, qui en a posé la première pierre le 4 avril 1682, et dont le dessin a été également donné par MM. Bullé père et fils.

3° Le collége, qui est sur les anciennes casemates de la ville.

4° L'hôpital-général, situé hors de la ville, entre les portes de Saint-Privé et de Saint-Ambroise, établi le 4 septembre 1657, des deniers des habitants; de vastes jardins en dépendent.

5° La salle de spectacle, construite en 1785 sur l'ancienne.

6° La salpêtrière, remarquable par la beauté et l'étendue de ses caves voûtées.

7° La fontaine de l'Hôpital, construite, telle qu'elle est, quelques années avant la Révolution.

8° Les écuries, bâties, au nombre de cinq, sur un terrain au bas et à droite de la place Séraucourt, qui peuvent contenir de cinq à six cents chevaux, construites en 1835.

9° La halle, monument digne de l'antiquité, élevé sur l'ancien emplacement des Cordeliers et terminé sous le mairat de M. Mayet-Génetry ; cette halle a été livrée au public le 2 avril 1836.

10° L'hôtel de la préfecture, construit sur partie de l'emplacement du palais du duc Jean.

Les remparts qui entourent la ville sont bien plantés d'arbres et forment des promenades agréables.

La place Séraucourt, qui a pris le nom de l'intendant qui l'a plantée, est la plus belle de cette ville. La porte de fer qui lui sert d'entrée est reconstruite sur le modèle de celle qui existait avant la Révolution.

Table des Matières.

	PAGES
Abbaye de Saint-Sulpice,	242
Abolition d'ancien usage,	276
Agnès Sorel,	301, 317
Aigurande,	255
Aix (ville des).	233, 244
Alexandre (médaille d'),	125
Alichamps, inscriptions,	210, 222
Allemants de Bourges,	270
Ambigat,	195, 219
Amphithéâtres,	127, 337, 401, 403
Aneau (Barthelémi),	200
Anjorrant (île),	193
Aqueduc,	213
Archevêque de Bourges, son diocèse, ses priviléges,	199
Argenton,	254
Armes de Bourges (âne dans un fauteuil),	194, 344
Arpin (Eudes) vend le vicomté de Bourges,	277
Attila,	197
Aubigny,	387
Auron (rivière d'),	123
Avaricum,	119
Axiômes du droit français de Catherinot,	155
Babou,	178
Banquet, bancs,	275
Barbeau (cour),	150
Barral (M. de), préfet du Cher; fouilles,	169, 212
Bâton (plantes, Folie),	195
Bellovèse,	219
Bernard (lettre de saint),	174
Bibliothèque de Bourges,	422

Bierre (mot donné aux tombes),	121
Bois-Rouvray,	193
Bois-sir-Amé,	214
Bordeaux, sa fondation; Bayonne et Biscaye,	123
Bordelon,	345
Boucher (Jean), peintre,	321
Bourges, Berruyers, 121, 133, 168, 185, 196, 202, 277,	
393, 403, 412, 413	
Bureau des finances,	192
Bustes romains,	327
Calvin,	275
Camp de Vercingentorix,	213
Carcasses (machines de guerre),	407
Caserne, aile nouvellement construite,	327, 423
Caveau sur la route d'Issoudun,	213
Chappe (se débattre de la chappe à l'évêque),	216, 421
Charenton,	267
Charles VII,	243, 277, 284
Charles IX,	124
Chârost, ville,	410
Château de Mehun,	259, 390
Château (église du), chronique,	122, 176, 415
Châteaumeillant,	268
Châteauneuf,	266
Châteauroux,	253
Châtelet,	268
Chaumeau, Histoire du Berry, sa publication,	209
Cher (rivière), son cours, rivières qui s'y jettent,	375
Cloche de l'horloge de Saint-Étienne,	275
Clocher à jour de l'église de Saint-Étienne,	221
Collége de Bourges,	222, 423
Combat entre sept français et sept anglais,	289
Conciles à Bourges,	194
Coqs,	421
Cordages de Bourges,	123
Cordeliers de Bourges,	344

Crieur de patenôtre,	341
Cujas,	133, 179
Déols, Raoul, le Large,	252
Département du Cher,	200
Description étymologique de villes du Berri,	322
Draps,	123
Droit celtique ou de Berri,	151
Droit de marquette,	174
Duc Jean,	290
Dun-le-Roi,	258
Dyptiques,	142
Écuries,	423
Église de Saint-Étienne,	128, 235, 278
Église de Sainte-Jeanne,	406
Église de Saint-Ursin,	344
Église souterraine,	343
Fête de l'âne (Notre-Dame-de-Salles),	170
Fiançailles,	274
Fontaine de Fer ou de Saint-Firmin,	225
Fontaine de l'Hôpital,	423
Fortifications,	244
Fouilles,	186, 213, 222, 223, 224
François I,	124
Gallucio (Paul), marquis de Châteauneuf,	391
Gentilhommes verriers,	131
Guerche (la), canton,	266
Guy de chêne,	274
Habert, poète,	405
Halle,	423
Heures de Bourges, imprimées en 1539,	239
Hôpital général,	423
Hôtel d'Amboise,	192
Hôtel de Cujas,	133
Hôtel de la Haye,	192

Hôtel de la préfecture,	424
Hôtel du Sauvage,	192
Hôtel-de-Ville de Bourges,	121, 124, 278
Hôtel-Dieu,	421
Incendies,	131, 278, 304
Indre, rivière,	382
Inondation et invasion du Berri,	193
Issoudun,	256
Inventaire de la Sainte-Chapelle,	75
Ivoy-le-Pré, fossé du Géant,	385
Jacobins de Bourges,	344
Jacques Cœur,	130, 305, 391
Jeanne d'Arc,	284, 291, 388
Jugement, église de Bourges, religieux de St.-Sulpice,	398
Juridiction immense de l'archevêque de Bourges,	408
Laines du Berri,	122
Lanternier,	132
Lescuyer, peintre sur verre,	321
Levroux,	262
Lignières,	269
Loi Salique,	274
Loire, ses sources et son cours,	331, 346
Louis XI,	330
Lithographies,	235
Macé,	123, 124
Marché public, qu'on appelait le Poirier,	172, 173
Médailles,	125, 150
Métiers, ordonnances et statuts à cet égard,	405
Minimes,	397
Monnaie de Bourges du temps de Lothaire,	194, 402
Monuments des 18e et 19e siècles,	421
Monument de la Pucelle,	333
Murs de la ville,	127, 133

Néris,	328
Nérondes,	266
Notes extraites de l'Histoire de M. Robinet-Desgrangiers,	157
Notre-Dame de Liesse,	421
Officialité de Bourges,	275
Ordonnance de 1539, relative à la rédaction des actes,	275
Ordre des chevaliers de la Table-Ronde,	172, 277, 278
Ordre de la monstre du Mystère des Saints Actes des Apôtres,	17
Palais archiépiscopal,	122, 422
Peines pour les dommages dans les héritages,	342
Peintres de Bourges,	124, 132
Peinture grotesque au domaine de La Talle,	384
Philippe, roi de Macédoine (médailles de),	125
Pillage de Bourges.	131, 193
Pistolets de Sancerre,	390
Place Séraucourt,	424
Porte Charlet, inscriptions,	384
Porte Gordienne,	126
Portes de la ville,	126
Porte Saint-André ou Porte-Neuve,	121
Portes s'ouvraient en dehors,	126
Postel (Guillaume), expédition des Gaulois,	217
Pot-aux-Roses,	253
Pragmatique Sanction,	210
Prédicateurs,	132
Préface,	5
Prérogatives des dames chez les Gaulois,	280
Prêt gratuit, Catherinot,	125
Primatie de Bourges,	194
Quartier de Saint-Privé,	123
Recherches sur les Antiquités,	235
Remparts,	424
Renaudon,	404
Révolution du 14 juillet 1789,	168

Rivières, 214

Saint-Amand, 264
Sainte-Chapelle, 395
Saint-Florent, 411
Saint Léocade, 195
Sainte Solange, martyre, 194
Salpêtrière, 423
Salle de spectacle, 423
Sancerre, 174, 246
Sancoins, 267
Saulzais-le-Potier, 267
Ségovèse, 219
Séminaire (le grand), actuellement caserne, 421
Statue de fer, un Gaulois, 390

Templiers, 194
Thiboust, 404
Tintamarre, origine de ce mot, 215
Tour de Clamecy, 192
Tour (grosse tour de Bourges), 134, 197
Tour de Massay, 278
Tour de Saint-Étienne, sa chute, inscription, 141, 278
Tour de Saint-Pierre-le-Marché (Notre-Dame), 132, 421
Tour de Vèvres, bâtie par Gondobale, 198
Tours des seings, 421
Troubadours, 274
Turly, château, 276
Turreau, 124

Université de Bourges, 206, 276
Usure, 125

Vercingentorix (camp de) 213
Vers sur l'incendie de 1487, 339
Vierzon, 260
Villes brûlées à l'arrivée de César, 244
Ville de Déols, 195
Voies militaires, 150
Vorly, 214

Noms des Auteurs cités dans le Recueil.

Aneau, poëte.
Baraillon.
Borel, — Dictionnaire du vieux langage.
Bullet, — Mémoires et langue celtique.
Butet.
Catherinot.
Caylus (de).
Cerisier.
César (Jules).
Chaumeau.
Chenu, — Antiquités du Berry.
Chartier (Alain).
Coulon, — Histoire des Rivières.
Daniel Polluche.
Duchêne.
Fauchet.
Gréban (Arnould et Simon).
Grégoire de Tours.
Habert, poëte.
Haillan (du), Histoire de France.
Heince et Bignon.
Jaligny, auteur des Vers sur l'incendie de 1487.
Labbe.
Lacroix du Mayne.
Landais (Napoléon), — Dictionnaire.

Laroche-Guilhein (mademoiselle de).
Lery (Jean de), — Histoire de Sancerre.
Lypsius.
Marot (Clément), poète.
Martial d'Auvergne, - Arrêts d'Amour.
Mercier, — Lettre sur les Dyptiques.
Meïer.
Mézeray.
Monstrelet.
Moreri.
Nostradamus.
Octavien de Saint-Gelais.
Pajonnet.
Papon.
Pasquier.
Perceval.
Peutinger.
Poupard, — Histoire de Sancerre.
Postel (Guillaume).
Robinet-Desgrangiers, histoire manuscrite du Berry.
Roland, président.
Romelot.
Scévole de Sainte-Marthe.
Tacite.
Thaumas de La Thaumassière, — Histoire du Berry.
Thevet.
Thiboust, auteur de la Relation.
Tite-Live.
Toubeau.
Vassebourg.
Vitruve.
Villette.
Voltaire.

 FIN.

Lacération considérée
le 18/10/32

www.ingramcontent.com/pod-product-compliance
Lightning Source LLC
Chambersburg PA
CBHW070609230426
43670CB00010B/1461